U0839637

帝者，生物之主，兴益之宗。

《国学经典文库》丛书编委会◎编著

国學經典

雍正

清世宗

中国出版集团 现代出版社

图书在版编目（CIP）数据

清世宗雍正 /《国学经典文库》丛书编委会编著
. -- 北京：现代出版社，2018.6
ISBN 978-7-5143-6800-0

Ⅰ . ①清… Ⅱ . ①国… Ⅲ . ①雍正帝（1678–1735）
—传记 Ⅳ . ① K827=49

中国版本图书馆 CIP 数据核字（2018）第 135403 号

清世宗雍正

作　　者　《国学经典文库》丛书编委会
责任编辑　李　鹏
出版发行　现代出版社
通讯地址　北京市安定门外安华里 504 号
邮政编码　100011
电　　话　010–64267325　64245264（传真）
网　　址　www.1980xd.com
电子邮箱　xiandai@vip.sina.com
印　　刷　天津文林印务有限公司
开　　本　710mm × 1000mm　1/16
印　　张　20
版　　次　2018 年 8 月第 1 版　2018 年 8 月第 1 次印刷
书　　号　ISBN 978-7-5143-6800-0
定　　价　39.80 元

历史的车轮渐渐前行，中国历史已有五千多年。自公元前221年秦王嬴政称皇帝始，到1912年“末代皇帝”溥仪退位，这两千多年的封建社会，朝代更迭，沧海桑田，但封建帝制从未间断。在中国封建社会的历史长河中，总共有四百九十五位皇帝（包括驾崩后追封者），其一直是国家的最高统治者，是专制集权统治的象征和代表。

在中国漫长的历史长河中，有的皇帝就如这条河流的顺风船，趁势前行；有的皇帝就如逆流中的航船，逆势而上；有的皇帝如漫漫散沙，无稳固根基；有的皇帝如中流砥柱，坚固牢靠。历朝历代的皇帝，不管是雄才伟略的英明之君，还是草菅人命的暴君，抑或苟延残喘的傀儡，他们举手投足、指点江山，无不牵动着百姓的神经，无不以独特的方式推动着历史的发展进程。

唐太宗说：“以史为鉴，可以知兴替。”这里所谓的“史”，正是经历时间积淀的历史。翻开历史，我们会发现，每一位皇帝即是每个时期的缩影，作为今人，史海钩沉，传述他们的治国方略、逸闻趣事，于今借鉴、增知、休闲，不无裨益。

本系列丛书重点选取了历朝历代最具代表性的十位皇帝，分别是秦始皇嬴政、汉武帝刘彻、唐太宗李世民、昭仪皇后武则天、宋太祖赵匡胤、元太祖孛儿只斤·铁木真、明太祖朱元璋、康熙帝爱新觉罗·玄烨、雍正帝爱新觉罗·胤禛、乾隆帝爱新觉罗·弘历。每一位皇帝都在中国历史上留下了深深的烙印，成为历史传奇。

此刻，让我们以历史发展的先后为序，共同来一睹为快，先知梗概，然后明细节。

秦皇汉武，雄才伟略，文治武功。秦始皇是中国历史上的第一位皇帝，素有“千古一帝”之誉。六国征战，诸侯争霸，中原大地的战火熊熊燃烧。是秦始皇纵横捭阖、叱咤风云，最终在中原大地上建立起了中央集权统一的国家。他在位期间，政治、经济、文化、思想渐趋完善，却又浮华奢侈，阿房宫、骊山墓、万里长城，耗尽了无数人的血汗，一生功过是非，只留后人品评。汉武帝刘彻堪称前无古人、后无来者的一位皇帝。他开疆拓土，击溃匈奴帝国、东臣朝鲜、南服百越、西逾葱岭、征服大宛，奠定了中华疆域的版图。他的雄才伟略、文治武功使汉朝成为当时世界上最强大的国家。

盛世唐朝，唐太宗与武则天都是典型代表。唐太宗选贤任能，重用文臣武将，休养生息、励精图治，开创“贞观之治”，建设出我国乃至当时世界上最鼎盛的封建王朝。武则天是中国历史上唯一的女皇帝，她在通往权力的道路上，不仅洒满血泪，还有超凡的智慧、勇气和卓越耐力，曾经倾权一时，最后却步履维艰。对于她传奇的一生，只留无字碑，让人遐想。

宋太祖和元太祖分别作为宋朝和元朝的开创者，前者鉴于唐朝后期藩镇割据的局面，集中兵权，加强了中央统治，将宋朝治理成为安定公平的社会，文学、哲学、美术、科技、教育等也比较发达，经济和文化达到了我国历史上的又一个高峰。后者人称“成吉思汗”，在他的率领和指挥下，开展对外征服战争，一时间，蒙古骑兵横扫千军，征服地域远达中亚和东欧的黑海之滨，建立起了中国有史以来疆域最大的一个王朝。

明太祖是中国历史上身份最为特殊的一位皇帝，真正出身于贫穷布衣之家。他从小只是最底层的放牛娃、四处要饭的小和尚，经过自身的不懈奋斗，逐渐成长为元末农民起义的领袖，再到明朝开国皇帝，人生经历堪称传奇。朱元璋是一位杀戮无数的皇帝，也极为关心民间疾苦，实行休养生息政策，推动了明朝社会的发展。

清朝作为中国最后一个封建王朝，出现了康熙帝、雍正帝、乾隆帝三位最具代表的皇帝。康熙帝少年承运，力挽狂澜，智擒鳌拜、裁撤三藩、亲征噶尔丹、收复台湾，在一系列军事行动中或御驾亲征，或决胜千里。他兢兢业业，辛苦经营六十一年，奠定了清朝几百年基业。雍正帝敢于革除旧弊，办事雷厉风行，是康乾盛世的有力推进者，是促进清朝历史发展的政治家，是可以肯定的历史人物。乾隆帝统治下的清朝，没有大刀阔斧进行改革，但是他平衡政权、平叛安邦、锐意进取也不容忽视。当然，他重用奸臣和珅、包容腐败、大兴文字狱，也为他的一生留下了污点。

每一位帝王都是一部信息资源庞大的史书，供今人探究；每一位皇帝都是一面能发人深省的明镜，供今人领悟。我们秉承“读正史，学真知”的宗旨，编写了这一系列丛书。以通俗化的语言、纪实的手法，真实地再现了每一位皇帝的生平事迹。

总而言之，本系列丛书史实性和趣味性兼具，相信广大读者在阅读之后，会领略诸多知识，也会用新的价值观去评判历史人物的是非功过，并通过历史去感悟自己的人生。

由于时间和水平原因，本书仍存在不足或欠妥之处，望广大读者朋友批评、指正。

目录

CONTENTS

第一章 / 皇室贵子

降世之初 / 004

特殊的生长环境 / 007

倔强的小皇子 / 010

入尚书房读书 / 014

先生的奖惩 / 017

为师求情 / 020

学问长进 / 024

恩师顾八代 / 027

第二章 / 少年仁孝

为母祈福 / 032

日书百“孝” / 035

祭祖风波 / 038

与佛之缘 / 041

拜佛五台山 / 045

第三章 / 初试身手

江南征粮 / 050

禁　赌 / 053

吐饭求雨 / 057

带兵出征 / 060

昭莫多大捷 / 063

第四章 / 九子夺嫡

闲散王爷暗藏韬略 / 070

康熙两次废太子 / 072

胤禩谋位 / 078

十四爷崛起 / 081

胤禛招兵买马 / 083

雍正登基 / 087

第五章 / 初登皇位

即位初的社会情况 / 092

雍正改元，政治一新 / 094

稳固皇位 / 097

第六章 / 登皇位后众兄弟的命运

重用允祥、允礼、允禄 / 104
允禵被遣去守陵幽禁 / 107
剿灭八爷党 / 110

第七章 / 铁面除权臣

重用年、隆 / 116
年羹尧之狱 / 120
隆科多禁死 / 124

第八章 / 打击朋党，大兴文字狱

附属年、隆而获罪 / 128
科甲朋党案 / 131
曾静、吕留良案 / 133

第九章 / 加强集权

“台省合一”和观风整俗使的设置 / 138
奏折制度和政令的推行 / 140
设立军机处与皇帝总理庶务 / 146
改定律令 / 150

增设行政机构 / 153

第十章 / 移风易俗

盗案累累 / 158
推行“教化” / 161
推行保甲和宗族制 / 164
更定服色婚丧议制 / 168
豁除贱民 / 171

第十一章 / 改革赋役制度

清查亏空，设立会考馆 / 178
实行耗羡归公和养廉银制 / 181
士民一体当差 / 186
摊丁入粮制度的实施 / 190
汇追首隐与清丈土地 / 193
钱法与铜禁 / 196

第十二章 / 改革旗务和处理满汉矛盾

清初满汉关系 / 202
整改八旗 / 204
为明朝皇帝立嗣 / 208

调处直隶旗、汉矛盾 / 212
镇压人民运动 / 215

第十三章 / 守土安边有功勋

平定青海叛乱 / 222
西北两路用兵 / 225
西南地区改土归流 / 228

第十四章 / 对外政策与措施

开放闽粤洋禁 / 232
中俄交涉，促进贸易 / 234
稳定东南，友好往来 / 238

第十五章 / 文化思想与政策

重农抑商 / 242
尊崇孔子 / 244
讲求祥瑞 / 249
天人感应与“敬天法祖”的观念 / 252
各种祭祀活动 / 256

第十六章 / 雍正朝的君臣关系

雍正初年的股肱之臣 / 262

雍正赐书 / 266

雍正末年的宠臣 / 270

关爱臣工 / 273

辱骂臣工 / 276

第十七章 / 用人才技，不限成例

“第一宣力”之张廷玉 / 282

鄂尔泰 / 284

重用田文镜 / 287

李　卫 / 289

第十八章 / 野史中的雍正

野史中的暴君 / 294

服用仙丹致死说 / 297

传说中的其他死因 / 299

人物档案

清世宗爱新觉罗·胤禛（1678 年 12 月 13 日—1735 年 10 月 8 日），生母乌雅氏（即孝恭仁皇后），由贵妃佟佳氏（即孝懿仁皇后）抚养。与康熙帝皇十四子胤禵为同母兄弟。1722 年 12 月 20 日，康熙驾崩，胤禛登基，时年四十五岁。雍正，为清朝雍正皇帝的年号，从 1723 年（雍正元年）至 1735 年（雍正十三年），前后共十三年。雍正皇帝在位期间，清朝显示出一片繁荣昌盛的景象，平定了罗卜藏丹津叛乱，设置军机处加强皇权，实行“改土归流”“火耗归公”等一系列铁腕改革政策，对“康乾盛世”的连续具有关键性作用。1735 年 10 月 8 日，胤禛驾崩，享年五十八岁。去世后庙号世宗，谥号：敬天昌运建中表正文武英明宽仁信毅睿圣大孝至诚宪皇帝，葬于清西陵之泰陵。

CHAPTER

第一章 皇室贵子 1

纵观清朝的历史，虽然只有短短的二百六十八年，却涌现出了好几位杰出的帝王。其中，有一位帝王充满了神秘的色彩，曾引起后世学者的激烈争论和猜测，他就是清廷入关后的第三位皇帝——雍正。他的父亲康熙，是一位雄才大略的帝王，推崇汉人的文化，也以此来教育儿子们，雍正从小在这样的环境下长大，接受了良好的教育。

降世之初

康熙十七年秋天（1678年），引发“三藩之乱”的罪魁祸首平西王吴三桂，在匆匆称帝后一病不起。随着吴三桂病死，“三藩”也逐渐走向穷途末路。康熙八岁即位，十六岁除掉了权倾朝野的鳌拜，二十五岁平定“三藩之乱”，在中国历代君王中，是极为杰出的一个，雄才大略，彪炳青史。而大清王朝在入关三十四年后，也终于站稳了脚跟。

这年康熙皇帝二十五岁，正是风华正茂的大好年龄。五年前，他不顾部分朝臣和祖母孝庄太皇太后的反对，毅然决定撤藩，引起了“三藩之乱”。面对种种猜疑和抱怨，康熙皇帝镇静自如和“三藩”进行斗争，终于换来了今天的胜利，得知这一消息，当然格外高兴。

万岁爷一喜，天下皆欢，普天同庆，皇宫里面更是热闹非凡。康熙带着几位大臣急急忙忙地来到后宫，向孝庄太皇太后报告这一喜讯。孝庄太皇太后在宫女们的搀扶下，接见了他们。大将军图海喜不自胜，一见到孝庄太皇太后就扑在地上跪下说：“太皇太后，那吴三桂贼心不死，在衡州搭了个棚子，刷上黄漆，充当祭天的法坛，却没想到触怒了老天爷。突然之间刮起大风，大雨倾盆而下，柱子上的黄漆全被雨水冲洗掉了，棚子也被狂风卷走，吓得吴三桂口歪眼斜，摔了下来，一命呜呼了。”

“阿弥陀佛。”孝庄太皇太后手持念珠，点点头说，“真是报应啊！吴三桂这等乱臣贼子，罪不容诛，还想坐龙椅，真是枉费心机！皇帝，既然吴三桂死了，战事也应当尽快结束，哀家等待太平日子，早就已经等得不耐烦了。这下终于可以太平了，必须大事庆祝才行。”

康熙走上前去搀住，笑着说：“皇祖母言之有理，孙儿已经下旨，令全国各地都要庆祝。”

这时，皇太子胤礽跑了进来，面见父皇和太皇太后。胤礽这一年才五岁，非常活泼，深得康熙的喜爱。清朝一直没有立太子的习惯，努尔哈赤在位的时候，设立八旗共同议政，治理国家。后来皇太极在入关的前一天夜里突然生病去世，甚至没有来得及指定皇位继承人，于是八旗举行会议，选举新君主，年仅六岁的福临成为清廷入关以后第一位皇帝——顺治。

康熙名叫玄烨，他成为皇帝，也是顺治和孝庄太皇太后共同指定的结果。

直到康熙十二年（1673）春，康熙皇帝做出撤藩的决定，吴三桂于同年 11 月杀死了云南巡抚，提出“兴明讨虏”，公开反叛，刚开始的时候叛军占据上风，势头很猛，打得八旗兵连连后退。为了安定民心，同时争取各地武装力量的支持，巩固清朝政权，康熙改变清朝不立储君的习惯，学习汉人的制度，立嫡长子为太子。

康熙将胤礽揽在怀里，然后对孝庄太皇太后说：“皇祖母，孩子们都已经不小了，孙儿准备来年就给他们选定师傅，教他们读书。”

康熙是位杰出的君王，很有男子气概，在他身边，出现过许多美丽聪慧的女子，陪他度过一段段或苦或甜的美丽时光，其中既有身份尊贵的皇后、嫔妃，也有地位低微的宫女，其中有一位富有传奇色彩的姓乌雅氏的宫女。

乌雅氏是满洲正黄旗人，父亲名叫威武，担任护军参领，地位不高，她原本只是一个宫女，负责侍奉钮祜禄氏皇后。自从钮祜禄氏当上皇后以后，她的地位也随着主子的身份慢慢提高，有更多与康熙见面的机会。平定三藩的时候，康熙内心抑郁烦闷，与嫔妃们谈论的时候，她们却不敢议论。侍奉在一旁的乌雅氏却告诉康熙，战事吃紧，她虽然身在后宫，不能冲锋陷阵，但依然心系前方，愿意尽自己所能，替皇上分忧。

听了这番话以后，康熙对她的印象深刻，渐渐对她产生了好感。钮祜禄氏皇后去世不久，乌雅氏怀上了龙种，母凭子贵，被赐为常在。

康熙皇帝对出身低微的乌雅氏十分照顾，在她怀孕期间经常看望她，甚至为了她而冷落了其他的嫔妃，孝庄太皇太后提醒皇帝不要厚此薄彼，也要关心其他的妃子。在太后的干预下，康熙只好冷淡乌雅氏，但是乌雅氏并不争风吃醋。

康熙十七年十月（1678 年 12 月），乌雅氏即将临盆，由于自己身份低微，被安排到一处普通的宫室里等待生产，十月三十日（12 月 13 日），顺利产下一名男婴。听到孩子的哭声，看着儿子的小脸蛋，乌雅氏喜极而泣。她并不知道，这就是对后来中国历史的进程产生深远影响的雍正帝。

清朝后宫有一个规定，身份在妃以下的女子不可以抚养自己的子女，而必须交由身份尊贵的贵妃、皇贵妃或者皇后养育。皇后已经去世，她不禁猜想，自己的儿子会被交给哪位贵妃或皇贵妃抚养呢？但不论是让谁做他的母亲都没关系，只要他能健健康康地长大，自己也就心满意足了。想到这里，她不禁伤感起来，默默地流下泪水。

康熙也在思索，到底该把孩子交给谁来抚养，后来决定把孩子交给贵妃佟佳氏。佟佳氏是满洲镶黄旗人，一等公佟国维的女儿，康熙生母孝康章太后的侄女。佟佳氏人品高尚，性格和善，与康熙之间的感情非常好，可惜她入宫以后没有子嗣，只生过一个女儿，还不幸夭折。所以，康熙便让她养育小皇子。

当看到小皇子时，佟佳氏喜不自禁，把孩子接过来，抱在怀里仔细端详着，她一边抚摸着孩子的小脸蛋，一边说道："这是我的孩子，多么可爱啊！"她喜爱这孩子，就像是自己亲生的一般。康熙慈爱地看着孩子，说："他虽然是朕的第十一个儿子，但是我朝皇室规矩，皇子夭折，就不叙齿，他的十个哥哥当中，健康成长的只有胤禔、胤礽和胤祉，所以算起行次来，他反而成了朕的皇四子。"

这时，佟佳氏说道："皇上，还没给小皇子赐名吧？"

康熙思索了一会儿，说："就叫胤禛吧，按照《说文解字》的解释，'禛'意为'以真受福'，朕希望他能够对上天和祖宗真诚，并以此得到福气和庇佑，朕希望他和胤禔、胤礽、胤祉一样，都能成为一个有福的人。"

佟佳氏一听，开心地说："胤禛，这名字好，皇上平定三藩，又得皇子，真是双喜临门哪！"

康熙喃喃地说："是啊，希望朕的子孙，永远都不必再经历战乱和危险。"

特殊的生长环境

康熙八岁登基，在位六十一年，共有三十五个儿子，其中健康长大的（叙齿）有二十四个，胤禛是康熙的第十一个儿子，但是由于康熙的儿子有很多都夭折了，所以按照叙齿的规定来算的话，反而成了四阿哥。为了向上天祈求让儿子们能够健康成长，康熙效仿汉族的取名方法，为孩子选中了"胤"字辈，"胤"也就是"血胤"，是后代的意思。然后选取含有"福"意的字，如"禔"是安享幸福的意思，"礽""祉"是幸福、福气的意思。可见康熙对儿子们可以说是爱之深切，用心良苦。

胤禛刚刚出生，就和生母分开了，受养母佟佳氏的抚养。佟佳氏本身没有子嗣，就把这孩子当作自己的儿子，细致地挑选乳母，随后又大力操办满月席。在康熙二十年（1681年），佟佳氏晋升为皇贵妃，康熙二十八年（1689年）病死之前又被册封为皇后，称为"孝懿仁皇后"。年幼的胤禛，也因为养母的身份而变得尊贵起来。孝庄太皇太后差人来到景仁宫，送了一把镶金白玉长命锁给襁褓中的胤禛，希望他能健健康康，长命百岁。佟佳氏十分高兴，收下礼物，抱着胤禛前去谢恩。

孝懿仁皇后

孝庄太皇太后年事已高，身体已经远远不如从前了，慈宁宫是太后的居所，平日里很少有人走动。胤禛在乳母的怀里甜甜地熟睡着，根本不知道周围人为他所做的一切。孝庄太皇太后正在宫门外摆弄花草，看见她们来了，停下让佟佳氏把孩子抱上前来，欣喜地看着，说："面相饱满，是个有福气的。"

这时，皇长子胤禔和太子胤礽一起跑了过来，胤禔喊着："老祖母，哪一个是小皇弟？我和太子要看看他。"

往日孝庄太皇太后看到皇子们如此无状疯跑，早该训斥他们了。今日她却格外高兴，笑眯眯地说："太子，不要慌张，快来看看你的小皇弟。胤禔，皇上给你请了师傅教功课吗？"

"是的，老祖母。"胤禔说，"由张英、熊赐履、徐元梦、尹泰等人做讲官。太子也和我一起读书，我们跟从张英学习四书五经，向徐元梦学习满文。"

孝庄太皇太后听了之后说："好啊！好啊！皇帝找的人都是大学士，饱读诗书，非常有才华，你们要好好地学。"

兄弟两个乖乖地听完，然后便继续吵着要看小皇子，虽然地位不同，但是年幼的他们对于等级并没有什么概念，只知道每天在一起读书、玩耍。这时的他们哪里会想到，长大以后会为了争夺储君的位子，展开残酷的斗争。

正在众人说话的时候，小皇子醒了，他睁着一双黑漆漆的大眼睛看着大家，可爱极了。胤礽看见挂在他脖子上的长命锁，惊奇地说："原来小皇弟也有这样的锁，和我的是一样的。"

胤禔则有些失望又有些疑惑地说："原来你们都有，为什么我没有？"

孝庄太皇太后这时才想起，之前曾经送过一副一样的长命锁给太子，普通皇子比不上太子那样尊贵，怎么可以和太子用一样的配饰呢？她微微一笑说："你们的小皇弟在出生之前，我曾在佛祖前为他祷告。佛祖在梦里说他需要佩戴金玉合体的长命锁才能健康长大。我曾经有一对长命锁，其中一把送给了太子，那这把就留给四阿哥吧！"

听了孝庄太皇太后这么说，胤禔和胤礽都说："嗯，老祖母说得对，老祖母从不做错事。我们喜欢小皇弟。"

佟佳氏把胤禛当作自己的亲生儿子一样对待，在她的照料下，胤禛茁壮成长。康熙常常去看望他们娘俩，虽然日理万机，可是只要一看到他们，就会感到很欣慰，仿佛就不那么疲惫了。

年幼的皇子给佟佳氏带来了天伦之乐，却也让乌雅氏整日以泪洗面。自从儿子被抱走以后，乌雅氏就再也没有见到过他，她非常思念儿子，可宫廷里面等级森严。她整天郁郁寡欢，却又不敢对别人说起。好在康熙有情有义，常来看她，这也让她在失去儿子的悲伤中有了一丝慰藉。

一天，乌雅氏路过佟佳氏居住的景仁宫。忽然，见到贵妃牵着一个孩子的小手走了出来。只见那孩童衣着华贵，显然是刚刚学会走路，在搀扶下一步一蹒跚。乌雅氏立即明白这就是自己日思夜想的儿子，恨不能马上扑过去抱在怀里。但这时她看到佟贵妃微微皱着眉头，似乎有些困惑，也有些不高兴。这时一位太监过来斥责她："见到贵妃为何不行礼？"

乌雅氏慌忙跪下谢罪。佟贵妃只是看着她，没有说话，随后便带着胤禛离开了。

这件事以后，乌雅氏变得很是失落，甚至有些精神恍惚。康熙知道她思念儿子，于是在康熙十八年（1679 年）封乌雅氏为德嫔，乌雅氏母因子贵，心情渐渐好转。

她的孩子中只有胤禛、胤禵和一个女儿存活下来。胤禵排行十四，比胤禛小十岁，是康熙诸多皇子中特别优秀的一位。康熙二十年乌雅氏被晋封为德妃。等到雍正即位，更是被尊奉为皇太后，即是后来的孝恭仁皇后。

乌雅氏她总共为康熙生了六个孩子，是生育皇子最多的妃子。她的女儿是唯一一个下嫁满人的公主，而两个儿子后来又成为争储的中心人物。她从一个端茶送水的宫女，一步步登上大清后宫的顶端，是非常不容易的。

倔强的小皇子

康熙二十年，佟佳氏由贵妃晋封为皇贵妃。自从孝昭仁皇后死去，康熙没再立后，所以佟佳氏成了实际上的六宫之首。

随着养母的身份提高，年幼的胤禛也因此更加尊贵。如今的他已经四岁了，不但身体健康，性格活泼，而且天资聪颖，十分可爱。康熙对胤禛很是疼爱，经常告诉他许多道理。

而年幼的胤禛也十分尊敬父皇，每次见到康熙都会表现得特别乖顺。皇贵妃笑着说："四阿哥淘气，但是见到父皇就老实了。"

一天，胤禛与胤祉玩打羊踝骨。这是满族子弟的传统游戏，以羊踝骨为道具，羊踝骨就是连接羊的腿骨和胫骨的那块骨头，又称"羊拐"，满语为"嘎拉哈"。打羊踝骨的玩法比较简单，一人持一块羊踝骨，相互碰撞，完好无损的就算是获胜。入关后，清政府很注重保留传统，从骑马射箭一直到孩子们玩的游戏。所以，皇子们虽然生活在皇宫中，但还是喜欢玩这种简单有趣的游戏。

胤祉比胤禛大一岁，比较文静，诗文成绩很好，但是没有胤禛健壮，也没有胤禛开朗，平时玩耍时，胤祉经常输给胤禛。只见他们拿着羊踝骨碰来碰去，"啪"的一声过后，胤禛跳起来喊："又赢啦！又赢啦！"

今人玩嘎拉哈游戏

看着他那么高兴，胤祉说："你才赢了一次，敢和我继续比吗？"

胤禛正在高兴，听到三哥这么说，于是又抓起一块羊踝骨说："好啊，再来比。"

只是这一次，胤禛却输了，他鼓着腮帮子，紧锁眉头，又拿起一块羊踝骨，气呼呼地说："再来。"

胤礽信心满满地也拿起一块骨头来，结果，一把砸下去，胤禛又一次失败了。这时胤禛好像是受了极大的委屈一般，憋屈着把骨头扔向远处，随即大哭起来。

看到胤禛居然被惹恼了，胤礽有点不知所措，呆呆地站在原地看着他，不知道该做什么才好。就在这时，康熙被哭声吸引过来，了解了事情的始末之后，笑着问道："胤禛，你既然输了，那便认输就是，为什么要哭呢？"

看见父皇过来，胤禛哭声更大了，而胤礽不安地看着康熙，紧张得连他也快要哭出来了。过了一会儿，胤禛止住哭声，用小手抹着眼泪，抽噎着说："以前都是我赢的。"

康熙看了看两个儿子，又看了看地上的羊踝骨，觉得很是有趣，不禁笑出声来，然后对他们说："你们再比一局，皇阿玛来当裁判，如何？"

两个小兄弟听到他这么说，又互相看了看对方，便捡起地上的羊踝骨，继续比了起来。只见他们越玩越开心，最后胤禛破涕而笑，如愿赢了一局，随即高兴得手舞足蹈，向康熙夸耀着："赢喽！赢喽！"胤礽拿着骨头，看着康熙，表现得像个成熟的大哥哥。

康熙看着儿子们，眼里充满了慈爱，语重心长地说："皇阿玛小的时候，也爱玩游戏，也不喜欢输。可是长大以后才知道每个人都有失败的时候，才知道认输也需要很大的勇气，但是只有在承认失败以后，才会知道自己错在哪里，才会吸取教训，不至于一直错下去，但是不论是输是赢，兄弟之间的感情才是最重要的。"

听了父皇的话，胤礽说："父皇，我不怕输，我还会赢的。""对。"康熙赞同地说，"不要怕输，要想办法去赢，这才像个男子汉。"

胤禛眨了眨眼睛，似懂非懂地说："我就想赢，我不想输。"

康熙乐呵呵地看着这两个可爱的小家伙，吩咐太监照顾两位阿哥各自回宫，转身去了御书房。

皇贵妃听说这件事情之后，找了个机会和康熙谈论胤禛的表现，康熙想了想说："四阿哥性格刚毅，不肯服输，还需要好好调教。"

皇贵妃是有心人，听了康熙这么说，心里面暗暗吃惊，但还是强做笑容说道："四阿哥还小，长大之后就会好了。"康熙点了点头说："希望如此吧。"

康熙不仅勤学汉人文化，同时也喜欢接触一些西方文化，例如他曾经让外来传教士教授自己知识，在学习西方文化的时候，渐渐明白了做试验的重要性。清朝以农业为本，康熙作为君主，一方面颁布一些利于农业的政策，另一方面他还亲自做试验，孕育优良品种，试图提高水稻产量，这在古代的帝王中，是件不可想象的事。1682 年的秋收时节，康熙带领皇子和大臣们到试验田查看自己试验播种的谷物。在精心的培育下，试验成功了，望着一大片金黄饱满的稻谷，大臣们纷纷夸赞皇上，康熙也非常高兴，命人准备镰刀，他要亲自下地收割。

胤禛和兄弟们好奇极了，他们虽然每天吃着粮食，但是粮食收割之前究竟长什么样子，他们谁也没见过，更别说是耕种和收割了。皇子们站在一旁议论纷纷，有人问："这些野草是做什么用的？"马上就有人回答："禀阿哥，这不是野草，这是稻谷。"

"稻谷又是什么？"胤祺问。

"稻谷就是我们每天吃的粮食。"

胤礽这时突然眉头紧皱："胡说，这和我们吃的粮食看着完全不一样，米饭是白色的，可是这些却是黄色的。"

胤祉相对于兄弟们来说，还算懂得不少，插嘴说："稻谷去掉壳以后就是大米。"最小的胤禛和胤祺跟在哥哥们身后，听得来了兴致，追着问个不停。

这时康熙换好了衣服，挽好袖子，拿起镰刀开始割稻。皇子们看到父皇拿着镰刀在割稻谷，眼里充满了好奇。胤禛跑过去问他："父皇，你在干什么啊？"

康熙边工作边说："收割稻谷啊！稻谷要先收割下来，然后打掉硬壳，就变成我们吃的米饭啦！"皇子们都感觉很有趣。

康熙说："你们要记着，大清的根本是农业和百姓，要知道百姓的辛苦和不易，珍惜粮食，长大以后为大清的江山社稷做贡献。"

胤禛说："皇阿玛，儿臣知道了。"

试验田并不大，所以康熙很快就把稻谷收割完毕，他吩咐皇子们拾起掉落的稻穗，便回宫办事了。皇子们一听，低头弯腰，认真地寻找起来。

康熙回到宫中，只见大学士明珠和几位大臣已经等候在御书房外，于是迅速更换衣服，听取他们的奏报。可是没想到刚回来坐下，就有太监跑来，说是有急事要奏。康熙命他进来禀报。太监说皇子们在试验田里发生了争执，吵得不可开交。

康熙听了，立即派人将皇子们带回来，要问清楚他们争吵的原因。

胤禛依旧噘着嘴说："那根稻穗是我先看到的，大哥抢先捡了，那是我的。"

康熙看他们在自己面前还在争吵，怒火上升："还敢争辩，身为皇子，不知道体谅兄弟，爱护兄弟，反而为了一点点小事吵得不可开交，长大了还不得动武？都给我好好反省，究竟错在哪里！"

胤禛耷拉着头，闷声闷气地说了句："本来就是我的，我又没错。"

康熙说："还不知错，小小年纪如此浮躁，将来怎么能治理好国家？"

这时胤禔慢慢地说道："皇阿玛，胤禛有错，该罚。"

听了这话，康熙更加生气了："住口，你们全都得受罚，你作为皇长子，心胸这么狭窄，连自己的亲弟弟也不愿意保护。"

皇子们终于不再说话了。

孝庄太皇太后听说了这件事以后，就向康熙问起。康熙叹了口气说："大阿哥不知道宽容，四阿哥又争强好胜，而其他的皇子见到兄弟相争却不知道劝解，都还需要好好调教。"孝庄太皇太后说："是需要好好调教，但是皇帝也无须太过心急，毕竟都还小，相信只要用心教育，肯定会好起来的。"

入尚书房读书

年幼的胤禛性子太直，又喜欢争强好胜，引起了康熙的注意，他多次向皇贵妃说起他：“秉性不错，但是心浮气躁，喜怒不定，恐怕很难有大的作为。”

看到这种情况，皇贵妃很为胤禛的将来担忧，深怕他会处于劣势，考虑了很久之后，她向康熙提议，让胤禛入学读书，希望在学习的过程中可以让他逐渐改掉坏脾气。

康熙是一位非常明智的帝王，他看到很多富贵的人家对后代过分地娇生惯养，却不给他们提供良好的教育，结果他们长大成人以后，并没有成为优秀的人才，反而任性妄为，或者像呆子一样什么都不知道。他认为这样的教育方法，对子孙有害无利，所以特别重视对皇子们的教育。皇长子胤禔和太子胤礽自从懂事的时候起，康熙就为他们精心挑选了学识丰富的大臣担任教师，教授他们文化知识和武艺。可是胤禛今年才五岁，懵懂无知，康熙担心他还太小，学不到什么东西。

皇贵妃说：“臣妾已经教四阿哥读过不少诗词歌赋，他也喜欢学习。不如就让他试一试吧！”

康熙琢磨了一会儿说：“好吧，朕来考考四阿哥，要是可以，就让他明年春天跟哥哥们一起入读。”

不一会儿，皇贵妃带着胤禛走了进来，康熙思索着究竟该怎样考他，这时他看到了一株珊瑚树。这株珊瑚树高两尺左右，非常好看，是外国使节来朝见的时候赠送的，后来康熙就把它赏给了佟贵妃，佟贵妃很喜爱它。康熙这时心里便有了底。

看到父皇，胤禛高兴地上前问安。

康熙说："你母妃想让你和兄长们一起读书，但是父皇要先考考你，再决定你适不适合入读。你就对着这珊瑚树，说说你的见解让皇阿玛听一听。"

胤禛看了看珊瑚树，张口说道："我觉得珊瑚树是不祥之物，会让人的心性变坏。"

佟佳氏吓了一跳，连忙说道："不要乱说，这株珊瑚树是奇珍异宝，又怎么会让人心性变坏！"

胤禛很认真地说："石崇就有很多珊瑚树，富甲天下，他跟人斗富，还蔑视皇帝，简直太坏了。"

康熙开心地笑了笑说："孺子可教，皇阿玛就答应你，明年和三阿哥一起去读书。"

佟佳氏和胤禛连忙谢恩。

冬天在胤禛的巴望中慢慢过去了，转眼间，新的一年到了。佟贵妃为胤禛准备好了入学的服饰、笔墨等。乌雅氏这时已经被封为德妃，听到胤禛将要上学的消息以后，特意来看望。然而见到胤禛以后，她却不知道该说什么，略微做了一些叮嘱，如要好好学习之类的。可是胤禛却没有什么感觉，因为在他的心里，佟贵妃才是他的母亲。

清朝皇子读书的地方称为尚书房，位于北京西北郊的畅春园里。康熙将尚书房命名为"无逸斋"，就是告诫皇子们不要贪图安逸。

五更的时候（五更是中国古代夜晚的计时制度，五更相当于凌晨四点），胤禛已经起床，洗漱完毕，向尚书房走去。这时天还没亮，黑黝黝的，看不见路，一个小太监提着一盏白纱灯走在前面，偶尔看到几个值班的

尚书房

人，倚在柱子上打瞌睡。穿过几重宫门，路过几座小阁楼，便来到了隆宗门，里面便是无逸斋。

尚书房内，胤禔和胤礽端坐桌前，大学士张英坐在上位，正在讲《论语》。看到胤禛，张英问："四阿哥，你怎么来啦？"

胤禛说："我来读书。"

张英说道："四阿哥，皇上先前已经交代过，说让你今年一起读书。今天三阿哥也会来，你要等到三阿哥一起先拜圣人。"

胤禔说："这个胤祉，怎么还没来？"

张英站起身来，看着几个皇子。可是几个小兄弟们只顾着聊天了，说起胤祉迟到的原因，胤禔说肯定是他偷懒，不想来了，而胤礽则说他是害怕读书，不敢来，胤禛则为胤祉辩解。三人你一言我一语地谈着，似乎完全忘记了旁边还有个先生，把课堂当作了闲聊的地方。张英这时已经沉不住气了，他是朝中大员，声名显赫，康熙将教导皇子的重任交给自己，是何等的荣耀。可是眼看着几位皇子只顾着聊天，便制止他们："大阿哥，这是学堂，是读书学习的地方，请保持安静。"

胤禔直犯嘀咕，心想三个人说话，却为什么只批评我？这时胤祉气喘吁吁地赶到了。

胤礽有些气不过，对张英说："张大人，皇阿玛吩咐三阿哥和四阿哥今日入读，你还是赶紧安排，让他们拜圣人吧。"

胤礽是太子，张英不敢随便顶撞，只好无奈地回道："太子言之有理，请您和大阿哥把《论语·为政篇》先抄写三十遍，臣去安排让三阿哥和四阿哥拜圣人入读。"

胤禔和胤礽吃了一惊，本想支走张英，然后趁机玩耍，可是没想到张英像疯了一般，留下这么重的课业，两人顿时慌了神。康熙屡次教导他们要尊师重教，他们虽然调皮，但是对先生布置的功课从来也不敢耽误。

张英领着胤祉和胤禛行拜师礼，随后便安排他们入座，教他们读书。

清朝教育皇子的方法颇为成功，从康熙直到嘉庆等皇帝都是这样培育出来的，这个方法也得到很多读书人的赞许。乾隆时期的赵翼曾说：“本朝的家法十分严厉，仅仅是皇子读书这件事，就已经超过了历朝历代。天还没亮，皇子们就已经在读书了，我们这些大臣们都没有那样勤奋。诗文书画、骑马射箭没有不精通的，知道了几千年的兴衰历史，再来治理国家，又有什么是他们办不好的呢？”

先生的奖惩

胤禛从六岁开始，正式进入尚书房读书。康熙除了要求皇子们学习满、汉、蒙古文和经史等文化课以外，还让他们学骑射、游泳等军事、体育科目。读书的人中除皇子外，还有王公大臣的子孙侍读。康熙亲自为皇子们挑选侍读人员，这此侍读天资聪颖，心性善良，是皇子们学习、生活的最佳伙伴。胤禛年龄最小，进步又快，经常受到老师夸奖。康熙得知胤禛喜欢学习，也很高兴。

康熙除了为皇子们创造良好的学习环境，还常常到尚书房视察，亲自督促皇子们的学习。一天下午，他处理完政事以后，便来到尚书房外，听到书房里传出琅琅的读书声，感到很欣慰，也不顾炎热的天气，就站在窗外观看皇子们读书的情景。书房内，徐元梦正在教大家学习满文。

这时正是三伏天，非常炎热，皇子们都穿得整整齐齐，热得大汗淋漓。康熙规定学习时不许摇扇子，连碰也不准碰，皇子们只能用汗巾不住地擦汗，却只有胤禛一动不动。康熙觉得奇怪，却又不便打断讲课，于是继续看下去。

徐元梦领读了几遍，然后吩咐继续诵读文章。炎热的天气中，知了拼命地嘶鸣，诵读声越来越低沉。胤禵把书放到桌子上，然后说：“先生，天气太热了，没有力气读书，而且午饭时间快到了，我们还是先吃饭吧。”这时胤禛却说：“还没到时间，怎么可以吃饭呢？”

学子们纷纷附和，赞同大阿哥的提议。看着没精打采的学子们，徐元梦有点犹豫，想了想，选择了折中的办法：“不要争了，既然大家都很热，那就先休息一会儿，时间到了就吃饭。”

学子们一听，都把书本放了下来，如释重负，只有胤禛仍然在读书。胤祉伸着脑袋问：“你不热吗？为什么不休息一会儿呢？”但是胤禛没有回答。

看着正在读书的胤禛，康熙心想，这个孩子做事认真、用心，与众不同，实在难得，过了一会儿，胤禛对徐元梦说：“师傅，我背完了。”

徐元梦对这个坚持读书的皇子感到很惊奇，就让他背诵。

虽然不熟练，还有些地方背错了，但胤禛坚持着背完了。学子们都看着他，露出不可思议的表情。

徐元梦说：“学习不仅需要天赋，更需要付出艰辛的努力。午饭过后，皇上会亲自来教大家射箭。”

这时康熙走了进来，大家慌忙行礼。康熙说：“胤禛，难怪先生们多次夸奖你，你能克服困难，坚持读书，做得很好。”徐元梦说：“四阿哥天资聪颖，又勤奋好学，将来肯定能够成为国家的栋梁。”

康熙笑着说：“但是你们也不能总是表扬他们，要多批评，免得他们骄傲。”说完，康熙和老师以及学子们在一起吃了午饭，下午的时候更是亲自指导他们射箭。

从这个例子可以看出，康熙对于皇子们的教导是极为严格的，在他的教育之下，皇子们逐渐成为不同类型的人才。第一种是政治型的，比如胤礽、胤禛等人，长大以后开始从事政治，争夺皇位；第二种是军事型的，比如皇十四子胤禵，曾经统御大军，抵抗外敌；第三种是学者型的，比如皇三子胤祉，学识丰富，后来主持编著了《古今图书集成》一万卷。

康熙找来的老师，大部分是学富五车的官员，例如张英、徐元梦、尹泰等人都做到了大学士的官职，熊赐履、汤斌是著名的理学家，但是其中也有一些没有官职的平民。

到了这年冬天，尚书房里又来了一位老师。这位老师姓张，名庄，字谦宜，是有名的学者。他执教很严，经常批评皇子们，以至于皇子们听到张谦宜的名字，都会皱起眉头。

一天他讲课完毕后，要求皇子们抄写三遍课文。虽然书房内有暖炉，但皇子们还是冻得手脚发麻，只得不停地哈着热气，搓着双手。张谦宜没好气地说："屋子里面有暖炉，你们还怕冷，真是太不像话了。"他给皇子们规定了抄书的时间，随后便四处走动，观看学子们抄的是不是工整。他最后来到胤禛身旁，只见胤禛正托着下巴发呆，他大声地问道："你不抄书，在做什么？"

胤禛这才回过神来，看到先生满脸怒气地正站在自己面前。张谦宜又问道："你抄的书呢？"胤禛低下头来，只见纸上一片空白，顿时明白自己闯了大祸，不知道该怎么办才好。

见胤禛不说话，张谦宜更加生气了，走到屋外拿了一块砖进来，放在地上，又拿来了一只碗，大声说道："读书不用功，罚你顶着碗跪在砖上。"

侍读的人当中有个叫纳兰性德的，是满洲正黄旗人，原名成德，字容若，号楞伽山人，大学士明珠的长子。纳兰性德才气出众，年轻的时候就已经被康熙选中，命他留在尚书房侍读。现在在尚书房侍读的人当中他的年龄最长，也数他最有才华。眼见先生要处罚皇子，纳兰性德吓坏了，连声劝说道："老师，这可使不得！使不得啊！"

这时胤礽可忍不住了，他站起来质问道："你这个老学究，好大的胆子，我皇弟有没有错，是你能够评判的吗？你一个教书的先

纳兰性德（1655—1685），叶赫那拉氏，字容若，满洲正黄旗人，原名成德，避太子保成讳改名为性德，一年后太子更名胤礽，于是纳兰又恢复本名纳兰成德。

生，敢处罚皇子，不要命了是吗？信不信我报告父皇杀了你！”

张谦宜固执地说：“我是先生，学生不听话，我才处罚他，有什么使不得？”

结果，胤禛只好跪下，纳兰性德眼见事情一发不可收拾，赶紧命令屋外随侍的太监跑去向康熙奏报。

康熙没有想到张谦宜竟然胆子这么大，大吃一惊，赶紧来到尚书房。只看到胤禛头顶着碗，跪在砖上，正在低声哭泣。康熙火上心头，走过去将胤禛拉起来，然后大声喝问：“张谦宜，你好大的胆子，竟敢令皇子下跪？”

不想张谦宜却丝毫不惧怕，反而也大声地说：“四阿哥不尊重先生，学习不用功，该罚。”

康熙气得脸都红了，指着张谦宜斥责道：“朕的儿子学习的时候是天子，就算不学习，也还是天子！”

张谦宜想也没想就说：“要学就要学做明君，不要学做昏君！四阿哥虽然贵为皇子，同样不能懈怠。”康熙听着张谦宜竟然当着自己的面说昏君，可是又不能不承认他说的有道理，只好恼火地一甩袖子，离开了尚书房。

胤禛因为成绩优秀，一直都被尚书房里的老师夸赞，这还是他头一次遭受这么严厉的处罚。皇贵妃心疼儿子，觉得受到了极大的委屈，便带着胤禛来到康熙面前，要为四阿哥讨回公道。康熙皱着眉头，也在考虑究竟应该怎样处置张谦宜。

为师求情

尚书房的师傅们都认为张谦宜这次是难逃一劫了，同时也担心会牵连自己，个个提心吊胆，捏着一把冷汗。当皇贵妃佟佳氏领着胤禛来见康熙时，康熙仍然处在气头上，他对佟佳氏说：“这个人恃才傲物，胆大包天，连朕都不放在眼里，真是可恶至极。”看到康熙为了胤禛受罚的事情大发雷霆，佟佳氏反而不再那么生气了，她想了想说道：“皇上息怒，那张谦宜虽然该死，可也不能为他气坏了身体。”

看儿子闷闷不乐地低着头，也不说话，康熙觉得儿子受到了极大的委屈，便问道：“胤禛，你说皇阿玛该如何惩治他？”

听到康熙发问，胤禛开始紧张起来，迟疑着说：“我觉得先生没有做错，因为我听课的时候走神，读书不用功，他才处罚我，皇儿犯错，理当受罚，求皇阿玛不要处罚先生。”

康熙惊讶地盯着胤禛，不知道说什么。佟佳氏看到康熙脸色不对，担心胤禛说错了话，轻声说道：“四阿哥，皇子身份尊贵，张谦宜只是一介布衣，让皇子下跪是坏了规矩，应当受罚。”

看见父皇的眼神，胤禛脸色涨得通红，抿着小嘴，低下头去，不敢出声。

康熙却忽然爱抚地拍拍胤禛的肩头说：“小小年纪，能有这样的胸怀，不因受到委屈就记恨别人，实在不容易。”原来，康熙被顶撞之后，虽然气恼，但是他知道张谦宜的话是有道理的，并没有打算治他的罪。他之所以那样问胤禛，是想考察儿子的胸怀和气量。胤禛非但没有记恨张谦宜，反而为他求情，说明胤禛深明大义。儿子的成长，让康熙感到高兴。

佟佳氏这才明白过来，她舒了一口气，也为胤禛感到高兴。

几天后，康熙就这件事又分别向其他阿哥提出了同一个问题，得到的答案却各不相同。胤禩认为张谦宜狂傲自大，应该处罚；胤祉则说他只知道做学问，不会变通，太过于刻板，不适合继续当老师；胤礽更是认为应该将其处死，以儆效尤，康熙听了心里不太高兴，训斥胤礽，说天子应该心怀仁义，而不能随意杀人。

后来康熙非但没有处罚张谦宜，反而让他继续在尚书房教书，康熙还写了一块“山东学究”的牌匾给他。这件事却在张谦宜的心里留下了疙瘩，等到胤禛做了皇帝以后，想起恩师，觉得他学识渊博，为人正直，正是由于他当年对自己的严格要求，才让他学到了扎实的儒学基础，于是下旨让他进京。远在老家的张谦宜听说雍正召他进京，吓得心惊胆战，以为是自己当年惩罚过他，现在学生当上皇帝要治老师的罪，当天夜里就吞金自尽了。雍正听说以后，感慨不已。

胤禛在尚书房不但学习文化知识，每天下午，还要学习骑马射箭，练习武艺。小皇子们虽然年纪尚幼，却都想跟随父皇去南苑狩猎。

南苑俗称南海子，位于北京南二十里，方圆一百六十里，是元、明、清三代的皇家苑囿，因为苑内有永定河道穿过，形成了大片的湖泊和沼泽，草木旺盛，聚集了许多的麋鹿和猛兽。皇太极进攻北京的时候，遭到袁崇焕的抵抗，因为南海子水草丰盛，就在那里休整。入关以后，满洲贵族对南海子进行扩建，重新命名为南苑，并经常在春、冬到这里狩猎，遇到重大的阅兵时，就把兵马放在这里。他们把狼、狐等食肉动物列为主要捕杀对象，称为“打狼围”。康熙皇帝就特别喜欢打猎，《清实录》中记录了康熙捕猎数量之大：“朕自幼至今已用鸟枪弓矢获虎一百五十三只，熊十二只，豹二十五只，猞二十只，麋鹿十四只，狼九十六只，野猪一百三十三口，哨获之鹿已数百，其余围场内随便射获诸兽不胜记矣。朕于一日内射兔三百一十八只，若庸常人毕世亦不能及此一日之数也。”由此可见，围猎在当时是统治者非常喜爱的活动。

眼看着围猎的日子就要到了，尚书房内也开始谈论起来。大阿哥胤禔和太子胤礽从十岁的时候就参与围猎了，猎物虽然不多，但每次都有收获。胤祉和胤禛因为年纪还小，尚未参加过围猎，被深深吸引了，他们决定求太子帮忙，带他们参加今年的围猎。

康熙为太子准备了单独一间的书房，与普通皇子分开学习了，称为“出阁讲学”，胤礽渐渐长大，才华出众，也比幼年更加庄重有礼，让师傅们心悦诚服，他们十分庆幸在自己的晚年中，竟然能够遇到这样一位出类拔萃的太子。

午休时间，胤祉和胤禛来求二哥胤礽，胤礽见两个弟弟太小，认为他们即使是到了南苑，也捕不到猎物，况且去野外狩猎，有一定的危险，所以心里不太愿意带他们去。他已经参加过三次围猎了，每次都有收获，得到众人的夸奖。但是两个弟弟一直可怜巴巴地缠着他，最后做哥哥的终于心软了，答应让他们跟在太子的卫队后面。

半个月后，围猎开始了，胤祉和胤禛穿上平民服装，藏在卫队里面。他们躲在人群中望着，只见八色旗帜飞扬，将士们穿着八种颜色的铠甲，骑着骏马，手持强弓硬弩，还有人背着长长的火枪，奔驰在原野中。他们两个没有武器，也无法射猎，但是光是看着这些威武雄壮的武士们的英姿，就已经兴高采烈了。黄昏的时候，胤礽射到了一只成年的麋鹿，康熙听说以后，骑马跑来观看，结果一下子就发现了胤祉和胤禛，当即喝问："好大的胆子，没有得到我的允许就敢偷偷跑来，谁让你们来的？"

胤祉和胤禛慌忙跪在地上，胤礽则吓得不敢动弹。

康熙疑惑地看着胤礽问："他们怎么出现在你的卫队里面？" 胤礽吞吞吐吐半天也没说出话来。

胤禛忽然说："皇阿玛，是我们自己要来的，太子并不知情，求皇阿玛不要怪罪太子。"胤祉一听，也连忙点头称是。

看着几个可爱的孩子，康熙说："虽说你们还小，没有到围猎的年龄，但是看在你们平日里骑射优良，朕准许了。"

三兄弟不但没有受罚，反而获准参加围猎的资格，一个个喜笑颜开，谢恩而去。这边，一位叫尹泰的大臣提醒康熙："万岁，这么做会不会纵容阿哥们和太子爷？"有的大臣担心，这样会纵容皇子，让他们产生不好的思想，但是康熙听了之后说道："太子是储君，将来要继承大统，需要依靠他的兄弟来治理天下，他们兄弟之间既然愿意承担罪责，为太子求情，朕应该给他们一次犯错的机会。"听到康熙这么说，大臣们都感到很有道理，于是也就不再提起这件事了。

学问长进

胤禛在九岁的时候，已经在尚书房进行了三年不分寒暑的学习，他的知识面不断扩大，思维能力也慢慢增强。尤为重要的是，他在不断的学习中，不断开阔眼界，磨炼心性，这对于他日后的成功有着非常重要的意义。

有一天，顾八代在教授满文课的时候，对纳兰性德说："纳兰公子，你是满人中最有名的才子，就请你用满文为大家朗诵一首诗吧。"

纳兰性德站起身来说道："我曾经写过一首《长相思》，当时随从皇上去往盛京，路途遥远又很难走，我感慨很深，写出了这首词，今天就读给大家听听。"

然后他用满文深情地念道：

山一程，水一程，身向榆关那畔行，夜深千帐灯。

风一更，雪一更，聒碎乡心梦不成，故园无此声。

这首词是纳兰性德写的最出色的作品之一，就连康熙皇帝也十分看重纳兰性德，曾经说："纳兰性德刻苦学习文化，写出这么美的词句，一点也不比汉人逊色，真是满人的骄傲。"满洲人是游牧民族，入关之前只重视武艺，没有形成自己的文字，也没有良好的文学底蕴。入关建立清朝以后，他们仍然认为文字是汉人愚弄人的把戏，完全没有用处，也不肯学习。康熙即位以后，立志学习汉人的文化，还严格要求皇子们学习。康熙夸赞纳兰性德，无非就是要提高满人的学习兴趣。

顾八代早就读过《长相思》，对纳兰性德的才华也十分钦佩，他说："各位阿哥们觉得纳兰的词写得怎么样？"

太子胤礽首先说："写的是很好，但是有点太小家子气了，不像是个大丈夫的手笔。"

胤祉插嘴说："哪里不好了，这是满人少有的佳作，用词简洁凝练，意境优美感人，我更喜欢后半阕，风雪之中思念故乡，真是绝妙！"

胤禛说："三哥说得很对，不过我却喜欢前半阕，山水兼程，随军出征，夜晚的时候营地里点起千盏灯火，多么豪迈，多么有英雄气概。只可惜我没有在帐篷里住过，没有办法完全体会纳兰当时的心情。"

胤礽轻蔑地笑了一下，说："你是皇子，住什么帐篷，要住就要住皇宫。"

"汉人有句话，叫作'读万卷书，行万里路'，这是好男儿的向往，老是住在皇宫大院里，什么也看不到。"胤禛说。

胤礽依旧摇头说："汉人就喜欢吹嘘，写出来的东西都是不合实际的，不然也不会丢了江山。"

顾八代听着皇子们的评论，见他们在文学上的造诣不浅，而且都胸怀大志，感到十分欣慰。但是为了避免皇子们发生争执，于是说："纳兰的词写得确实不错，我也非常喜欢，但是不论大家喜欢什么样的文章，都要继续学习下去，要知道，学海无涯。今晚留给各位的功课，是两道字谜。"

皇子们一听要猜谜，顿时来了兴趣，不再争论了。

顾八代说："第一题：'一月复一月，两月共半边，上有可耕之田，下有长流之川，六口共一室，两口不团圆。'"

话音刚落，皇子们立即开始思考，争相猜测谜底。

"第二题：'上不在上，下不在下，不可在上，只宜在下。'"

这两个谜题倒是难住了大家，众人想了半天也不知道谜底是什么，顾八代说："时辰已经很晚了，大家回去再猜吧，明天早上告诉我答案。"

胤禛出了书房，一路上苦苦思索谜底，好几次走错方向。随行的太监之后一直提醒说："四阿哥，走错啦！"胤禛责备他："我正在想谜底呢，你把我的思路都打断了。"

隆科多恰巧路过，看着胤禛奇怪，上前询问："四阿哥为了什么事这么入神？"隆科多是皇贵妃佟佳氏的弟弟，一等公佟国维的儿子，朝廷一等侍卫，

隆科多

算起来是胤禛的娘舅。

胤禛这才回过神来，皱着眉头说：“原来是舅舅，顾师傅出了个谜题，我想了好久，仍然猜不出来。”然后说出谜题。

隆科多听了之后，摸了摸下巴上的大胡子，想了一阵，随后笑出了声。

胤禛高兴地问他 ：“舅舅猜到谜底啦？”

隆科多说：“我只是一介武夫，解不了这么高明的谜题，学业上的事还需要你自己去思考，我帮不了你。”

这时远处跑来一位太监，冲着胤禛喊道：“四阿哥留步，皇上命你马上进宫。”

胤禛奇怪地问道：“父皇有什么事，这么晚了要召见我？”太监告诉他，宫里来了几个洋人，皇上准备让阿哥们前去学习。

康熙喜欢学习新鲜事物，还找过西洋人来做自己的师傅，甚至给他们委派官职。这一次钦天监根据观测，报告说今天将有月食发生，于是他找来儿子们与他一起用千里镜观测月食现象，验证其中的科学道理。

在太监的带领下，胤禛来到了乾清宫，只见阿哥们已经到齐了，大家正围着一张大石桌，上面摆放着一根铁管和几根铁架。胤禛奇怪地问道：“不是说要看千里镜吗？镜子呢？”

皇子们谁也没有见过千里镜，也不知道千里镜的作用，见到石桌上摆放着一根铁管，全都充满了疑问。最后，太子上前说：“皇阿玛，这根铁管就是千里镜吗？”

“没错。”康熙说，“这是西洋人用的东西，使用它可以看得非常远，所以叫千里镜。”

看着千里镜，胤祺感到很不可思议：“这么一根普普通通的铁管，能够看见千里之外？那不和天上神仙的千里眼一样厉害啦？”

几个西洋人向他们解释了千里镜的原理，然后把它架好，调整好方向，一切准备完毕之后，请康熙和皇子们轮流观测。

又过了一会儿，只见天上的月亮出现阴影，月食发生了。康熙连忙让皇子们轮流观察，并让他们记录下自己观察到的情况。皇子们全都疑惑不解，从千里镜里望出去，月亮不再像肉眼看到的那样，像个白玉盘，而是变得很大，表面布满了坑坑洼洼，兄弟们找了半天也没看见传说中的月桂树和广寒宫。这时，康熙令那几个西洋人解释了月食的成因。

很多年后，胤禛登基，成为雍正帝，回忆康熙带领他和兄弟们观测日食的情景，仍然感到很不可思议。康熙在位的时候，努力学习各种先进的知识，并以此来教育他的儿子们。法国传教士白晋说：“因为他本来就对新奇东西感兴趣，所以，自从他有了某些欧洲的科学知识之后，就表现出了学习这些科学的强烈欲望。”在康熙的影响下，皇子们对科学产生了浓厚的兴趣。

恩师顾八代

回到寝宫以后，胤禛躺在床上左思右想，难以入眠，用千里镜观测月食给他留下了深刻的印象，他再次从床上爬起来，看着夜空中发出皎洁光辉的月亮，尽管那几个西洋人向他解释了千里镜的原理，可是他一点儿也听不懂。西洋人的发明强烈地吸引着他，让他忘记了顾八代留下的功课。

直到第二天醒来时，胤禛才忽然想起昨天猜谜语的事，他忐忑不安地赶往尚书房，一边思索一边往前走。跟班的小太监看他走得慢，着急地提醒道：“阿哥爷，天快亮了，您再不快点儿就迟到了。”

胤禛听着他唠叨，很是烦躁，只说：“知道了，知道了。”

小太监不敢再出声，默默地跟在后边。等走到尚书房时果然晚了。顾八代已经等了许久，看见胤禛，皱着眉头问：“今天为何迟到？”

顾八代一直对胤禛十分看重，认为他做事认真，又勤恳好学，常常夸奖他。胤禛非常尊敬正直博学的顾八代，特别喜欢他朴实的作风，也对他的经历充满了好奇。这是一个能文能武的人才，不但诗文写得很好，武艺也很高强，精通射术。

顾八代姓伊尔根觉罗氏，是家中的次子，从小就喜欢读书，勤学武艺，十分擅长骑马射箭，顺治十六年（1659 年）因为立下战功，被顺治皇帝封为户部笔帖式，后改任吏部郎中。康熙十四年（1675 年）考核旗人官员，顾八代脱颖而出，名列第一，被升为翰林院侍读学士。后来“三藩之乱”爆发，他跟从大将军莽依图出征广西，讨伐吴三桂。当时清军急于求胜，在外援还没到的情况下，广西巡抚傅弘烈就与吴三桂的部队交战，结果被打得大败而归，只好向莽依图部紧急求救。

莽依图按捺不住性子，立刻就带着军队出发了，这时顾八代劝阻说：“我军还在行进当中，比较散乱，仓促之间不能够很好地组织起来，这个时候去和别人交战的话，恐怕很难取胜。”莽依图认为他说的没有道理，所以继续前行，结果和敌军相遇之后就被打败了。莽依图败退，顾八代带兵拼命抵抗才打退了敌人。他又向莽依图建议说，敌人虽然暂时退了，但是他们仍然处于优势，所以一定会再来的，我们应当加强防守。鉴于上一次的教训，莽依图听从了他的意见，加强防守，预防突袭。

果然，吴世琮趁着清军刚刚大败一场，损失惨重，就连夜带兵偷袭了清军大营。可是清军已经做好了准备，再一次打退了敌人。从此，顾八代就成了莽依图的心腹，参与重要事件的商议和决策。康熙十七年，莽依图在进军途中生了重病，结果在盘江的时候遇上了吴世琮的部队。无奈之下，莽依图命令顾八代暂代主帅，与副都统勒贝等率军与敌决战。

顾八代抓住敌人的弱点，将兵马分为左右两路，采取多面夹击的策略。清军首先攻破敌人左翼，然后两路军队又合力击溃了敌人的右翼，吴世琮大败而逃。顾八代下令骑兵追击，逼得吴世琮拔剑自刎。趁着兵锋正劲，清军进攻南宁，吴三桂在这里纠集了十万大军，面对着强大的敌人，许多人开始害怕。为了挽回颓势，顾八代亲自带兵冲入敌人阵营，看到顾八代有这样的勇气，将士们全都士气高涨，奋力苦战，终于击破了吴三桂的大军。

这场战斗胜利以后，顾八代声名大振，得到许多人的赞赏。拉萨里、叶方蔼认为他是不可多得的人才，又在军前立下大功，就写好了奏章，打算向康熙举荐。可是大学士索额图却认为他为人“浮躁”，不值得推荐。后来莽依图亲自上书举荐，他说：“顾八代随军出征三年以来，忠诚勤奋，能够运筹帷幄，决胜千里之外，立下了汗马功劳，请皇上封他做军委署副都统，让他能够在军中发挥更大的作用。”康熙看到奏疏以后，听从了莽依图的建议，重用顾八代。

莽依图去世以后，顾八代跟随平南大将军赉塔转战云南，进攻会城。经过仔细研究和实地考察之后，顾八代认为应当先攻占银锭山，取得制高点。后来大军照着他的建议，果然取胜。“三藩之乱”平定以后，康熙让他做了侍讲大学士。

顾八代能文能武，得到康熙的重用。他为人正直清廉，做事努力，进了尚书房当皇子的老师以后，依然坚持过着清贫的生活，也从不以此来夸耀自己。

朝堂上和皇宫里的人，对他的看法却不一样。有的人在背后议论他：“作为大臣，又是皇子的师傅，穿得却这么寒酸，有失体面。”但是也有很多人对他印象不错。在众位皇子当中，胤禛与顾八代的关系最好，超出他人。其他的皇子不理解顾八代，甚至认为他是怪人。有一次，顾八代穿了一件带破洞的朝服，引得众人嘲笑，胤禛却为老师打抱不平，斥责了那些敢于嘲笑顾八代的人，胤禛也不明白，师傅已经是大官了，为什么还会穿这么破旧的衣服。顾八代这样告诉他：“勤俭是立国之本，虽然国家现在强大了，百姓也都吃穿不愁，可是还要严格要求自己，不能贪图享乐。我虽然穿得破旧，但是我不认为这会损害国家的体面。”

顾八代一生清廉，死的时候，家里穷的没钱给他办丧事。胤禛感念恩师的教育之恩，亲自为他举办丧事，并在灵堂前为他祭奠。

也正是由于从小接受的教育，雍正皇帝在执政期间仍然秉持节俭。《世宗实录》里记载雍正最爱节俭，吃饭的时候桌上只摆几样蔬菜，一碗米饭和一碗清汤。反对铺张浪费，他认为那些华丽的装饰都不可取，会助长奢靡的风气。

CHAPTER 第二章 2

少年仁孝

《孝经》说：“夫孝，天之经也，地之义也。”孝是儒教传统提倡的行为，被认为是中华文化中重要的美德之一，也是儒家家庭伦理的核心。胤禛从小学习儒家文化，对养母皇贵妃佟佳氏极为孝顺，佟佳氏生病，他不避暴雨和烈日，为母祈福，显出一片仁孝之心，获得康熙的喜爱。但他急躁的性格，也让他差点儿遭到惩罚。为了磨炼心性，年少的胤禛与佛法结下了不解之缘。

为母祈福

康熙二十六年（1687年），皇贵妃佟佳氏获得了回乡省亲的机会。女人一旦进入皇宫，没有特许是不准出宫的，所以佟佳氏很激动。胤禛作为她的养子也跟着一起回到了佟家。在佟家，胤禛结识了佟家有名的才子法海。皇贵妃佟佳氏欣喜地说："四阿哥竟然能与脾气古怪的法海成为好友，真是了不得。"

法海是佟国纲的儿子，皇贵妃是他的姑姑，母亲是佟府上一个卑微的侍女，所以一直受到歧视，在压抑的环境下长大。在这种环境下，法海变得脾气古怪，不爱与人交往，但是他天资聪颖又刻苦学习，很小的时候就能作出很好的诗文。胤禛听说以后，以礼相待，终于博得法海的好感，和他做了好朋友。后来法海在二十三岁时考中进士，受到康熙的重用，年仅二十八岁就进了尚书房，担任皇十三子胤祥和皇十四子胤禵的老师。

康熙听说以后，夸奖了他。

七月，佟佳氏生了重病，太医们轮番诊治，却没有效果，胤禛急得每天守在床前，不敢离开。晚上，胤禛趴在床前，看见宫苑里有许多宫女提着灯，拎着篮子，三三两两坐在一起谈笑。问太监才知道，今天是七夕节，又叫乞巧节，乞巧节是传统的节日，说的是牛郎织女的故事，牛郎织女被拆散之后，只能在七月七日那天相会。乞巧节不仅是爱情的节日，也是女子的节日。"乞巧"，就是乞愿求巧的意思。女子们希望像织女一样心灵手巧，所以从七月初一就开始置办乞巧物品，到了这天夜里，女子们在庭院中陈列瓜果，并穿针引线，向七仙女祈求祝福。

宫女们玩得正开心，却见到胤禛带着太监慌慌张张赶来了，众人感到很奇怪，上前问道："四阿哥，你怎么来啦？"

胤禛说："我来给皇额娘祈福。"

"可乞巧节是女子的节日，你是男子，怎么祈福？"

胤禛说："西王母曾经告诉汉武帝说她会在七月七日那天过来，汉武帝就命人把皇宫内外都打扫干净，又点上了九华之灯，到了七月七日夜晚，汉武帝看见西南方天空出现了白色的云彩，慢慢靠近未央宫，不一会儿，西王母就乘坐着紫云之辇来到了。这说明七月七日这天不仅仅是乞巧节，男子也可以在这一天祈福。"

大家都被他的诚心感动了，帮他摆好祈求祭祀的物品。这时，天空中传来了轰隆隆的雷声，云层翻滚，一道闪电出现在西南方，人们欢呼道："哎呀，祥云来了，四阿哥快祈福！"

胤禛赶紧跪下，默默地向西王母祈祷，希望她保佑母妃恢复健康。这时空中落下了雨滴，越下越大，祈福的人纷纷起身躲避，胤禛却坚持跪着，不肯起来。宫女们围在他身边，请他起身避雨，他却动也不动。

胤禛虔诚地跪在地上，浑身湿透了。在场的人都感叹道："四阿哥真是孝顺，为了母亲冒雨祈福。"

佟佳氏知道以后，心疼地说："你淋着雨，生病了怎么办？"

胤禛说："如果能换来皇额娘的早日康复，就算生病也值得。"

为了这件事，康熙赐给胤禛一把折扇。胤禛却把扇子直接放进了橱柜里。康熙好奇地问他："为什么把扇子放起来了？"

胤禛说："皇阿玛赐的东西，儿子只敢敬奉。"

康熙见他不但恭敬孝顺，而且非常遵从君臣之间的礼节，感到很满意。

初八，佟佳氏病得更重了，胤禛心急如焚，但是除祈福外，自己帮不上更大的忙，于是决定到柏林寺为皇贵妃祈福。可是皇宫里的规矩很多，出入十分不容易，随行的小太监建议说，柏林寺离神武门不远，国舅隆科多现在就在那边当班，可以去求他开门，带出宫去。胤禛听了觉得可行，就谎称身体不舒服，带着小太监悄悄溜了出去。

正午时分，太阳烤着大地，人们都躲在屋内乘凉，外面没有多少人走动，所以他们一路上没有引起注意。等到他们来到神武门的时候，早就已经热得全身都湿透了。隆科多看到胤禛奇怪地问道："四阿哥，天气这么热，你不陪着皇贵妃，怎么到这里来啦？"

胤禛擦着汗，说："皇额娘病得很重，我要去柏林寺求佛祖。"隆科多摇摇头说："皇上要是知道我私自放你出宫，肯定会治我的罪！"

胤禛说："皇阿玛要是知道我是去为皇额娘祈福的，一定不会怪罪的，昨天他还赐给我一把折扇呢。"

听到他这么说，隆科多感到很为难，最后禁不住他的一再请求，只好放他出去了，但告诉他不能在外面待得太久，一个时辰之内必须回来。

胤禛点头答应，然后朝柏林寺跑去。

柏林寺是座有着百年历史的寺庙，是著名的佛教庙宇，寺内有很多高僧在这里说法讲座，香火旺盛。庙前有条佛道，全部用青石板铺成。胤禛站在佛道前，决定效仿古代孝子，七步一磕头，于是，他跪下恭恭敬敬地磕起了头。

太监不敢阻拦，只好跑去敲门，过了一会儿，出来一个中年和尚，神色平静，他施了个礼问道："阿弥陀佛，施主有什么事？"

太监说："这位是四阿哥，要来寺内为皇贵妃祈福，快点儿迎接。"

和尚再施礼，念着佛号说："南无阿弥陀佛，小施主一片孝心，感人肺腑。"

柏林寺

胤禛七步一磕头，已经快要到寺门了，还在坚持着。从昨天佟佳氏生病以来，他就没有吃饭，刚才又顶着烈日跑了一会儿，现在只觉得肚子饿得咕咕叫，头重脚轻的，再跪下去，便没有力气再抬起头来，直接晕倒在地。太监吓得哇哇大叫，和尚将他抱起来，送进寺中。

和尚们把他放在厢房的床上，喂他服了一些祛暑的药物，休息一会儿之后，胤禛醒了过来，仍然坚持着要回到庙门前，继续磕头行礼。和尚说："施主一片诚心，佛祖会看到的，你刚刚醒来，不可以再劳累了，休息一会儿吧。"听到和尚这么说，胤禛心里觉得好受了点儿，就让太监搀扶着来到佛堂，跪在蒲垫上念经。

日书百"孝"

看到小阿哥一片赤诚，住持大师就陪着他聊了很多，告诉他很多佛经上的东西，"最大的善良是孝顺父母，最大的恶行是不孝，但是孝顺父母的同时，也要爱惜自己的身体"。

跟随前来的太监早就已经开始着急了，进了佛堂说："阿哥爷，时候不早了，我们还是快点儿回去吧。"

胤禛见太阳已经快要落山了，才知道他们已经耽搁了太久，胤禛皱着眉头，看样子身体很不舒服，不过他心性坚韧，想起出宫已久，担心被人发觉，又向妙智要了几口汤水，喝下去，然后说："走吧，没事了。"便在太监的搀扶下回宫，来到神武门时，隆科多赶紧迎了过去，问道："怎么到现在才回来？"见胤禛萎靡不振，仿佛大病初愈一般，责问太监："出了什么事？"

太监就把胤禛中暑的经过告诉了隆科多，隆科多不敢再耽搁，便让太监带着胤禛回景仁宫找太医医治。

听到胤禛为了祈福而中暑，佟佳氏心疼得流下眼泪，心想虽然他不是自己亲生的，却比亲儿子更孝顺。尚书房的师傅们半天没见到胤禛，不知道出了什么事，来景仁宫询问，才知道胤禛中暑了，皇上要是知道尚书房管教不严，致使皇子生病，不知道会发多大的火，想到这里，师傅们心里焦急不安，不知道该怎么办才好。

胤禔说："四弟私自出宫，违反规定，应该让内务府来处置。"听他这么说，太子胤礽很不高兴地说："四弟虽然违反了规定，但他也是一片孝心，该怎么处置自然要由皇阿玛定夺，内务府哪有资格来处理阿哥的事？在皇阿玛回宫之前，谁也不准动他。"随着年龄慢慢变大，太子胤礽和皇长子胤禔之间的矛盾越来越大，大学士索额图和明珠拉拢朝臣，形成了两个对立的政治集团。

皇上出宫以后，太子因为储君的位子，地位最高，所以先生们听到胤礽这么说，都表示遵从，不敢违抗储君的命令。胤禔也不再争吵。

皇贵妃经过细心调养，病情逐渐好转，人们都认为这是因为胤禛诚心祈福，孝心感动了天上神佛的结果。康熙听说以后，又喜又惊，他为自己有这样孝顺的儿子感到高兴，但也对他屡次违反戒律而烦恼，太子和皇长子兄弟相争也让他头痛不已。经过深思熟虑之后，康熙认为解铃还须系铃人，让胤禛自己来领受责罚。

皇贵妃担心胤禛吃苦，便拖着病体和胤禛一起来见康熙。康熙说："四阿哥孝心感动天地，难能可贵，但是屡次违反规矩，如果继续下去的话，只怕长大以后不能承担起治理国家的重担。"

佟佳氏知道康熙说的有道理，但还是心疼儿子，不愿意让他受到惩罚，于是说："胤禛犯错全是因为我，我愿意与他共同承受责罚。"这是以退为进，康熙反而不知道该说什么了。

皇贵妃不敢再说什么，回头看一眼站在门外的胤禛，悄然退到一边。胤禛这时开口说："皇儿做错了事，愿意接受处罚。"

正在三人僵持当中，大太监李德全慌慌张张跑进来，说孝庄太皇太后生病了。

孝庄太皇太后已经七十五岁了，年老多病，康熙对他极尽孝心，不论有多繁忙，也总是会抽出时间陪伴她身边。正是他的这种做法，深深感染和影响着胤禛，让他时刻不忘孝敬父母长辈。再看康熙，听了李德全这句话，立刻意识到祖母病情加重，顾不得其他，匆匆忙忙赶往慈宁宫。皇贵妃也紧跟在康熙身后，出门之前吩咐胤禛先回尚书房上课。

胤禛望着父母离去的身影，过了一会儿才起身赶往尚书房。一路上，他既挂念孝庄太皇太后的病情，又思虑着自己受罚的事，走得很慢。赶到尚书房时，已经过了正午，大家正在练武场射箭，书房内空荡荡的。他走到自己的桌子前坐下，然后铺好纸张，研磨写字，他写了一张又一张，不时停下仔细端详，然后继续写下去 。

这时顾八代来到屋内，见胤禛没有同其他人一起练习射箭，反而一个人在这里写字，感到十分奇怪，他走到胤禛身边，低头看去，只见纸上写满了“孝”字，每一个都工工整整，大致一数，已经写了一百多个字。他问道：“四阿哥，你为什么在这里写这么多‘孝’字？”

胤禛抬起头恭敬地看着顾八代，然后说：“我以前听说，有个秀才很孝顺，但是他父亲病了以后没有钱去请郎中，秀才很着急，只能天天在家里写‘孝’字，等到他写了一大沓‘孝’字，后来有个有钱的员外见他的字写得很好，就把他写的字全都买下来了，他拿着那些钱治好了父亲的病。人们说这是他一片孝心感动了上天，所以上天才让员外买他的字的。”

说完，他将写好的字一张张整理好，等到墨迹干了，再整整齐齐地叠在一起。

顾八代说：“那你要写多少呢？”

胤禛回答：“我要每天都写，每天都写一百个‘孝’字，这样上天就会听到我的声音，治好皇额娘和太皇太后的病。”

顾八代听了之后，很是感动，他说：“你做得很好，老臣支持你日书百‘孝’。”

从那以后，胤禛在完成每天的功课外，都要抽出时间写满一百个“孝”字，从不放弃。孝庄太皇太后病情日益恶化，康熙天天守在她身边。康熙听说胤禛日书百“孝”时，十分感慨，从此更加喜爱他，还免除了对胤禛的处罚。

祭祖风波

过了一段时间之后，皇贵妃身体逐渐好转，她认为这是胤禛向佛祖诚心祈求的结果，就在病好之后，带着胤禛到柏林寺还愿，感谢佛祖的恩赐，希望佛祖赐给胤禛福气。

柏林寺里的众位高僧念诵佛经，等到皇贵妃拜佛完毕，住持走过来说：“四阿哥，性情真切，心地善良，具有慧根，和佛门很有缘分。他性格刚毅，如果只是个普通人倒没有什么，可是他出生在帝王家，这样的性格会折损他的福气，要想成就一番伟业，需要摒弃浮躁，修心养性。”

听了住持的话，佟佳氏深表赞同，便向他求问化解的办法。

住持说：“四阿哥的性子很烈，像大火一样熊熊燃烧，容易喜怒不定，对他来说有利也有弊，好的一面是他为人正直，心地很好，坏的一面是学不会容忍，容易放纵自己，生出祸端，要想化解的话，须得聆听佛语，用佛性和禅道，来冲破心中的魔障。”

皇贵妃听得不太明白，但是想到天机不可泄露，也就不再多问，起身回宫了。

康熙二十六年十二月，孝庄 太皇太后病危，康熙皇帝昼夜不离左右，亲自给孝庄太皇太后喂药，并率领王公大臣到天坛，祈祷上苍，请求折损自己的生命，增延祖母的寿数。但孝庄太皇太后因为年迈，身体每况愈下，终于在康熙二十七年十二月二十五日（1688 年 1 月 27 日）病逝。

孝庄太皇太后一生经历了三个王朝，辅佐了两位年幼的帝王，为清朝初期的统治做出了卓越贡献，也有人把她和后来的慈禧太后相比，但在中国历史上，她的贤德恐怕只有宋神宗时垂帘听政的宣仁太后可比。她的最终谥号为：孝庄仁宣诚宪恭懿至德纯徽翊天启圣文皇后。

临死前，她说自己盛年丧夫，中年丧子的衷情，全靠康熙一片孝心。康熙为祖母举行了隆重的葬礼，亲自书写了功德碑，其中写道：“（我）很小的时候就登基了，那时我失去了父亲，是祖母一直勤勉地教育我，才使我有了后来的成就，假如没有祖母太皇太后的话，这一切都是不可能的，她的恩情，我一辈子也报答不完。”功德碑充分肯定了孝庄太皇太后一生的功绩。葬礼期间，皇子们也停止上课，每天披麻戴孝。

在孝庄太皇太后去世以后，康熙处于巨大的悲痛中，明珠等人和太子党人之间的斗争却愈演愈烈。这件事情引起了康熙的不满，为了压制党争，维护太子的地位，康熙革除了明珠的职务，明珠后来虽然官复原职，但是再也没有受到重用。大阿哥胤禔已经十六岁了，遭受这样沉重的打击十分沮丧，连为孝庄太皇太后守灵的事情都忘了。太子党的首领索额图知道后，就和太子胤礽向康熙告状，说大阿哥不给太后守灵，应该被治以大不孝的罪名。

康熙痛恨党派之争，认为他们是不忠于皇帝的，所以罢斥明珠，结束了两派党争的局面，但是看到太子借机生事，心情更加复杂。尤其是听到太子谏言要削除胤禔的爵位以后，康熙对太子不顾兄弟之情，要置大阿哥于死地感到更加反感，就推脱说现在是国丧期间，这件事情等到以后再处理。

胤礽见父皇有心保护大阿哥，害怕他会东山再起，更坚定了要进一步打压大阿哥的决心，于是他招来其他皇子，要求联合起来状告胤禔。这个时候众兄弟首次卷进争储的旋涡当中，对兄长之间你死我活的激烈斗争感到害怕，想要躲避，但又不敢得罪太子，所以只好答应下来。等问到胤禛时，胤禛拒绝了，对胤礽说：“太皇太后刚刚升天，皇阿玛心神俱伤，不能在这个时候再往他的伤口上撒盐了。”

胤礽没有想到平日里对自己恭恭敬敬的四弟，会在这个时候拒绝自己，他非常生气，和胤禛吵了起来。兄弟俩的争吵被恰巧路过的康熙听见，他走过来询问。

胤礽抢先回答：“儿臣和兄弟们都认为大阿哥是装病，想请皇阿玛治他的罪。”

胤禛哭着说："皇阿玛，大阿哥已经受到惩罚了，您又正处在悲痛中，儿臣觉得不应该再继续处罚大阿哥了。"

康熙对胤禛能够体谅父亲，爱护兄弟感到很高兴，于是再次强调国丧期间不适合处理这些事情。事后，康熙只是对胤禵进行了批评，没有继续惩罚他和明珠等人。

处理完这件事后，康熙封几位年长的皇子为贝子。贝子，也叫固山贝子，是清朝的一种爵位，意思是天生的贵族。这是康熙第一次册封皇子。大臣们也十分认同。

康熙册封贝子，抬高了他们的地位，也在无形中加大了他们与太子竞争的可能性。这让胤礽很不开心，他变得焦躁不安，脾气更坏了。这天，他正在练习骑射，远远看见徐元梦在场边观望。胤礽突然冲他说："徐师傅，你来表演一下射术。" 徐元梦满腹才华，却不会半点儿武艺。徐元梦就推辞不肯下场。胤礽以为经历了前些时间的事情之后，自己的地位不再那么高高在上，徐元梦因此看轻自己，于是他非常生气，指着徐元梦的鼻子大骂一通，言辞中还侮辱到他的父母，最后越骂越生气，就挥手喊来侍卫，围住徐元梦一顿殴打，直打得他哀哭号叫。胤禛跑过来替徐元梦求情："师傅是个文人，年纪又大了，经不住这样打！太子就饶了他吧！"

胤礽生气地说："狗奴才，叫他教我射箭，他却不肯从命，活该挨打。胤禛，你怎么老是和我作对？"

胤禛忙说："我没有和你作对，我只是怕皇阿玛生起气来，会牵连你。"

胤礽一听，觉得有理，就放过了徐元梦。

康熙二十七年十二月，是孝庄太皇太后一周年忌辰，康熙带着胤禛和胤禵、胤祉去暂安奉殿拜祭，太子胤礽留在宫中，代行皇帝职责。孝庄太皇太后本来应该安葬在丈夫皇太极的昭陵附近。可是皇太极没有入关就去世了，孝庄太皇太后去世前说："太宗文皇帝安葬很久了，不要去惊动他，我更想念福临，希望和儿子在一起，你在孝陵附近为我找块地方安葬，我就没有遗憾了。”康熙遵从祖母的遗愿，在孝陵旁边建了一座暂安奉殿。该殿原为慈宁宫东侧的一座殿宇，面阔五间，恢宏壮观，因孝庄太皇太后生前对它数次加以称赞，所以康熙下令按原样拆建到东陵，它的形式为重檐庑殿顶。1689年3月工程竣工。由于不是正式陵寝，所以命名为“暂安奉殿”。孝庄太皇太后的遗体在暂安奉殿停放了三十八年，直到雍正三年（1725年），才在暂安奉殿的原处就地建起陵园，葬入地宫。孝庄太皇太后的陵位于遵化，在昭陵的西面，就将它命名为昭西陵。

清太宗皇太极（1592年11月28日—1643年9月21日），满洲族。

与佛之缘

康熙二十八年七月初七，佟佳氏陪着皇太后去畅春园游玩，她的身体一直不好，经常生病，回宫以后病得更重了，额头发烫，没有精神，胤禛陪着皇额娘，寸步不离。康熙前来探望，皇贵妃此时最放心不下的，就是胤禛了，所以对康熙说：“四阿哥虽然不是我亲生的，但是我第一眼看见他，就把他当作是自己的孩子，只是他还这么小，叫我怎么能够放心离去。”康熙心里难过得很，劝慰她好好养病，不要想太多。到了初八，佟佳氏已经病入膏肓了，眼看着就要不行了，太医们也束手无策。

康熙下旨晋封皇贵妃佟佳氏为皇后，这样做既有冲喜的意思，也是对皇贵妃辅佐帝王，协调后宫的嘉奖。康熙一直没有立后，九卿诸臣屡次上表，请求立佟佳氏为皇后，只是康熙一直犹豫，没有答应。

初九，册立为皇后，祭告天地和太庙。

初十申时，佟佳氏去世。按照规定，诸王以下、文武官员、及公主、王妃以下、八旗二品命妇以上，俱齐集举哀。十三日，奉移大行皇后梓宫，至朝阳门外享殿，之后葬在景陵地宫，景陵是康熙皇帝的陵寝，不足四十岁就安葬了自己的三位皇后，其中的悲痛和心酸恐怕只有他自己能够体会。

佟佳氏去世的这几天，胤禛茶饭不思，每天守候在棺椁旁，哀哭不止。

经历了这件事以后，他变得比以前谨慎多了，很少与人争吵。腊八节这天，皇子们读完书在尚书房用餐，一位太监赶来传旨，说是章嘉大师到了，皇上让所有皇子去乾清宫会客。活佛转世是藏传佛教寺院为解决其首领的继承而采取的一种制度，是藏传佛教特有的传承方式。到了清代，由于政府奉行格鲁派“辑藏安边”“安众蒙古”的怀柔政策，藏传佛教发展很快，为了适应发展和教派首领的稳定，很快便形成了四大活佛转世系统：达赖喇嘛转世系统，班禅额尔德尼转世系统，章嘉转世系统，哲布尊丹巴转世系统。章嘉活佛转世系统，是清代四大活佛转世系统之一，一世活佛章嘉扎巴俄色，如今进京的是二世章嘉阿旺洛桑却丹，康熙这次请章嘉大师进京，也是因为噶尔丹侵犯边境，所以想取得西藏方面的支持。

皇子们来到乾清宫，看见章嘉大师正坐着与康熙说话，太子胤礽、大阿哥胤禔侍立两旁。康熙命令儿子们站立一边，倾听章嘉大师传经讲道。章嘉大师讲经完毕以后，看着胤禛，认真地说：“皇上，刚刚贫僧讲经，大多数皇子坐立不安，唯独这位皇子镇静自若，佛心坚弥。”

康熙看了一眼胤禛，笑着说：“四阿哥近日与佛结缘，瞒不过大师。”

章嘉大师接着说：“原来如此，这位皇子与佛有缘，宜诚心修炼。”

佟佳氏活着的时候，康熙就和她说过，胤禛鲁莽，想要让他修习佛学，稳定心性。现在眼前正好就有一位修行高深的章嘉大师，于是在这段时间里，康熙就让胤禛和他经常交流。胤禛和大师逐渐熟识，从他那里了解到很多深奥的佛学知识，促发了他对佛学的兴趣，奠定了他的佛学根基。他所编撰的《悦心集》里面有很多行透世事，任情放达的文章。其中有一篇明代高僧憨山德清大师所作的《醒世歌》：

红尘白浪两茫茫，忍辱柔和是妙方。
到处随缘延岁月，终身安分度时光。
休将自己心田昧，莫把他人过失扬。
谨慎应酬无烦恼，耐烦做事好商量。
从来硬弩弦先断，每见钢刀口易伤。
惹祸只因闲口舌，招愆多为狠心肠。
事非不必争人我，彼此何须论短长。
世事由来多缺陷，幻躯焉得免无常。
吃些亏处原无碍，退让三分也不妨。
春日才看杨柳绿，秋风又见菊华黄。
荣华原是三更梦，富贵还同九月霜。
老病生死谁替得，酸甜苦辣自承当。
人纵巧计夸伶俐，天自从容定主张。
谄曲贪嗔堕地狱，公平正直即天堂。
麝因香重身先死，蚕为丝多命早亡。
一剂养神平胃散，两钟和气二陈汤。
生前枉费心千万，死后空留手一双。
悲欢离合朝朝闹，寿夭穷通日日忙。
休得争强来斗胜，百年浑是戏文场。
顷刻一声锣鼓歇，不知何处是家乡。

憨山德清大师是一位经历十分曲折坎坷，而著作成就又十分丰富的大德高僧。他以修习禅宗为主，在广东南华弘扬禅宗，影响极大，他所写的这首七言古风《醒世歌》，便是警醒世人，指引世人学佛向善的一支路标。诗写得非常通俗，节奏明快，朗朗上口，也是为了广泛流传，于人有益。

章嘉大师对胤禛的影响很深，在以后的十几年里，章嘉大师成为他的佛学恩师。在章嘉大师引领下，胤禛与佛的关系日渐密切，常常与他谈佛论经，心性变化很大。这件事让很多人不解，胤禛对他们说，佛学能够消除心中魔障。康熙也对胤禛的变化感到欣慰。

过了几天，法海进京来为父亲佟国纲送行。胤禛和法海有一年多未见，这一天格外高兴，他们高谈阔论，不亦乐乎。法海还为胤禛介绍了一个叫傅鼐的贵族子弟。三人骑马来到郊外，欣赏着美丽的景色。走了一段路程，法海感到有些口渴，看到远处隐隐约约有一个寺庙，便想去讨杯水喝。三人来到寺庙门前，看到这是一座有些破败的小庙，草长墙塌，砖旧瓦破，甚为凄凉。胤禛心里一酸，感慨道："佛家圣地，怎会落得这般场景？"庙门上挂着一块破旧的匾额，上面写着龙湾寺。

法海一阵惊诧，说龙湾寺有位高僧，很会相面，却没想到他会住在这么破旧的寺庙里。傅鼐兴奋地上前敲门，可是敲了半天，里面毫无动静。傅鼐急了，气呼呼地说："敢情老和尚睡着了，咱们走吧！"胤禛连忙制止。

这时，迎面走来一位衣衫破旧的老和尚，他嘴里哼唱着经文，只顾低头赶路，不去理会三位贵公子。胤禛见此，开口说了一句："春夏秋冬弹指间，钟送黄昏鸡报晓。"

老和尚停下了，慢慢转身看着胤禛，缓缓说道："公子年龄不大，修行不浅。"

法海上前请求："早就听闻高僧的大名，还请为我等相面。"

老和尚说："我只送给有佛缘的公子一个字——'卐'。"

法海皱着眉头说："难道老和尚说的是'万字命'？"

"什么意思？"傅鼐追问。

法海惊恐地说："'万字命'指的是此人命贵骨重，将会问鼎天下……"

“不可乱说！”胤禛大声制止，“法海大胆，敢说这种大逆不道的话。你们俩听着，刚才大师说的是佛学上的‘卐’字，是说我与佛有缘。”

法海和傅鼐吓得不敢言语，陪同胤禛离开龙湾寺。此后，他们谁也没有提起这件事。后来，在九子夺嫡进行得异常激烈的时候，胤禛的幕僚戴铎找了一个道士贾士芳来给胤禛算命，贾士芳也说胤禛“乃一个万字命”。但是这种事无异于谋反，如果让政敌和皇帝知道了，肯定会对胤禛进行打击，所以他不让别人声张，是出于对自身的保护。

拜佛五台山

年少的胤禛为了磨炼心性，诵读佛经，取得了很好的效果。由于北方战事吃紧，为了祈求佛祖保佑，康熙准备到五台山朝佛。

五台山与峨眉山、九华山、普陀山并列为中国四大佛教名山之一，五座环抱高峰，峰顶平坦宽阔，故名“五台山”。五台山是文殊菩萨的道场，供奉着文殊菩萨的化身。山上林立的古刹宝塔，无不彰显出佛教圣地的庄严雄浑。五台山历史悠久，从北魏时代开始，历朝历代皇帝就经常派使者到五台山参佛，由于文殊菩萨在藏传佛教中具有特殊的地位，因此五台山也受到西藏、内蒙古等地少数民族的尊崇，是我国唯一汉地佛教和藏传佛

文殊菩萨

教寺庙并存的道场。五台山是佛教圣地，传说顺治皇帝就是在五台山出家的，康熙一生也多次前往朝佛，留下很多故事。胤禛听说朝佛一事，请求说：“皇阿玛，儿臣听您训示，礼佛读经，请您这次也带着儿臣去圣地参拜，以便更能感知佛法，修养心性。”康熙点头答应了。

这次朝佛，康熙带了许多皇子随行，朝佛的队伍出发后，胤禛侍奉在康熙身边，殷勤备至。他们经涞水、易州、阜平，来到龙泉关下，天已经快黑了，就来到驿馆休息。胤禛自小生长在宫中，这次来到野外，心情颇为激动。夜里，他躺在床上，想起白天看到的景色，难以入眠，便爬起来写诗。第二天一大早，胤祉醒来，看到胤禛站在那里写字，不由得发出感慨：“四弟不管做什么，总是这样用功。”

二人刚刚吃完早饭，忽然听到有人吟诵诗词。胤禛奇怪地张望着，看到周围除了一个浇花的少年奴仆，并无他人。他走过去问道：“是你在吟诵诗词吗？”

那个少年恭敬地说：“小奴戚寿田，刚才一时兴起，吟咏了几句李太白的诗，打扰了公子，还请见谅。”胤禛见他举止文雅，谈吐不俗，就与他交谈起来。

戚寿田家庭贫苦，父亲是个佃农，但是他从小就颇有才能，是当地有名的才子。后来父亲去世，又欠了别人许多债款，被卖作奴仆，常常为了一些小事挨打，戚寿田吃了很多苦头。

胤祉知道这个弟弟又要较真儿了，就说：“老四，快走吧，还要赶路呢。”

胤禛听了，只好叹气作罢。封建社会的地主绅衿，对待奴仆非常严苛，动辄打骂，胤禛虽然对这些感到不满，但是也没有办法。

吃早饭时，胤禛竟然发现一位富人也去五台山拜佛，带着一帮奴仆，戚寿田就在其中，他突然有了主意，悄悄对胤祉说：“我有办法啦！”

胤祉不明白，问他：“什么办法？你在说什么呢？”

用过早饭，他们匆匆赶到附近一家寺庙，胤禛找来一位和尚，命他帮忙。就见小和尚直冲富人一行而去，走到戚寿田面前，跪倒在地，不停地拜，一边默念：“罪过，罪过……”富人惊讶极了，忙问：“师父，您这是做什么？”

小和尚回答说：“这位少年是文殊菩萨身旁的善童托生，是专门来寻访人间善恶的！大人竟然把他当作奴仆，如此深重的罪孽，不知会有什么样的报应！”

富人大惊失色道：“你说的都是真的吗？”

小和尚又念诵佛号：“阿弥陀佛，善哉善哉。”

富人吓坏了，急急忙忙带着人跑回家去，再也不敢虐待戚寿田了。

五台山舍利塔

之后，胤禛随同康熙在五台山朝佛参拜。五台山寺庙众多，风格多样，五峰之外，称台外，有寺庙八座；五峰之内，称台内，有寺庙三十九座。其中以佛光寺、南禅寺、显通寺等最为有名。位于塔院寺内高六十多公尺的藏式舍利塔庄严雄伟，一百零八级台阶直通顶端，气势夺人。

胤禛在名刹与高僧名侣交谈，倾听他们谈佛论经，受益匪浅。一天，他来到北通寺，在周围漫步赏景，忽然看到远处有位老僧，他正在弓背屈腰，采摘蔬菜，看样子是个火头僧。过了一会儿，老僧抬起头来，朝着山下张望，似乎没有立即回寺的打算。不多时，就见山下跑来一个孩子，高兴地喊：“老师傅。”

老僧人乐呵呵地笑着，从篮子里取出一个西红柿递给小孩儿。小孩儿接过去，蹦蹦跳跳地走了。

胤禛一开始觉得老僧拿寺里的东西送人，做得不对，可又一想，也许这个孩子家里困难，老和尚才给他东西。这时寺里冲出两个年轻和尚，快步冲到老和尚面前，一把揪住他说：“又偷黄瓜，回去受罚。”

老僧人也不争辩，只是笑着默默地往回走。胤禛看着这场景，有些不忍，走过去劝道："师父息怒，我看这位大师也是一片善心。"

年轻和尚认识胤禛，忙施礼说："阿哥殿下，您一片佛心，真乃菩萨心肠。一直以来都有人来寺里偷菜，这个老僧是个哑巴，住持就让他看管菜园，可他倒好，不但没看住，反而主动送给别人了，人们都喊我们'黄瓜寺'!"

原来如此，胤禛奇怪地盯着老和尚，看他慈眉善目，不像是个奸人。老和尚的举动一直吸引着胤禛，让他好生费解。之后几天，胤禛对老师顾八代说起这件事，顾八代也对这个老和尚感到很有兴趣，于是两人又一次来到寺外田地边，来看望老和尚。老和尚还是乐呵呵的，冲着胤禛点头，看见顾八代时却停住笑容，忽然从篮子里取出一根黄瓜递给他，做着动作示意要他吃下去。顾八代觉得好玩，就吃了下去。接下来的几天，胤禛和顾八代天天来到田地里，每次都收到老和尚送的黄瓜。

说来也怪，自从出宫前来五台山，顾八代的小腿就开始浮肿，尽管在路上服了药，效果却不大，没想到上到五台山之后居然自己慢慢好了起来。胤禛听了顾八代谈起这些，恍然大悟："我知道老和尚为什么这几天会送你黄瓜了。"

顾八代问："怎么回事？"

胤禛说："你的腿不肿了，一定是吃黄瓜吃的。老师父可能在研读佛经同时，也读了不少医学典籍，有一定的医学知识。他知道黄瓜能够消肿的秘密，所以才天天送给你吃。"

康熙得知事情始末，觉得很有意思，为寺庙题字"黄瓜治病"四字。从此，这座寺庙就叫赠瓜寺。经过这件事以后，胤禛涉猎了很多的医书，渐渐开始重视医学。康熙年老多病，他总是亲自喂药服侍，深得康熙信任。他当了皇帝以后，还专门开设医科，想要培养一些医术高超的人才。

CHAPTER

第三章 初试身手 3

康熙继承了清朝皇子从政的传统，很注重培养皇子们的从政能力，以便日后治理天下。他对皇子们耳提面命，严格教育，务必使他们成为国家的栋梁。胤禛年少时期就试着接触政务，认真办事，显示出了过人的本领和才华，因此深得康熙的赏识。在这个过程中，他获得了宝贵的经验，也得以接触到最底层的社会。

江南征粮

胤禛治水有成效，同时为民借粮，救了十几万百姓，百姓对他感恩戴德，这些事也很快传到京城，人们议论纷纷。康熙感到十分震惊，于是命胤禛马上回到京城。胤禛自知闯了大祸，不敢怠慢，匆匆启程。

而胤禛私自发放军粮的做法已经在朝廷内炸开了锅，一部分人认为他延误军机，不顾西北大军的安危，给国家带来了巨大的危险，所以必须严重处罚。另一部分人则认为，胤禛发放的军粮数量并不多，对军队的影响不会太大，况且他治理水患，又救了众多百姓，功劳巨大，不该受罚。康熙处在这两派中间，感到十分为难。

一天，康熙向皇子们询问他们关于这件事的看法。胤祉首先跪下说："四弟犯了大错，可也是救人心切，求皇阿玛从轻处罚。"

康熙说："私放军粮，扰乱军心，这是重罪，叫朕如何从轻处罚？"

这时胤祥也跪在地上，不慌不忙地说："皇阿玛，四哥治水有功，救了千千万万的黎民百姓，军粮虽然重要，可百姓更加重要，皇阿玛您经常教导我们说天下以百姓为本，四哥救灾救民，正是宅心仁厚，稳固了大清的根本，因此儿臣认为，四哥不但不该被罚，还应该受到表彰，成为兄弟们的楷模。"其余众皇子也对胤祥的看法深表赞同。

康熙看着胤祥，想他年纪尚幼，竟然有这样的胸怀，不禁大感宽慰。

康熙慈爱地说："你们为四阿哥求情，手足情深，皇阿玛很高兴。太子，你怎么看待这件事情？"

太子胤礽比众位兄弟都要年长，已经长得身体健硕，眉清目秀，仪表堂堂，深得康熙的喜爱。太子深思熟虑一番，说："儿臣觉得应赏罚分明，四弟固然有功，应当奖赏，但是对他犯的过错，也不能姑息，这样才能让人信服。”

胤禩本来也想请康熙严惩胤禛，但是听到胤礽这么说，立即改口：“做皇子的，应当心存仁厚，老四是为了百姓才犯错的，如果被重罚，恐怕天下人会寒心。”

听到儿子们开始争吵，康熙有点儿不耐烦了：“好了，都退下吧，朕自有主张。”

就在众人各持己见，激烈争论的时候，马尔齐哈来见隆科多，并带来了一份神秘礼物。原来自从胤禛启程回京之后，马尔齐哈担心他会招致灾祸，所以联合了清江县及附近的所有乡绅士子，联名书写了一份万民请愿书，一路赶来京城。隆科多见到万民折子，欣喜不已，立即将请愿书呈给了康熙。

请愿书有三尺宽，长达好几丈，上面记述了胤禛开仓放粮的前后经过，以及密密麻麻的签名。隆科多说：“士绅们为了表明自己的赤诚之心，每个人都是咬破了手指，用血签名。”康熙大感震动，于是下旨：胤禛私借军粮，本该重重责罚，可是念其治水救民，劳苦功高，特免其责罚，令将功赎罪，筹措军粮，还入府库，钦此。

胤禛听到判决，感到十分烦恼，筹措一百万斤粮食，哪有那么容易？这时，顾八代为他献计：“四阿哥当初借粮救人，名声早已传遍天下，不妨请旨南下，百姓知道你遇到困难，肯定会竭尽全力相助的。”

年羹尧（1679—1726），字亮工，号双峰，中国清朝名将。

胤禛觉得有理，于是请旨下江南。就这样，胤禛开始了自己的江南之旅。陈天一因为治水的才能被康熙留在朝中，所以并没有跟随胤禛一起出行，代替他陪同出行的人中，有一个人比较特殊，他在后来胤禛竞争皇储以及治理国家时，发挥了巨大的作用，他就是年羹尧。

胤禛等人微服私访，乘船从大运河一路南下，到达江苏，见到南方富庶，百姓安居乐业。胤禛凭栏远眺，只见山清水秀，顿时深深陶醉在江南的美景中。同行的年羹尧并没有那么好的性子，他和胤禛年龄差不多大，年纪轻轻，却已经长得十分高大，武艺超群。连续这么多天都待在船上，他早已经烦闷得不行了。看见胤禛兴致高昂，忍不住埋怨：“公子竟然还有这么好的兴致，天天待在船上，不能施展拳脚，我的骨头里都好像泡进了水一样，又酸又痛。”

胤禛笑着说：“也罢，我们这就下船，改走陆路。”

跳上陆地，年羹尧就像猛虎下山一般，立即挥舞起拳脚来，路上行人无不纷纷后退，生怕一个不小心就遭了殃。胤禛等人只得跟在后头，一边大喊：“年羹尧，走慢点儿，等等公子。”话音没落，只见前面喧嚷起来，靠近了一看，原来是年羹尧跑得太快，冲入闹市中，撞到人了。只见他瞪大眼睛，拎着一个瘦弱的年轻人，冲着他吼着：“你个东西，没看到本少爷吗？竟敢撞了我，今天要你好看！”

众人都在为那男孩儿感到担心，没想到他反而笑着说：“看公子一表人才，定是出自富贵人家，从小生活优越，不知道世间危险。前面有一个恶霸，长得和公子一般高大，嘴里流涎，皮肤长疮，披散着头发，连衣服也不穿，他最见不得强壮的人，要是看到了，就一定会龇牙咧嘴，冲过去就咬，刚才我看公子跑得实在太快，所以我才冲出来拦着您，免得被恶人伤了。”

年羹尧奇怪地问道：“世上还有这样的人？他在哪里？”

“确实是的。”男孩儿顺手一指，“但你千万不要去找他，被他伤了就不好了。”

“我就不信还有比我更能打的人！”年羹尧丢下他，喘着粗气顺着男孩儿指的方向寻了过去。

胤禛见状，对同行的人说年羹尧被骗了，并让他们前去找他，带他回来。自己走上前去，问小男孩儿：“你没事吧？”

“挺好的，不过那个大个子可能会出事。”

“你怎么知道他会上当呢？”胤禛好奇地问。

小男孩儿说：“他这样的人在赌场里到处都是，我见得多了，长得很强壮，但是中看不中用。”

胤禛又问：“你小小年纪，竟也会去赌场吗？”

男孩儿挠挠头，无奈地说：“这里到处都是赌场，人人都爱赌。”

“那你说的那个恶霸呢？”

“没有这个人，往前三五里，就是一片荒地，那里游荡着一条发了疯的癞皮狗，经常咬人。”男孩儿狡猾地笑了。

“你叫什么名字？”

“李卫。”

禁　赌

江浙一带的人们有三个爱好：打马吊牌，吃河豚鱼，敬拜五通邪神。其中打马吊牌最为兴盛。马吊牌（“麻将”的前身）形成于明朝，人称“亡国之戏”，鉴于明朝灭亡的教训，康熙皇帝刚刚即位的时候就宣布把赌博作为大禁。

关于赌博还有一个故事，下面不妨一起看一下。

当地有一个知县，嗜赌如命。没有一天不赌，他回家时要经过一片树林，这天他喝了很多酒，摇摇晃晃，听到身后有人说：“赌两把啊？”知县就说：“赌。”他们在大树桩边坐下，便赌了起来。知县今天手气出奇的好，赢了那人手里所有的钱，那人站起来说：“明天再来找你。”

知县回家后告诉妻子他赢了好多钱，可是拿出来看的时候竟然全是纸钱。这时知县惊吓得哆哆嗦嗦，酒也醒了。

第二天知县告诉别人昨晚发生的事，可是没人信，大家都以为他喝醉了眼花，把别人坟头的纸钱拿回来当成是自己赢的。可是这个时候有人说，还是小心为好，附近的镇子上最近死了好多人，死的时候样子非常恐怖，人们都说是被厉鬼害死的。知县也感到很恐惧。晚上走到树林的时候，又听到后面有人叫："赌两把啊？"知县吓得要死，心里犯怵，他很想逃走，可是一听到赌字，咬咬牙，一狠心，又坐下赌了起来，一直过了十天，他每天都到树林赌钱，胆子也越来越大，赢的越来越多，可是脸色也越来越苍白。

终于有一天他再也走不动了。他病重快要去世的时候，仍然不忘赌博，竟然用手臂敲打床沿，喊着赌博时的呼喊，家人不理解，他却说："我有几个赌友，就站在窗前，邀我去赌，我怎么可以拒绝呢？"过了一会儿又拍打着被子喊道："快替我还钱。"家人忙问怎么了，他说："我刚才和几个小鬼赌了几把，他们说只要我把赌债还了，就让我回阳间。"听他这么说，家里的人赶紧烧了一大把的纸钱。正等待着知县起死回生，可是他却慢慢闭上眼睛死去了。

李卫带着胤禛等人来到一所大屋前面，门上挂着一块深蓝色的帷布，上面用白浆写着大大的"赌"字。李卫说："你想看赌博，就在里面。"

这时，从里面出来一个人，他戴着一顶破烂帽子，穿着一件蓝色的粗布棉袄，烂开的地方露出白色的棉絮来，面目焦黄，眼神木讷。李卫冲他喊道："牛二叔，又待了几天哪？"

李 卫

那人却好像没有听到，左顾右盼，心事重重的样子，只顾着往前走。直到李卫上前拍了拍他的肩膀，他才反应过来，"哦，李卫啊！"

李卫调侃着说："在里面待了几天啊？看你闷闷不乐的样子，肯定又输光了。"

牛二叔搓着手，尴尬地笑了笑，转头走了。

进到赌场里面，一片乌烟瘴气，吆喝声、叫骂声此起彼伏。一张张桌子分成几排，赢钱的拍着桌子大声尖叫，输钱的却像死了爹娘，痛苦呼号。赌客中有老人，也有小孩儿，有男人，也有女人，穿着光鲜的富人们或抽着烟斗，或呷着茶，慢条斯理地打着牌。每张牌桌前都围着许多衣衫不整的穷人，他们早已经输光了，依然不肯离去。

李卫说："马吊牌在这里非常受欢迎，不论是汉人、满人、百姓、军队，只要有空闲时间，就会斗起牌来。年三十晚上更是赌禁大开，黄昏以后，家家户户坐在一起吃年夜饭，喝着小酒，妇女和小孩儿全部跟着一起赌，要么掷骰子，要么就斗叶子。"

"当地的士绅和官员们不禁赌吗？"胤禛奇怪地问。

"赌得最厉害的就数他们了。"

胤禛决定去官衙问问这里的"父母官"，出了赌场，正好看见年羹尧气呼呼地冲过来，"小子！你竟敢戏弄我"！

胤禛说："够了，还有正事要办呢。"

见主子严肃起来，年羹尧只好作罢，却依然冲着李卫吹胡子瞪眼，好像在说绝对不会放过你。

到达县衙门口，只见一个人正坐在地上抽噎，胤禛上前问："为何哭泣？"

他哽咽着说："输啦！输啦！都没啦！儿子把房子输掉啦！"

胤禛径直闯入县衙，却只看到几个衙役正围坐在大堂里掷骰子，猛地看到进来几个少年，呵斥道："干什么的？出去，出去。"

胤禛强忍怒火说："去把知县喊来，就说爱新觉罗·胤禛要见他。"

一位衙役不耐烦地说："滚滚滚滚……什么爱罗征，老爷正在后堂赢钱，哪有工夫理你！"年羹尧上去就是一脚，将骰子和碗踩个粉碎，不等衙役抬手，一阵劈头盖脸将他们全部打趴在地上，双手掐腰，威严冷峻："四皇子驾到，尔等却如此怠慢，想被抄家灭族吗？"

那几个衙役这才反应过来，慌忙扶着帽子，连滚带爬地向后堂奔去。眨眼的工夫，只见一个人慌慌张张地出来，跪在地上叩头行礼："微臣王北辰，不知阿哥爷驾到，有失远迎，望乞恕罪。"

胤禛于是责问王北辰，为什么在他的治下赌博风行。王北辰答道："阿哥爷有所不知，这赌博又叫博戏，适当的娱乐，可以陶冶情操，充实内心，也可以借此来验证天意啊！"

胤禛还是头一次听说这样的歪理："那为什么我见到有些人因为赌博，倾家荡产呢？"

王北辰又笑着说："那些自然是不对的，该禁！该禁！应该禁止的是这种没有多少意义的，他们应该玩像马吊牌这样高雅的博戏。"

眼见知县沉迷赌博，已经腐败到骨子里了，胤禛觉得十分惊讶，他从来没有想到一个人竟然可以被摧毁得这么彻底。他陷入深深的沉思，明朝的败亡依然历历在目，而现在的人们，却不吸取以前的教训，依旧不思进取，像这样下去，大清迟早也会像明朝一样，陷入万劫不复的境地。于是他没有急着征粮，而是立即写了一道折子，奏请康熙皇帝，请求严厉查处各地的赌博行为。康熙十分赞同他的建议，制定了许多禁赌的规定。

清代的赌博风行全国各地，各个阶层的都有涉及。不只富裕的地方有赌博情形，贫困的地方同样也有。人们为了一时的快感，荒废了事业，倾家荡产，品行也日益低下，心术越来越奸诈。输了钱的人想尽办法聚集赌资，坑蒙拐骗无所不用，给社会带来了巨大的危害。统治者鉴于明朝灭亡的教训，因此大力禁赌。

雍正皇帝以"严猛"著称，对赌博更是毫不手软，禁赌的主要办法是坊里保甲等基层组织负责举报，地方官负责捉拿，实行连坐制。他认为禁赌法规之所以难以在各地得到有效贯彻，是由于官员们执行不力，甚至带头赌博。所以，他着眼于全面禁赌，凡是赌博、提供赌博场所、制作赌具的，一律抓起来交到刑部治罪。在此之后，禁赌活动十分积极，并且富有成效。

吐饭求雨

在听取了当地赌博的现状，以及给人带来的巨大危害之后，康熙开展了一系列的禁赌活动。江南作为赌博盛行的地方，首当其冲，政府惩治参与或包庇赌博的官员，抓捕骗赌的恶棍，严厉打击各种恶劣的习俗，大快人心。那些平日里以赌为生的赌徒收敛了许多，许多人幡然醒悟，逐渐摆脱了恶习。在江西婺源，镇头村里的方氏家族更是用当地石料，在村口竖立了一块“永禁赌博”的石碑，警示子孙后代，永远不可沾染赌博。

在江苏禁赌之后，胤禛一方面四处征粮，另一方面往浙江而来。百姓们早就听说了四阿哥的威名，知道他在清江县因为开仓救灾而受罚征粮，所以纷纷慷慨解囊，有钱出钱，有粮出粮，这让胤禛完成任务的速度大大加快，不禁十分高兴。而李卫知道胤禛的真实身份之后，便回家说要跟随皇子办事，父母一听说是鼎鼎大名的四阿哥，自然也不好阻拦，于是李卫便跟着胤禛等人一起前行。

见李卫聪明机灵，胤禛叹息道：“可惜你不识字，不然以后前途无量。”李卫说：“阿哥爷又怎知我以后不会做个好官、大官呢？虽然我不识字，但是不识字有不识字的办法。”

听了这话，年羹尧在一旁哈哈大笑，好像他一辈子再没听过这样好笑的话了，好不容易才停下来，他说：“你大字不识几个，还想有一番作为？本少爷武艺高强，又高中进士，飞黄腾达指日可待，至于你这个小瘪子，还是老老实实回家待着吧。”年羹尧本想好好羞辱他，报一箭之仇，没想到李卫笑得更大声，倒把他弄得莫名其妙：“你这厮，有什么好笑的？”

“我笑你读了那么多的书，却还是这么迂腐，你不为国家和百姓着想，却只念叨着功名利禄，这是不忠不义；有点儿成绩就骄傲自满，这是不智；只盼你升了大官之后，不要跌下来才好。”年羹尧听了之后满脸通红，没想到又被这小鬼给戏弄了。胤禛却觉得李卫虽然没有读过多少书，但是头脑清晰，深明大义，这一点倒是许多人比不上的，从此对他刮目相看。

这天，他们到了杭州，浙江巡抚赵申乔早已经率领着城中的文官等候在城外，另有满洲八旗、蒙古八旗以及汉军八旗的将官带领士兵各自排开，旌旗林立，甚是威风。赵申乔是康熙九年（1670 年）的进士，官至刑部主事，后来又破格升为浙江布政使，直至浙江巡抚，如今已经六十多岁，留着一尺多长的胡子。远远看见胤禛等人到来，赵申乔赶紧迎上前去请安。胤禛扶起他说：“赵大人年迈，就不要这么操劳了，我在清江犯下大错，来到杭州只是为了征粮赎罪而已。”

赵申乔说：“阿哥爷菩萨心肠，杭州百姓定当全力相助。”

胤禛忙说：“多谢大人。”

将胤禛等人安顿之后，赵申乔才回到驻地，副将蒋进颇为不安地说：“大人，世人都说四阿哥性格刚毅，处事果断，之前力促永定河返工，又在江苏查了很多赌博的官吏，杀伐果断，须小心应对啊。”

赵申乔颤颤巍巍地坐下，沉思良久，感叹道：“唉，我又何尝不知，宫中其他的阿哥，私下里都喜欢争宠，拉拢人心，给点儿好处也就了了，可是这一位，实在是让人捉摸不透啊。”

蒋进低声说：“听说皇子这次南巡，不只是征粮那么简单，可能是奉了密旨，南下查访乱党，考核官员，不然他干吗去管赌博的事儿，依下官之见，大人还是应该先孝敬一番，以防生出祸端。”

巡抚自然明白这些，于是命人准备了丰厚的财礼，抬着箱子，夜访胤禛。

来到馆驿，却见年羹尧守在门口，见巡抚来了，便大声问他：“巡抚大人，深夜求见，有何要事？”

赵申乔连忙笑着说：“下官给阿哥爷送来一些薄礼，望请笑纳。”

年羹尧说：“大人费心了，阿哥爷说了，这里的用品十分齐全，不用其他东西了。”

赵申乔还想开口，却被年羹尧抢了个先："阿哥爷还说了，如果巡抚大人有事相商，就请明日再来，那时青天白日，正适合说话。"听到他这么说，赵申乔只好作罢。第二天，胤禛来到杭州府衙，听杭州官员汇报当地情况。众人呈报说，今年夏天杭州干旱，若持续下去，丰收恐将无望，官员们面对旱灾束手无策。

胤禛问道："不能从府库中拨划钱粮救灾吗？"

赵申乔十分为难地说："浙江虽说是富庶之地，可是近年来屡次受灾，府库入不敷出，早就亏空了。"

胤禛明白了，并不是府库没钱，而是这群官吏贪污公款之后，不想救灾。他平静地说："我看，我们还是向上天祈求帮助吧。"

巡抚满脸堆笑："阿哥爷说得有理。下官也经常带领属下求雨。"

胤禛说："嗯，既然如此，那就选定日期和地点，贴出告示，晓谕百姓，所有人全部沐浴斋戒七天以示虔诚。"

"说得好！"所有官员异口同声。

胤禛说："诸位大人以社稷为重，用心至诚，定会感动上苍的。"

于是众人商讨着选定黄道吉日。到了那天，杭州城所有官员身穿朝服，来到玉皇山南麓，在九宫八卦田竖立幡旗，摆设祭坛，然后在祭坛上铺垫青松毛，依次摆上酒、茶、米、肉等祭品，点起清香，杀鸡宰羊，敬奉"天龙"。这时胤禛站起来，他看了看在场官员，说："诸位大人，心诚则灵，为了感动上苍，需由官员在祭坛前跪下祈雨。"官员们养尊处优惯了，听了这话不免皱眉，可是皇子发话，只好围成一圈在祭坛前跪下。

玉皇山八卦田

祭祀仪式开始，一个精壮的小伙子，画成黑脸，扮成龙王模样，而巫师则身披法衣，头戴法帽，手里摇着冲天铃，口里念着求雨经，摇头晃脑，跳来跳去。

此时正是六月，烈日炎炎，官员们跪在祭坛前，头昏脑涨，汗如雨下，赵申乔年过六十，更是热得奄奄一息，快要倒下。胤禛也早就已经洗了一遍汗水澡，但还是喘着大气，坚持不动。没过多久有人就坚持不住了，他们悄悄地看看左右，希望有人送上茶水解渴。这时李卫吩咐几个百长抬来一口大缸，放在祭坛外，喊道：“诸位大人辛苦了，快来喝口茶吧。”

官员们早就已经按捺不住，看到有水，纷纷抢了过去，赵申乔想要动，却脚底发软，瘫在原地，几个副将赶忙搀扶着他过去喝水。李卫这时却在一旁“咯咯”笑个不停，众官员见他神情奇怪，刚想上前询问怎么回事，却忽然觉得肚子里翻江倒海，再也无法忍受，“哇”的一声吐了出来，祭坛下面顿时臭气熏天。胤禛慢慢走过来说：“既然向老天求雨，就让老天看一看诸位的诚意吧。”原来，茶水中早就被李卫下了药了。

胤禛声色俱厉地说：“我曾说要大家斋戒七天，可是你们却不守约定，欺瞒上天，如此大罪，真是罪不容诛！”

此时，前来观看求雨的百姓听说官员们没有认真斋戒，顿时一片哗然，他们叫嚷着：“贪官不除，老天不容！”要求胤禛惩治他们。

吐出的全是鸡鸭鱼肉等荤腥，官员这才明白，胤禛“求雨”别有用心，他们赶紧磕头认错，表示愿意捐出个人钱财，全力抗旱救灾，将功补过。胤禛终于惩治了这帮贪官，有效地督促了这次抗旱工作。

带兵出征

康熙在平定“三藩之乱”和统一台湾之后，就把注意力主要都放在了北方，几乎每年都会去塞外巡视，而每次出行，都会指定皇子侍行。

叶尔羌汗国遗迹

1670年，漠西蒙古的准噶尔首领僧格在内讧中被杀死，僧格去世后，汗位应该由嫡系长子即策旺阿拉布坦即位。可是策旺阿拉布坦兄弟年幼，无法统辖国家，后来僧格的弟弟噶尔丹夺得了准噶尔部的统治权。经过长年征战，噶尔丹逐渐攻占了叶尔羌汗国，1690年更是越过杭爱山，击败喀尔喀蒙古诸部，威逼北京，扬言“夺取黄河为马槽”。在这样的情形下，康熙任命裕亲王福全为抚远大将军，并命令十九岁的皇长子胤禔为副将军，这是用皇子领兵的开始，清军在乌兰布通将噶尔丹击退。

可是在这次征战中，由于胤禔听信谗言，与福全不和，还暗地写了奏折说福全的坏话，气得康熙生了重病，不得不班师回朝。病中的康熙开始思念起太子胤礽，命令他快马加鞭赶来，可是没想到胤礽来了之后竟然没有一点儿伤心的样子，康熙认为他没有一点儿忠君爱国的想法，更加失望了。

1695年，噶尔丹再次起兵两万进至巴彦乌兰，第二年，康熙皇帝御驾亲征，命皇子参与军事，一方面是为了锻炼皇子们，另一方面也想借此提高他们的地位和影响力，从而与太子、大阿哥相抗衡。

皇子们听到消息之后都很激动，纷纷请战，胤禛也在其中。皇子们都十分看重这次出征，如果在战争中立功，对以后的政治仕途会起到很大的推动作用。康熙思索了很久，最终决定让皇四子胤禛掌管正红旗大营，皇五子胤祺掌管镶黄旗大营，皇七子胤祐掌管正黄旗大营，皇八子胤禩掌管镶红旗大营。胤禔与大臣索额图带领八旗前锋、汉军火器营和绿旗等几路军队作为前锋先行出发，驻扎在拖陵布喇克，等待大军到来。出征期间由太子胤礽坐镇京师，代天子处理奏章，举行祭祀大礼。公长泰、都统齐世、原任尚书顾八代等人随从胤禛，年羹尧作为带刀侍卫也一起出行。胤禩为人善良，又非常好学，刚刚十六岁，就执掌一旗的兵马，可见康熙喜爱他的程度。

接受命令后，胤禛立即前往正红旗大营视察。在顾八代和公长泰的陪同下，他们很快来到营地前，没想到守门的士卒却把他们拦在门外，并且说没有通行证件就不可以进入。公长泰说：“这位是四阿哥爷，奉命掌管正红旗，前来视察营地，哪里来的通行证。”可守门士卒仍然坚持着：“都统下了命令，任何人没有证件不能入内。”顾八代说：“你进里面通报一声，就说四阿哥驾到，让齐世出来迎接。”守门士卒回绝道：“我只负责守门，不负责通报。”

顾八代一向脾气和蔼，这下子有些火了。胤禛却笑了，劝着顾八代说：“顾师傅，何必与他计较？”

他们还在争执的时候，有人听说是四阿哥来了，再看到这三个人气度不凡，不像是一般人，早就已经跑了进去，报告了齐世。齐世对胤禛的严厉早就有所耳闻，得知他前来视察，心里面七上八下，生怕惹出麻烦来。他慌忙走了出去，一看果然是皇子，赶紧施礼相迎，接着就大声训斥守门的士卒：“真是不知道天高地厚，四阿哥来了也敢阻拦。”胤禛故意说：“都统大人，此言差矣，这位军士也是尽他的本分，并不是不懂规矩，大人就不要责罚他了。”齐世听了之后一阵脸红，说：“我也是担心四爷受了委屈。”

胤禛说：“我们这次出行是带兵打仗，又不是游山玩水，军队有军队的纪律，我看到齐大人军纪严明，高兴还来不及，怎么会委屈呢？”

齐世总算舒了一口气，随后便带领胤禛到各营中查看。

大军于二月出发，在低沉的军号声中，康熙率领大臣们前来祭天，皇子大臣依次站立，君臣先后行三跪九叩祭天大礼。然后再拜旗纛之神，君臣仍行三跪九叩大礼。三声炮响之后，威武雄壮的大军走出德胜门，前往漠南平叛。来到昌平地带以后，按原计划兵分三路：黑龙江将军萨市素从东路进兵；大将军费扬古率陕西、甘肃的兵，从西路出兵，截击噶尔丹的后路；康熙帝亲自带中路军，从独石口出发。三路大军约定时期夹攻。这样，清军从宁夏、归化城（今呼和浩特）、额尔古纳河三个方向保卫喀尔喀蒙古，威胁噶尔丹。

康熙亲自率领中路军出归化城，直向巴彦乌兰挺进。一天，军队正在茫茫荒漠中行进，天色忽然暗了下来，大风刮来，一阵阵电闪雷鸣，人仰马嘶，队伍中的蒙古士兵更是惊慌不定，以为是他们的天神“腾格里”发怒了。康熙抬头看着天空，困惑地说：“刚刚进入春天，大漠里应该干旱少雨才对，怎么会有雨云呢？”大学士尹泰也皱着眉头说：“这天气太不正常了！”这时，侍卫李德全找出一件油衣，跑到康熙身边说：“皇上，天要下雨了，快披上油衣吧。”

康熙看着油衣，倒吸了一口冷气，一把扯下身上的油衣，大声喊道：“快去看看火器。”

雨下得越来越大，众人乱成一团。康熙一阵心酸，心想，老天难道是不准我剿灭叛贼吗？这时胤禛骑着马从雨幕中奔到眼前，给康熙披上一件油衣，大声说：“皇阿玛快去避雨，不要淋坏了身子。”

康熙大声说：“快去看看火器营！”

胤禛回答：“皇阿玛不用担忧，临行之前，齐世就已经做好了防雨防潮的工作。”

康熙长长地松了口气，夸赞说：“齐世心思细腻，有大将的才能。”

昭莫多大捷

中路军与西路军约定在土喇（今蒙古乌兰巴托西南）会师，中路军行进顺利，已经逼近噶尔丹的主力。西路军却遇到障碍，孙思克部在穿越大沙漠时，接连许多天遇到大风雨，以至于迟了两天才赶上费扬古的部队。将领们都说：“噶尔丹主力就在前面不远的巴彦乌兰，但是我们的东西两路军还没有赶来，应当守在这里，而不能主动出击。”

胤禛虽然年少，但他善于揣摩人心，他知道康熙亲征，就是要和噶尔丹一较高下，所以他建议立即出战，从正面击败噶尔丹。

康熙心里很高兴，于是让他分析敌我之间的优劣。

胤禩从装备到军心一一摆出清军必胜的各种条件，最后坚定地说："皇阿玛，儿臣不才，愿意做前锋攻打噶尔丹。"

康熙看着诸人，微笑着说："八阿哥年纪最小，却最有英雄气概。你们觉得他刚才说的有道理吗？"

已经有人抢着应和了："八阿哥分析得句句在理，真是行军打仗的天才。"这种奉承，当然不是康熙想要的，他说："八阿哥年纪尚轻，你们有什么想法，都说出来。"胤禛一直紧皱眉头，这时开口说："噶尔丹虽然拥有重兵，但是他的侄子策妄阿拉布坦切断了他的后路，所以噶尔丹现在是处于两难的境地，只要我军坚守阵地，步步紧逼，等到东西两路军赶到，三路包抄，就一定可以取胜。如果现在贸然出战的话，就会死伤惨重，两败俱伤。"他这番见解虽然没有什么新意，但是将领们都表示赞同。康熙原以为凭着胤禛刚烈的性子，肯定支持进攻噶尔丹。没想到他说出这番话，简直是给康熙当头泼了一盆冷水，康熙沉着脸说："朕亲征噶尔丹，怎么可以犹豫不决呢？"

会议一直进行到深夜，但是究竟是主动出击，还是坚守待援，众人还是没有达成一致的意见。回到营帐，顾八代说："四阿哥难道不知道万岁的心思？怎么可以当众反驳万岁呢？"

胤禛说："唉！我当时只想着如何才能取胜，没有想到这些。"

顾八代语重心长地说："战争只是政治的手段，皇上御驾亲征，还命令皇子掌管兵马，穿过大漠来同敌人决战，就是要显示皇家的威严，就是要让天下人明白我大清绝对不可以挑衅。"

胤禛沉思多时才说："你说的有道理，可是我们劳师远征，形势原本就对我军不利，现在又只有中路军孤军突起，要是敌人主动打过来怎么办？"

顾八代和公长泰虽然饱读诗书，但是对行军打仗不是太精通，听到这个问题，都露出忧虑的神色，冥思苦想也没有任何计策。

这时年羹尧在一旁轻声说："四阿哥，我有一计。"随即附在他的耳边，低声细语。胤禛听罢，不等天明，带着年羹尧向康熙的大帐飞奔而去。

进入帐内，胤禛急急地说："皇阿玛，有计策了！"

"什么？"康熙看着胤禛，"你有办法击败噶尔丹？"

胤禛就让年羹尧说出想法，年羹尧说："敌军虽然战斗力较强，但是人数并不多，所以我军只需要多立营帐，设置疑兵，噶尔丹必定会心虚。"康熙听了，也觉得非常有道理。

第二天，大军继续前进，缓缓进逼巴彦乌兰。5 月，康熙率领的中路军来到克鲁伦河边，与噶尔丹的阵营隔河相望。康熙命人多做营帐和壁垒，并到处竖立龙旗。

自从几年前乌兰木通战败之后，噶尔丹知道自己不是清军的对手，所以这一次只在漠北行动，不敢再靠近清军，他自恃有茫茫大漠作为屏障，坚定地相信清军绝对不会打过来，所以没有做任何战备工作。此时忽然听到康熙亲征，已经到了不远处。他不相信地登山遥望，只见远处清军分开排列，营帐铺满了整个山野，数量远远超过自己，就像从天而降一样，顿时大惊失色。噶尔丹知道清军有备而来，声势浩大，实力比自己强大太多。于是，他命令士兵将营帐、辎重等全部丢弃，连夜逃往和林方向。

还没正式交战，就收到了出其不意的效果，康熙非常高兴。噶尔丹的骑兵部队行军速度太快，不容易追上，而且清兵携带的口粮已经不多，后续部队又没有跟上，所以康熙只命令内大臣马斯喀为平北大将军，带领士兵携带二十天的口粮，深入追击敌军。

5 月 13 日，费扬古率领的西路军历经艰辛，长途跋涉七十多天，也已经到达昭莫多，只有一万四千人。昭莫多，在今天蒙古国乌拉巴托的东南，蒙古语的意思是大森林。这里是和林通往克鲁伦河的必经之路，是兵家必争之地。

费扬古带领部下刚刚来到昭莫多，就有哨骑飞马来报，说皇上吓退了噶尔丹的大部队，目前敌军正在不远处。听到这个消息以后，费扬古立即召开会议，他说："我军长途跋涉，士兵和马匹都十分疲惫，不适合继续奔驰作战，应该就地驻扎，等待敌军到来。"他的话得到大多数将领的赞同。于是，他们紧急制定战略，力图在敌军到来之前占据有利地形。

最后费扬古决定派出四百名骑兵，到特勒尔济迎敌，只许败不许胜，诱使噶尔丹进入已经做好准备的清军包围圈。他们依计行事，见到噶尔丹人数众多，于是一边射箭，一边后退，进入特勒尔济山口。噶尔丹认为在克鲁伦河的是清兵主力，力量太强，正面对抗的话自己很难抵挡得住，但是清朝的西路军长途跋涉，疲惫不堪，就像是送到嘴边的肉，正好可以在昭莫多将他们全部歼灭。于是他亲自带领着一万骑兵追赶过来，向昭莫多的制高点发起冲击。

费扬古兵分三路：孙思克率领四镇绿旗兵居中，京城、西安的满洲骑兵、汉军和察哈尔的蒙古官兵，占据着东侧的高地，右卫将军直隶军、大同驻屯军、喀尔喀骑兵在西面沿河排列。这时，宁夏总兵殷化行建议，应该占领高地上的小山，费扬古同意他的观点，派他率部队登上小山。刚到山顶，却发现噶尔丹的部队刚刚走到半山腰，为了争夺制高点，双方开始了激烈的战斗。噶尔丹部全军下马，杀向小山。费扬古也派全军往高处前进，协助殷化行部抵抗敌军。噶尔丹此时已经进退两难，高处的小山被清军占领，很难攻破，但是撤退的话势必又会遭到清军从后掩杀，无奈之下，噶尔丹只好硬着头皮攻了上去。

清军占据高处，藤牌兵摆成阵列，用火炮、弓箭等向下射击，准噶尔军则利用石头躲避，虽然地形不利，但还是勇敢地用鸟枪、弓箭向上还击。噶尔丹的妻子阿奴，戴着元狐帽，身穿铠甲，手里拿着一把银枪，非常骁勇善战，虽然受了枪伤，血流不止，但还是指挥着军队向上冲锋。双方从中午一直打到黄昏，也没有分出胜负，战事进入胶着状态。

这时，殷化行发现，准噶尔军的后方携带着许多的妇女和儿童，他马上激动地跑去告诉费扬古。费扬古于是派出两队骑兵，一队从左侧袭击准噶尔军的右侧，另一队绕过战场，直扑后方。

正当准噶尔的士兵们在浴血奋战时，突然后方大乱，妻儿哭喊震天，准噶尔军立即军心大乱。而清军抓住这个机会，上下夹击，将准噶尔军彻底击溃，砍杀无数，最后清点出杀死敌军两千多人，阿奴也被枪打死。噶尔丹见大势已去，带领着少数几个骑兵逃走了。

昭莫多大捷，消息传来，中路军一片欢腾。六月，康熙就率军回京了。胤禛和兄弟们只是坐镇，并没有真正参与战斗，但是在部队的行进和战略的制定中，他们都得到了很好的锻炼。

第二年（1697 年），康熙再次亲征，在狼居胥山彻底击败了噶尔丹，噶尔丹的“东进政策”最终破产，他本人也落得个众叛亲离、服毒自尽的下场。胤禛没有随军出行，但他很关心这次战斗，写了《狼居胥山大阅》《功成回銮恭颂二首》，赞扬父亲的功业。

CHAPTER

第四章 九子夺嫡

4

皇帝需要有继承人，但继承人的存在又会对皇权构成一定威胁，这样二者之间的关系就变得极其复杂。太子胤礽骄纵蛮横，又结党营私，康熙在无奈下废黜太子，却勾起了众多皇子的野心，为了争夺储君之位，他们尔虞我诈，明争暗战，这就是著名的“九子夺嫡”。处在激流之中，胤禛会采取怎样的策略呢？

闲散王爷暗藏韬略

康熙御驾亲征，终于在昭莫多一举打败了噶尔丹，西北边境暂时得以安宁。于是康熙返回北京，将主要精力重新放在国内的各项建设上。

1696 年在回京之后，康熙命胤禛前往祭奠孝庄文皇后。其他的皇子知道胤禛将要独自祭祖的时候，都十分羡慕。“四哥，皇阿玛竟然命你一个人前去祭祖，说明很看重你啊！”胤禩说。

胤禛心里感到很难受，长大之后，兄弟们已经不再像小时候那样纯真了。小的时候，天天被人喊着“四哥”“四弟”是幸福的事，每天五更的时候，天还没亮，宫里的人还没醒，他们就已经在书房里一起读书了。可是现在，大家却为了争夺储君的位子而钩心斗角。

1698 年 3 月，康熙给他的儿子们分封爵位，其中胤禔被封为直郡王，胤祉为诚郡王，胤禛与胤祺、胤祐、胤禩等人一起被封为贝勒。胤禛只比胤祉小了一岁，却低了一个等级，而胤禩比胤禛小了三岁，却和他一个等级，从这几个方面来看，在康熙的眼里，胤禛虽然优秀，但为人轻率，在他的众多兄弟当中，还是显得太过于平凡了一点儿。

康熙给诸皇子分授爵位以后，给他们分别建造了府邸，命他们搬出皇宫。胤禛所住的地方，就是日后的雍和宫。

1702 年，康熙巡幸五台山，胤禛和胤祥、胤礽一同出行，之后继续南巡。到德州的时候，太子胤礽生病，所以就住了下来。在这期间，胤禛、胤祥依然遵从宫中的规矩读书写字，康熙带着大臣们来看。大臣们站成一圈，围着他们的字看，都喜欢得不行。胤禛的行书写得很有康熙的风格，苍劲有力，潇洒不羁，更是让大家佩服得五体投地。陈元龙说：“万岁爷和我们这几个老朽刚刚还在一起讨论书法，今天见到四贝勒的字，真是让臣等感到惭愧，日后再也不敢在别人面前说自己懂书法了。”

康熙很高兴地说：“四贝勒勤奋好学，写的字的确和朕的很像。”

胤禛一听，诚惶诚恐，连忙说：“皇阿玛太过奖了，胤禛愚笨，还要向父皇和众位大人们多多学习。”争储进行得如此激烈，以至于胤禛连皇上的一句称赞都不敢接受，生怕会因此招来嫉妒和灾祸。

眼看着储位斗争愈演愈烈，兄弟反目，胤禛的心里很不是滋味，却又无可奈何。这段时间，他把心思都放在了佛学上，和僧人谈佛，建设寺庙。虽然身份尊贵，过着富裕的生活，但是他好像一点儿也不在意这些，每天读书写字，只和僧人、隐士交往，自称“天下第一闲人”。

有一次，他找了很多人在府上一起坐禅，正在坐禅的时候，忽然出了一身汗，有一种异样的感觉，好像自己和佛祖众生用同一鼻孔呼吸一样，他急急忙忙找到章嘉大师，询问自己的境界。章嘉大师回答说：“王爷已经有了很大的进步，但是佛法无边，天道是无穷无尽的，还是应当坚持下去。”胤禛对他说的话深信不疑，为了更深入一步，没过多久，他再次坐禅，这一次竟然感觉自己和万物好像融为一体，天地之间只剩下“道”。这时大师说：“你已经参透了‘大自在’，达到色即是空的境界。”

胤禛很高兴，在之后的几天之内都笑容满面，这让侍奉在一旁的李卫感到困惑不已。李卫感慨道：“四爷真是好兴致，皇子们都争得不亦乐乎，就差打起来了，可您倒好，对这些一点儿都不关心，你这几天自在得很，倒是把戴铎和邬思道急得在府门外直打转。”

“你这厮，字也不认得几个，哪里明白佛学的精妙？”胤禛笑着说，“除了求佛问道，我最近还把喜欢的文字都收录在一起，编成了一本《悦心集》，其中有一首《布袋和尚呵呵笑》，里面写着，我笑那天上的玉皇，地下的阎王，与那古往今来的万万岁，你戴着平天冠，衣着衮龙袍，这俗套儿生出什么好意思，你自取想一想，苦也么苦，痴也么痴，著什么来由，乾碌碌大家喧喧嚷嚷的无休息。

写得多好啊，要是人人都能够向佛祖学习，清心寡欲，那么世间也就没有这么多烦恼了。”

李卫又叹了口气：“好！好！这些我说不过你，可是这该争取的还是要去争取啊，至少去和大臣们联络联络，你不急，大阿哥、八阿哥，还有十四阿哥他们可急着呢，朝廷里有权势的大臣们几乎都被他们拉拢去了。”

胤禛说：“皇阿玛最厌恶结党营私，不为百姓谋福，只求一己私利，是不忠不义的行为，之前大学士明珠联合大臣们，与太子党对立，结果被罢免了官职，太子党那边的首领索额图也被皇阿玛批评是‘议论国事，结党妄行’，关进宗人府，没过多久就被折磨死了。他们位高权重，尚且会落得那样的下场，我们又何必重蹈覆辙呢？”

胤禛心里清楚自己没有太子胤礽和皇长子胤禔那样丰厚的政治资源，不可能在争斗中占据上风，所以一直隐忍，以免将自己变成众矢之的。但其实在当时的形势下，他的做法是非常成功的，在激烈的争储过程中，成功地避免了康熙和众位皇子对他的猜忌，让自己免受攻击，从而能够保存实力，获取父皇的信任。有人觉得这是他城府太深的表现，但不可否认，这也是保护自己的一种方法。

康熙两次废太子

在皇子们为了储位激烈争夺的时候，胤禛一直隐忍不发，置身事外，直到康熙第二次废黜太子，他才开始自己谋求储位的行动。

第一，废黜太子，关乎着包括胤禛在内的诸位皇子，对他们的人生来说，是一个不可忽略的转折点。康熙在十四年立胤礽为太子，胤礽在父皇和师傅的精心调教之下，不但武艺高强，也学到了很多的知识，懂得了怎样处理政务，是个很有才能的人。康熙很高兴，慢慢让他参与一部分政务，特别是在三征噶尔丹的时候，皇太子坐镇京师，代为行使皇帝的权力，举行祭祀，处理各地送来的奏章。胤礽的生母孝诚仁皇后是索额图的亲侄女，所以索额图帮助胤礽纠集了很多人形成太子党。后来康熙为了维护太子，罢斥了明珠，结束了党派斗争。

孝诚仁皇后

只惩治明珠，显然是康熙还没有看到太子党人活动的严重性。此后，太子的权势与日俱增，索额图制定的关于太子的制度，和皇帝的很接近。康熙说太子“服用仪仗等物，太为过制，与朕所用相同”。胤礽长期处在一人之下，万人之上的地位，不甘心做皇太子了，他有一次曾对胤禛诉说自己的不满：“从古到今，怎么会有人在太子的位子上坐四十年呢？”胤禛听了以后，感到很害怕，太子说出这句话，表明他早就想登基做皇上了。但是龙椅只有一把，不可能两个人同时坐在上面，纠结党派谋取皇位，就会威胁到康熙，这是父子间不可调和的矛盾。

第二，胤礽虽然从小接受了良好的教育，可是接触到权力之后，就开始变得非常骄傲，又铺张浪费，性情乖戾。他经常虐待大臣甚至是皇室中人，曾经用鞭子打过王爷。他贪图钱财，向官员勒索，如果有人不从，就一定会遭到报复，人们都说太子刚愎自用，喜欢杀人。当有人向康熙揭发太子，说出他的这些罪状的时候，康熙甚至不敢相信。太子没有一颗仁爱的心，让康熙对他完全失去了信心，说胤礽如果当上了皇上，肯定会败坏国家，祸害百姓。朝鲜来华的使臣听说了这些事情以后，说他如果登基，清国一定会灭亡。

第三，父子之间的感情日趋恶化。康熙二十九年，康熙第一次征伐噶尔丹，胤禔担任副帅和主帅福全发生了矛盾，气得康熙生病，只好回宫，途中想念胤礽，让他骑马来见，但胤礽来了之后见到病中的父皇，居然“略无忧戚之意”，康熙因而认为他“绝无忠爱君父之念”，就让他先回京城了。

康熙与胤礽矛盾重重，焦点在于皇权，在这个根本问题上，谁也不会让步。康熙认为太子的势力发展得太快了，如果任由其发展下去，肯定会生出祸端来，所以就开始打击太子党。太子党的首领索额图在康熙四十二年（1703 年）被关进了宗人府，很快就病死了。他的同伴也全被关押囚禁起来，遭到了锁禁的命运。所谓“议论国事”，可能是指索额图想要政变推翻康熙政权，使皇太子早日登基。索额图的失败，没有使胤礽清醒一些，他依然野心勃勃，胡作非为。

胤礽在当太子的时候，骄傲自大，不但虐待大臣，也没有处理好和兄弟们的关系，被很多人忌恨，成了众矢之的。现在又失去了康熙的信任，遭到打压，诸位兄弟更是看到有机可乘，所以一边发展自己的势力，一边加紧打击胤礽。这其中最有力的竞争者是大阿哥胤禔，他迷信巫术，招来一个蒙古喇嘛，埋下许多镇厌的东西，幻想通过巫术咒死胤礽，为他腾出太子宝座。

另一个有力的竞争者是皇八子胤禩，胤禩小时候被胤禔的生母惠妃抚养，所以和大阿哥的关系很好。他不但有胆识，也很有气量，善于收买人心，康熙很喜爱他，在他十八岁的时候就封他为贝勒。胤禔和胤禩合作，甚至还找来了死士，想要暗杀太子。皇子们的争储斗争愈演愈烈，终于不可调和。在这重重矛盾下，终于发生了第一次废太子事件。

康熙四十七年（1708 年）夏天，康熙去塞外巡视，让胤礽、胤禔、胤祥等皇子一起去。每到夜幕降临以后，胤礽就围着皇帝的帐篷转，从缝隙偷偷地往里面看。康熙很警觉，害怕自己会遭到谋害。所以命胤禔好好保护自己，然后先发制人，九月初四召集了诸王及副都统以上的大臣。老皇帝因为太过痛苦以至于仆倒在地，完全没有了昔日的帝王威仪，他痛哭流涕，宣布皇太子罪状：“不遵守祖训，只知道肆意作恶，暴戾淫乱，无法承担祖宗创立的基业。”然后就在路上废了太子，并把他拘禁起来，把他的同党索额图的儿子格尔芬和阿尔吉善等人诛杀了。康熙轻而易举地解除了皇太子的势力，消除了他对自己的威胁。

十六日，康熙回到京城，把胤礽拘禁在上驷院旁边，命令胤禛和胤禔共同监视。胤禛自从知道了太子被废的事情后，十分着急，很想救他，却没有主意。胤禔拿来废黜太子的告天文书，胤礽说："我的皇太子是父皇给的，父皇要废就废，何必要告诉上天？"

康熙听了之后说："做皇帝是受上天的命令，这样的大事，怎么能不告诉上天？胤礽竟然这样胡说，以后他的话不必上奏了。"

胤禔和胤禛将谕旨传达给胤礽，碰到前来探视的胤禟，看着曾经的几个兄弟们，胤礽的心里很不是滋味，他说："请告诉父皇，其他的罪名，我都承认，只是我从来都没想过要谋害他老人家。"

胤禔以康熙刚刚下旨为借口，严词厉色地拒绝了他。这时胤禟说事关重大，似乎应该上奏，胤禛也赞成他的说法，但是胤禔仍然不答应，胤禛就狠了狠心说："你不奏，我自己去。"康熙听了之后说，你们做得对，于是就把胤礽脖子上的锁链拿掉了。

谋划皇储的位子，最积极的人是胤禔。拘禁胤礽之后，康熙命令胤禔看守，这让他喜不自禁，以为是父皇重用自己，要成为未来的储君了。于是派大臣们去探问。

康熙一见到来人，就知道是什么事了。果然，大臣们先对康熙遭遇不幸表示悲痛，试探着问他要立谁为储君，接着又说皇长子胤禔年纪最长，处理政务上又最有经验，请求立为太子。康熙说："胤禔虽然处理过许多重大事务，但是他性子急躁，又不是很聪明，没有资格做皇太子。"

听到康熙这么说，胤禔心里顿时凉了半截，知道自己没有任何希望了。转而支持胤禩："有一个叫张明德的相面人曾经给胤禩看相，说他以后肯定会大富大贵。"

但是康熙反而驳斥了他："八阿哥胤禩，废太子后朕命他管理内务府，这本是对他的信任和重视，他却把朕的恩泽，都归功给他自己，好收买人心。"

胤禔怕废太子东山再起，因为他深知康熙不便于杀胤礽，就向康熙讨要命令亲自下手。

康熙从来也没有想到他居然会这么歹毒，顿时感到十分愤怒，他说："朕要是杀了太子，就会永远背负着骂名，你不体谅朕，反而要朕做一个暴君，一点儿也不懂得君臣之间的大义，简直就是乱臣贼子，不管是天理还是国法，都容不得你这样的人。”然后又指责胤禩是“妄蓄大志”，阴谋夺嫡，命人把他抓了起来，交给议政处审理，张明德则被凌迟处死。胤禵本想替自己和胤禩争取机会，却遭到了康熙的严厉打击。到十月，胤祉揭发他诅咒太子的事，康熙就把他革去职位，严行圈禁，从此之后再也没有受到过重用。

当时诸皇子大多对废太子落井下石，只有胤禛维护胤礽的正当要求，同时，他和胤禩也维持着良好的关系，以免得罪胤禩一伙。

康熙在无奈之下废了太子，但他怎么也没有想到儿子们会那样激烈地争夺储位。十七日，他亲自撰写祭告天地的文书，除了说明罢黜胤礽的原因，还说他对所有的皇子都不满意，不想再立太子，同时警告诸皇子安分守己，不可以借着这个机会结党营私。其实，胤祉告发胤禵厌胜的阴谋，给康熙巨大震动，康熙进一步感到事态的严重，他想到齐桓公死，五公子停尸争位的可怕情景，哀求儿子们听话。同时他也把胤礽的不法行为，看成是因为巫术中邪，有所原谅，第二天，就召见废太子和胤禩，并说自此之后，不提往事，胤礽搬回到咸安宫。还在本月初一时，康熙宣称他对立太子的事已有成算，只是不告诉众人，也不让大家知道，到时候听他的安排就行了。康熙释放胤礽，为了安定人心，想要再次立他为太子，告诫他改恶从善，不许打击报复，为此特地讲了他的几个弟兄的好处，说胤禛非常孝顺，胤祺心性善良，胤禩非常贤能，希望胤礽同他们亲近。随后，大臣们都上奏请求复立胤礽，康熙考虑时机还不成熟，直到第二年三月，重新册立胤礽为皇太子。这一次的废太子及复立，一直持续了半年才结束。

为废太子谋求复位的人，其实是为了向胤礽买好，康熙把这些人的活动，一律看作是结党营私。康熙复立胤礽，也是被逼无奈。废太子以后，立即出现激烈的皇子争夺储位的局面，更严重的是大臣也卷了进来，这就决定康熙必须再立皇储。

胤礽复立以后，表面上对康熙忏悔，但实际上他没有改恶从善的决心，而他的地位又使一些官僚向他靠拢，结党营私。矛盾不是解决了，而是加深了。他照旧纠集党羽，扩展势力，很快就召集了一批大臣，骄奢淫逸，一样都没有改。同时他还勒索大臣们，如果不能满足他的要求，就向皇帝诬告。

康熙希望胤礽再立之后能够转好，就对他极力容忍。其他皇子可不这么想，他们对胤礽恨之入骨，继续谋划。到了康熙五十年（1711 年）十月，康熙再也不能容忍了，说有大臣为了太子集结朋党，索额图的余党还没根绝。他把支持太子的一些大臣抓了起来，关进宗人府，然后在第二年宣布胤礽的罪状，第二次废了太子，同时告诫群臣，敢为太子求情的话，立即诛杀。这一次，康熙的做法显得当机立断，很有必要，本想不制止太子的失德行为，可以感化他，说明康熙对胤礽的认识还不够透彻。

第二次废太子让康熙又一次遭受到精神上的打击，更重要的是，从此以后，储位一直空着，皇子们斗得更厉害了，让他无休止地处理这些问题。主动为胤礽进行再次复位的人还有很多，但遭到了打击。康熙很照顾胤礽的家属，给他们亲王的待遇，这样做不但是为了照顾自己的后代，也是怕别人说他虐待子孙。

诸皇子与太子的关系也没有得到改善，在这个事件中，大阿哥凶相毕露，被康熙处分最重，屡次下令严行看守，使他永远退出政治舞台。十三阿哥胤祥，原来是康熙宠爱的儿子，事情一开始，就被圈禁革爵。胤禩也一度被革爵，没有夺到储位，受到一些挫折。康熙分封其他皇子，使他们地位提高，以免遭到胤礽的报复。其中胤祉被封为诚亲王，胤禛被封为雍亲王，胤祺被封为恒亲王。地位的变化，也让太子和兄弟们之间的裂痕比过去更大了。

康熙废立太子，一度造成政治混乱，加剧了皇室内部的矛盾，是一次失败的政治活动。实行好嫡长子，皇子就不能干预朝政，否则就会容易因为权力产生斗争，可是满洲没有立太子的习惯，皇子预政是清朝的传统政策，康熙培养训练诸位皇子，是锻炼他们的能力，希望巩固清朝的统治。归根结底，造成争夺的根源是封建主义的皇帝制度，康熙没有继承满洲传统的立嫡方针，也没有正确对待太子与诸王的关系。太子被废，让诸王看到了希望，引起他们争夺皇位的欲望。

基于自己替补的无望，胤禛采取维持旧太子地位的态度。他关心父亲的身体，对胤礽表示关切，疏通皇帝与废太子的感情，同胤禩也保持某种联系，表面上既不反对，也不支持，也给其他兄弟说了很多好话。康熙对他的这种仁义感到很欣慰，他对皇子们说：“之前拘禁胤礽的时候，没有一个人为他说话，只有胤禛深明大义，屡次在朕面前为他保奏，像这样的心地和行为，是伟人才能做到的。”胤禛听了，诚惶诚恐地说：“儿臣只是不想众位弟兄和父皇不和，而不是为了保二哥，所以父皇所褒奖的，儿臣不敢接受。”他不敢领受这个功劳，免得将来太子出事而受牵连，也免得遭受众兄弟的忌恨。这次斗争显示了胤禛八面玲珑的政治才能，也使他得到了锻炼。

胤禩谋位

大阿哥胤禔被打击之后，对储位最有力的争夺者就是胤禩，第一次废太子的时候，他从中看到了希望，所以积极谋划。

第一次废太子以后，康熙命文武大臣各自举荐太子，除大阿哥外，诸皇子都可入选，表示会听取大多数人的意见。开始的时候大臣们都不敢遵命，这时有几个活跃人物，首先是马齐，他先到内阁，对另一大学士张玉书说：“众议欲举胤禩。”实际要众人保荐皇八子。

上朝的时候，尚书阿灵阿在手掌写了“八阿哥”，然后给大臣们看，朝臣看见以后，相继推荐胤禩。这件事后来被康熙知道，他马上改变决定，说立太子事情重大，需要从长计议，又说胤禩不适合当太子：第一，他没有办理过政事，缺少经验；第二，在太子问题上犯过罪，遭到过处分；第三，他的生母出身太低，所以不适宜做储君。等到胤礽复立，胤禩无限失望，瘫在椅子上，别人叫他也不理，只说“没了，没了”。阿灵阿甚至不想活了，他们随身藏着毒药，约定如果遭到报复，就同生共死。

康熙却对拥立胤禩的事很注意，追查带头的人。一开始大臣们怕惹祸上身，所以互相包庇，最后都查了出来。首领马齐，是议政大臣，历任兵部、户部尚书，康熙赐给他“永世翼戴”的匾额，把他看作是亲信大臣。清朝制度，大学士中以一满人居首，马齐恰当其任。他位高望重，所以他拥戴胤禩的主张，为百官尊从。此外还有佟国维，是康熙的舅舅兼岳丈，早年为领侍卫内大臣、议政大臣，康熙四十三年（1704 年）以年老解任离职。当康熙废胤礽后，立太子事正在进退维谷的时候，佟国维不能宽慰康熙，反而加以催促，说康熙若不把此事赶快料理清楚，就会产生变故。康熙说众官听了他的话，都害怕起来，因而才想立胤禩为皇太子，一起保奏。揆叙是已故大学士明珠的次子，承其父的遗风，交游颇广，很早就同胤禩相结识。他父亲是反太子党首领，太子被废，他自然希望胤禩获胜，而不愿见胤礽复辟。阿灵阿是皇十子胤䄉生母温僖贵妃的弟弟，胤䄉与胤禩、胤禟相好，这可能是他结交胤禩的一个原因。王鸿绪是一甲二名进士，为《明史》总裁官，编成《明史列传》一书，曾因贪婪结党被弹劾罢官。苏努，是清太祖长子褚英的曾孙，康熙说这一支与他的清太宗一支有仇，总想破坏他们父子兄弟的关系，以便遂其心意。

这些人推崇胤禩，可能有两个原因：一是贪图拥立的大功，为将来的荣华富贵做铺垫；二是胤禩主张仁义，礼贤下士，所以诸大臣视为奇人。

康熙不许官僚辅助皇子谋求储位，害怕这些人将来居功专擅，皇权旁落。他大声指责马齐谋立皇八子：“岂非欲结恩于胤禩，为日后恣肆专行之计耶！”结党营私是康熙最不能容忍的，所以给以这些人一定的惩罚，马齐削去职位，拘禁起来，他的弟弟马武和李荣保也一起被革退，责令王鸿绪休致，劳之辨革职，逐回原籍。康熙只对这些人采取了打击，适可而止，没有兴大狱，因为胤禩没有被立为太子，所以拥戴他的人也没有得到想要的效果，没有必要对他们进行严重的惩治。这说明康熙对待臣下宽厚，也说明废立胤礽，全是按他的意思实现的，他人意见也起一定影响，但不能操纵他。

虽然遭到打击，但是胤禩集团在二废太子中仍然起到了一定的作用，胤禩以为有再次被推举的可能，就问康熙："大臣们可能还会拥立儿臣，儿臣现在该怎么做呢？要不然就装病，免得再有保举我的事情。"他说的这些看似忠厚，但其实是试探康熙。康熙对他的这种小把戏清楚得很，就回绝了他。胤禩想当皇太子，没有成功，仍然继续活动。

康熙五十一年（1712年）十一月，康熙出外打猎，住在京北的遥亭。因为生母的忌辰到了，所以胤禩出京祭祀，之后住在京北的汤泉，他没有去向康熙请安，只送去了一只快死的老鹰，说他即将回京。康熙见了，认为胤禩这是在故意藐视自己，怒不可遏，指责他："真是不孝不义，竟然用这种态度来对待父亲，二阿哥狂妄，屡次失去人心，胤禩却屡次结交人心，此人内心之险恶，比二阿哥超出好几倍，他党羽太多，又十分阴险，就算是朕，也会感到害怕。"他不喜欢胤禩结交人心图谋储位，更害怕他会篡夺皇位，所以决定认真对待，给予打击。

危险来临，胤禩却不知道收敛，反而继续活动。阿灵阿认为胤禩的年庚是庚戌己丑丁未壬辰，和前代帝王相同，有君主的福分。他们扩大势力，不断网罗人员，年羹尧是胤禛的人，胤禟居然派人给他送礼，想要挖墙脚，可见活动规模之大。他们还制造舆论，到处宣扬胤禩，造谣说八爷、九爷和十四爷中间，有一个会被立为皇太子。

胤禩集团活动得越频繁，就越引起康熙的注意，终于让他下定决心，打击胤禩。胤禩的门客何焯，康熙把他的翰林院编修、进士、举人全部革除，罪名是他把当今的文章比作万历末年的文字，侮辱了圣朝。处分何焯，实际上就是在羞辱胤禩。康熙和胤禩的关系越来越差，次年九月，胤禩得了伤寒病，情况非常严重，康熙却丝毫没有心疼，反而不顾胤禩的死活，要把他送回城里，免得经过他花园的时候，会碰到不吉祥的事情，父子二人的矛盾竟然达到这种程度。

可见双方芥蒂太深，胤禩离太子的宝座也越来越远了。

十四爷崛起

胤禵是康熙帝的第十四子，和胤禛是同一个生母，但是因为胤禛生性淡泊，从小被佟贵妃收养，所以两人的感情并不深厚，反而与才华横溢，为人谦和的皇八子胤禩兄弟情深。胤禵聪明过人，才能出众，“甚有义气”，为康熙所厚爱，从少年时代起，就频繁地跟从康熙出巡。在皇太子胤礽被废前后，他积极追随其兄胤禩参加争夺储位的活动。为此引起康熙的不满。后来，父子之间甚至发展到对立和冲突的地步。康熙四十七年九月，当康熙怒斥胤禩妄蓄大志、企图谋害胤礽的时候，胤禟对胤禵说：“这个时候我们还不说话，想等到什么时候呢？”于是，胤禵挺身而出，跪着对康熙说：“八阿哥没有这样打算过，儿臣愿意为他担保！”康熙听了这话，不但没有释怀，反而更加愤怒，他拔出佩刀就要向胤禵砍去，胤祺等人慌忙跪着上前抱住康熙，不停地劝，其他皇子也一起扣头替胤禵求情，但是胤禛在一旁没有说话，康熙的怒气稍微平息了一点儿，胤禟被打了几记耳光，脸部红肿，胤禵被打了二十大板，路都走不动了。

康熙四十八年（1709 年）三月，复立胤礽为皇太子时，康熙十分高兴，大封诸皇子。胤禵被册封为贝子，尔后又封固山贝子。在胤禩的夺嗣计划失败以后，胤禵变得更加活跃起来，广泛联络士人，以取得他们的好感，博得“虚贤下士”的名声。后来西北战事的发展，给了他在政治上崭露头角的机会。

准噶尔王国的继任者，策妄阿拉布坦一直骚扰清朝边境，还进攻西藏。康熙调兵遣将去征讨，分路前进，准备进攻，但是没有任命统领前方的大将军。靖逆将军富宁安就上奏说明了这件事，但是这个时候的康熙，年事已高，又因为储位的事情头痛不已，不能集中精力对付边疆叛乱，就把富宁安的奏疏拿给皇子们看，想要让皇子领兵。胤禵主动请求领兵，康熙对他很信任，就封他做王爷，任命他为抚远大将军，出征西北。十二月，康熙命胤禵率军出发，同时命令胤祐管理满洲正蓝旗、蒙古正蓝旗、汉军正蓝旗三旗，胤䄉管理正黄旗三旗，胤祹管理正白旗三旗，随同出征的，还有所谓的“内廷三阿哥”也就是弘曙、弘治、弘禧。出发前，康熙亲自祭告，在太和殿把大将军的敕印交给胤禵，表明他对于这次出征高度重视。胤禵在军中被称作“大将军王”，就连皇帝也这样称呼他。

胤禵被封为大将军，是胤禵一直想要的，他的大将军，位高权重，与众不同，远远超过那些统一中原和平定三藩的将军，所以在当时的人看来，胤禵被封大将军王，是成为皇太子的第一步。

离京之前，胤禵对京中政局很不放心，于是他对胤禟说：“你要经常给我写信，父皇年事已高，身体不好，只要生了病，你就及早写信告诉我。”胤禩极力支持胤禵，希望他早日立下大功，当上皇太子。

康熙五十八年（1719年）三月，胤禵驻扎在西宁，奉康熙的指令，统率驻防新疆、甘肃、青海的八旗和绿营将士，号称有三十万大军，实际上是十几万人，并指挥当地的蒙古军队。他到军中以后，一面整顿内部官吏，一面派兵驻守在河西走廊，把重点放在对西藏的用兵上。

胤禵注意做好青海各头目的团结工作，耐心地说服他们：“你们应该听从父皇的旨意，和睦相处，要遵从你们的父辈所制定的礼法，把各自的军马、口粮、器械备办整齐，然后竭力报效朝廷，有功的我一定会向皇上禀报，为你们邀功，有错的我也一定会公正地处罚。”经过他的劝说和忠告，罗卜藏丹津等人心悦诚服，点头称是。他们的通力协作，为胤禵西征的胜利创造了条件。在一切准备就绪之后，胤禵即指挥平逆将军延信由青海、定西将军葛尔弼由川滇进军西藏。一年以后，定西将军葛尔弼进入拉萨，平逆将军延信将准噶尔军击败，清除了准噶尔人的势力，安定了西藏。西藏战乱的结束，作为前线统帅的胤禵立了大功，康熙为他立碑纪念，对别人说：“大将军王是朕的皇子，确实是带兵打仗的良将，所以朕才让他担当重任，你们有什么事情都应该听从他的指示，他说的话就和朕当面训示的一样。”

胤禵在西北，继续招贤纳士，好几次派人备了厚礼，去请著名的学者李塨。又让临洮人张恺给他算命，张恺是个江湖骗子，只会阿谀奉承，他说：“大将军王命运很好，贵不可言，将来肯定会登上皇位，到了三十九岁的时候就会大富大贵了。”这时胤禵已经三十二岁，听了张恺的话，大喜过望，称他说得很对。

胤禵是一位很有才能的皇子，他也积极地谋求储位，成为有力的争夺者之一。他很受康熙的喜爱，有可能成为皇储，但还不是太子。他虽然手握重兵，但远处西北依然对他立为皇太子有所不利。有人曾经说，康熙年事已高，如果一心想要立胤禵，立点功劳就应该让他回京，而不是一直待在西北，所以不可能立远在天边的胤禵为太子。对此，有人反驳说，京中斗争太过于激烈，让他外出反而是对他的一种保护。可是事实证明，在外并不安全，有兵权也无济于事。

胤禛招兵买马

胤礽第二次被废的事情轰动朝野，同时空置的储君的位置，也让众位大臣和皇子们更加按捺不住，蠢蠢欲动。康熙虽然明令禁止结党营私，但是党派的活动反而更加频繁了。

康熙五十二年（1713 年）戴铎给胤禛写了一封密函，里面说：“当前是十分紧要的时机，就算奴才因为这封信被杀了，至少也能报答主子您的一点儿恩情。奴才就根据我所看到的事情，给您做出一点儿分析。

“皇上非常有才华，是个很少见的君主，现在诸位皇子们都想争夺储君的位子，谁都不肯相让。有人说如果父子都是平庸之人，和他们相处起来会很容易；但是如果父子都特别聪明的话，和他们相处起来就很难了，这是为什么呢？因为在聪明的父子面前，如果表现差的话，怕他们会看不起自己，要是表现得太好，又怕他们会嫉妒生疑，这是和他们不好相处的原因。可是他们却不知道彼此忍让，用诚心和孝顺来相处，那么父子之间就不会有那些问题了。主子您天性仁孝，在皇上面前没有瑕疵，又能够包容众兄弟，让他们不会嫉恨你，能够和你相处，这是您的长处。

“服侍在皇上身边的那些人，请主子能够善待他们。一句好话，未必能够让你得到好处，但是一句坏话，就是日后的祸根，主子敬老尊贤，好的名声早已经传遍开了，就更要留心了。碰到皇上的亲信，即使是宦官，主子也应该在和他们见面的时候说些体贴的话。只不过是几句话而已，对主子您来说，完全没有损失，但是他们会十分感激您。时间长了，您的名声还有谁能够超过呢？

“雍王府内的门人，受主子的大恩大德，难以报答，所以为您出力做事的人很多，说到这里，奴才也觉得惭愧。但是有一利必有一害，受利的未必当作恩情，但是受损的肯定会怨恨。希望主子把天下当作自己的家，而不要在乎一些眼前的小利。本门中肯定也有一些聪明才智的人，希望主子留心栽培，虽然不见得每一个人都能发挥大的作用，但只要有那么两三个人才就够了。

“主子学问渊博，自然知道这些事，哪里需要奴才来提醒您？只希望您在这个时候千万不要放松警惕，否则被别人抢到手就后悔莫及了。”

雍王府

戴铎先从当前的政治形势开始分析，然后明确奋斗目标。胤礽第二次被废，储君的位子没有确定下来，皇子们为了这件事激烈争夺，谁做得好，谁就有可能夺得储位，所以一定要参与竞争。接着又提出了具体的计划：一、取得康熙和众弟兄的信任；二、联络官员，尤其是康熙的亲信，为自己取得好的名声；三、培养雍王府的人才，为以后奠定基础。

胤禛看了以后，说他写的是“金石之言”，又告诫他这些话不要对别人提起。

十月，顺治皇帝的妃子淑惠妃病死，淑惠妃在顺治的所有遗孀当中最为长寿，康熙也十分尊敬她，就为她举行葬礼。可是办理丧事的官员却非常草率，于是康熙命令胤禛查办。胤禛经过查询，得知是工部和光禄寺承办的，就报告给康熙，请求对主要负责人进行处罚。

工部尚书满笃见到康熙以后，不服气地说：“淑惠妃只不过是世祖的一个普通妃子罢了，地位不算尊贵，不应该为了一个女人处罚我们这些大臣，不然会让天下人寒心的。”

胤禛见他不但不知错，竟然还对皇上的旨意表示不满，生气地说：“像你这种乱臣贼子，自然会有国法来惩办你，怎么还敢来顶撞圣上？要是把你交给我，我马上就会把你杀了。”

满笃遭了这一顿骂之后，再也不敢说话，恭恭敬敬地领受处罚去了。

从这里可以看出，胤禛治理政务的时候秉承国法，习惯于使用严刑峻法，主张君主要用威严来统御群臣。后来戴铎和李光地讨论储君的事情，李光地认为八王胤禩富有才华，最适合当太子，戴铎却说：“八王虽然有才华，但是太懦弱无能了，不像四王爷那样聪明，恩威并施，大有作为。”

胤禛为了不在争夺中落于下风，积极扩展力量。他在雍王府听说礼部侍郎蔡珽能文能武，是个全才，又懂得医术，就派人去联系他，可是蔡珽却不肯来。后来年羹尧也向胤禛举荐，并说：“这个人很有能耐，一定要把他拉拢过来。”于是胤禛就让年羹尧亲自去请，结果蔡珽还是不来。直到康熙六十一年（1722年），康熙命蔡珽接替年羹尧暂代四川巡抚的职位，蔡珽来到热河行宫觐见康熙，当时正好看见胤禛，明白是四王爷推荐的职位，于是不等胤禛发出邀请，他便自己找到年羹尧的儿子年熙，带着他来到了雍王府，从此成了雍王集团的一员。

他一面发展力量，一面愚弄对手，免得招致打击，他与对手的对立是必然的，但是在表面上仍然对胤禩等人表示亲善，甚至为他们在康熙面前说好话。

与其他兄弟们不同，胤禛非常尊敬康熙，和他保持着良好的父子关系，关心他的身体健康。康熙晚年的时候，非常喜爱胤禛的儿子弘历，并召见弘历的母亲，说她是"有福之人"。

有种说法认为康熙帝之所以传位给胤禛，也因为看中了弘历，想让他日后管理大清江山，欲传皇位于弘历，必先传位于其父胤禛。这个观点，也有一定的道理，在乾隆朝流传较广。《清高宗实录》卷一说，乾隆继位是"圣祖深爱神知，默定于前；世宗垂裕谷诒，周注于后"。这也说明康熙帝生前已预定将皇位传给雍正帝，而最终要由弘历继承皇位。乾隆帝本人是这样认为的，他在一首诗的自注中写道："康熙六十一年，皇考敬奉皇祖临幸观花，慈颜有怿，因于燕喜之次，以予名奏闻，爱抚备至，是为承恩之始。仰唯付托之重，默契圣心，投艰遗大，似即肇基于此。"

康熙晚年，胤禛年富力强，才能得到了显示，兄弟间的关系处理得也比较妥当，并拥有了一个具有一定实力的势力集团。特别是在康熙帝那里获得了越来越多的好感，这就为胤禛成为皇储候选人并成功地登上皇位奠定了基础。经过胤禛的经营，渐渐形成了一个小集团，其中包括年羹尧、蔡珽这样在前线统兵作战的汉军旗人，也有隆科多这样在宫中担任重要职位的武将，还有一些文人，如戴铎、沈廷正等人。他的这个集团虽然人数不多，担任重要职位的也很少，远远比不上其他皇子，但是拥有步军统领、川陕总督等职务的人，对他今后顺利登上皇位起到了巨大的作用。

雍正登基

康熙一生励精图治，他八岁登基，十四岁亲政，在位六十一年，是中国历史上在位时间最长的皇帝，他是中国统一的多民族国家的捍卫者，奠定了清朝兴盛的根基，开创出康乾盛世的大局面。他是一个很要强的人，许多事情都办得很顺利，但是立太子的事情把他弄得焦头烂额。清代立储制，为康熙帝所创，虽思之久远，却事与愿违。这不是康熙帝无能，而是皇位继承制结下的苦果。后来雍正帝的“秘密建储制”、慈禧太后的“懿旨立储制”，都不能解开皇位继承制度的死结。六岁的同治、四岁的光绪、三岁的宣统继承皇位，说明清帝国已经走进“家天下”的死胡同。

第一次废太子的时候，他痛哭流涕，悔恨交加，生了一场大病。等到第二次废太子，他说自己因为这件事太过于伤神，身体已经渐渐不如以往了，因为生病，右手不能写字，到了冬天，心神恍惚，头晕目眩，又生了一场大病，连走路都必须有人扶着，后来腿肿得下不了地。康熙很坦然地面对着现实，他对胤禛说：“三代以内的事情，不可以全信，然而自从秦始皇登基以来，一千九百六十年了，称帝有年号的总共有二百一十一人，我很幸运，在位时间最长，已经很满足了。近些天来，只要朕稍微早起了一点儿，就手脚发颤，控制不住，恐怕大去之期不远了。”胤禛连忙说：“皇阿玛请别这么说，不要伤心动气，要好好养病，保重身体才是啊。”

自从康熙生病以来，胤禛一直在一旁服侍。皇子争夺储位，也让他坐立不安，他也想得到储位，但是他自知才华不足，又没有强大的势力支持，所以并不参与进去。

到了春天，康熙的身体有所好转，但是并没有从病痛中完全恢复过来。康

畅春园

熙六十一年十月二十一日，他前往南苑打猎，十一月初七感到身体不舒服，就回到了畅春园,第二天患了风寒，当天出了一身的汗，下令不用启奏奏章。初九因身体有病，无法下床，让胤禛代替他去南郊举行祭天大典。当时皇上身体不好，在畅春园休养，胤禛请求去侍奉他，但是康熙说祭天是大事，叫他去斋所虔诚斋戒。胤禛每天都派人到畅春园问安，康熙每次都说“稍微好了一点儿了”。十三日康熙病情加剧，急忙召回胤禛。等胤禛赶到畅春园的时候，胤祉、胤祐、胤禩、隆科多等人已经等候在康熙床前。康熙说起了病情越来越重的原因，众人都含着眼泪劝慰他。康熙说：“皇四子人品贵重，深肖朕躬，一定能克成大统，让他来接替我登上皇位。”戌时，一代帝王康熙与世长辞，胤禛继承皇位，成为雍正帝。

康熙结束了他非凡的一生,但是他的死因和他的传位遗诏,却一直受到争议。

民间传说，康熙在畅春园病重，胤禛送上了一碗人参汤，结果康熙就死了。在第一次废太子的时候，康熙就表现得十分警觉，说明他警惕性很高，要谋害他不是一件容易的事。古人有喝人参汤治病的习惯，但康熙曾经说过：“南方的庸医，治病的时候总喜欢用大补的药，被伤害的人不计其数，对这一点要小心。南方人喜欢吃人参吃丹药，但是北方人不适合吃这些，朕以前不轻易吃药，怕不对症，反而受伤。”可见，康熙认为吃人参有害，而北方人更加不适合，所以用参汤来毒害他，不是件容易的事。他年老体弱，又久病缠身，得了感冒却没有足够重视，是很有可能一命呜呼的。说他是寿终正寝，倒是比较可信的。

对于胤禛的继位，社会上也是议论纷纷，有人说他是违背康熙的意愿，篡改了康熙的遗书，从而抢了胤禵的皇位。

胤禛说康熙写了一封遗诏，命他继位，但是文件上所写的时间是“康熙六十一年十一月十三日”，看似是康熙去世那天写的。胤禛十六日公布遗诏，而且只宣读满文版，引起大臣参奏宣读诏书的鸿胪寺官，指责他们没有宣读汉文版本。汉文版的原件，保存在中国第一历史档案馆，从原件看，书写得很不工整，有些地方还涂抹了，说明是仓促之间写成的，应该是胤禛命人写的，而不是康熙的亲笔，不能作为可靠证据。

记载说隆科多是宣读遗诏的人，后来隆科多被定罪的时候，其中一条罪名是隆科多曾经讲“白帝城受命之日，即是死期已至之时”，这是说宣读遗诏的人，身为重臣，一定会遭到皇帝的猜忌，惹来杀身之祸，这也意味着他是受命辅佐胤禛。康熙曾经说要招个坚固可托之人做皇储，而胤禛性格刚毅，与康熙的要求正好相同，这也可以作为胤禛继位的一种理由。

还有一种说法是原本康熙“传十四阿哥胤禵”，结果胤禛把“十”改成了“于”，就变成了“传于四阿哥”了，胤禵原名“胤祯”，也被改成了“胤禛”，这种观点，可以称为盗名改诏。在明代，书写“太子”的时候，一定会在前面加上一个“皇”字，称为“皇太子”，其他皇子就不做要求。但是在清朝，书写皇子就一定会加上“皇”字，称为“皇某子”，如“皇十四子”，如果前面加了“皇”字，改完之后就变成了“传皇于四子”，就成了病句。在清朝，传位给谁应该用“於”，而不是“于”。况且要把“祯”改成“禛”，虽然字形相近，但无论改得多么巧妙，也不可能不露痕迹。这样一幅语句不通，字迹更改的诏书，能够骗得过精明的胤禩等人吗？胤禛也不会出此下策，所以，更改诏书的说法于理不通。

CHAPTER

第五章 初登皇位

5

储位斗争悬念迭起，最后竟然是不起眼的胤禛赢得了胜利，其他的兄弟虽然失败了，但败得并不彻底，也败得并不甘心。康熙把大好河山交给他，同时也把问题留给了他。人的意识来源社会环境，雍正即位以后的行政措施，是他根据当时的社会环境，做出分析而决定的。面对着诸多的矛盾，他首先要做的，就是巩固皇位。

即位初的社会情况

雍正即位以后，实行的是严猛的政治措施。

雍正帝是在康乾盛世前期——康熙末年社会发展出现停滞的形势下登上历史舞台的。当时的社会矛盾异常激烈，这种状况为雍正帝提供了施展抱负和才干的机会。他有步骤地进行了多项重大改革，高瞻远瞩，励精图治，在他当政的十三年中取得了卓有成效的业绩。

康熙在统治前期，以聪慧的才智和卓越的政治品格，为国家为民族创建了从衰败到鼎盛的伟业，他除鳌拜、平三藩、视察黄河、疏通漕运、任用良将、东收台湾、北定疆界，等于把江山重新打造了一遍，表现出一个大政治家的锐气和进取精神。但是到了后期，由于年迈，再加上皇子们对储位的争夺，耗费了他大量的精力，让他无法集中精力处理政务。康熙五十年（1711 年）三月，他说："现在天下太平无事，以不生事端为贵，做出一件好事，也就会生出一件坏事，古人说多事不如少事，就是这个意思"，又说"治理天下，要用宽仁的政策"。此时的康熙，已经失去了变革现实的锐气，不管现状如何，他都一概维持，不求做出多大功绩，只求不出大的过失。对社会上的弊端，他无力改变，所以只好睁一只眼闭一只眼。

康熙希望用这种方式来维持国家的稳定，但实际上，社会矛盾已经在慢慢积累，越来越多了，它们并不会因为人的主观臆想而消失。

一、封建阶层和人民的矛盾。火耗是在原有征税的基础上，给百姓又增添的一个负担，康熙早年是不允许征收火耗的，但是低俸禄和封建官僚制度就导致了火耗禁止不了。康熙二十八年，浙闽总督兴永朝上奏说："如果完全禁止火耗，那么京城以外的官员就完全没办法过日子了。"康熙也不得不同意这种说法，逐渐由反对转为姑息。既然不能取缔，也就没有办法保证地方官员会利用禁止的松弛而滥征滥派。到了康熙后期，全国各地的火耗，平均已经占到正额赋税的三四成了，地方官征收火耗之后，除了中饱私囊，还要给上司送礼，火耗腐蚀着整个官僚阶层。腐败的风气形成以后，官员们甚至开始挪用公款，导致国库亏空很多，在这种情况下，封建阶层和人民之间产生了不可调和的矛盾。

封建政府以地主阶级作为自身的基础，所以保护地主阶级的利益是自然而然的，但是当地主阶级有了太多的权力以后，即使犯错，也得不到惩罚，就会严重危害平民百姓。清朝政府给地方绅衿一定的免役权，但是他们又和官员勾结，把自身应当承担的赋役全部转接到农民身上，更加残酷地剥削农民。在康熙末年，出现了一些农民暴动，影响最大的是 1720 年朱一贵在台湾领导的农民起义，朱一贵称帝，手下有数万人。

二、朋党之间的斗争。在中国古代官场，士大夫结党是常事，发生朋党之争也是常事。东汉的党锢之祸、唐代的牛李党争、宋代的元佑党案、明代的东林党案便是其中的代表。这种党派门户之争，不能说全无清浊是非之分，但其结果，往往是敌对的双方意气用事，置国家利益于不顾，使政局变得日益混乱，政治变得益发腐败。所以，不论所取何义，中国历史上的“朋党”问题都暴露了封建专制的阴暗一角。康熙时期，朋党之争的表现包括皇子之间的储位斗争，还包括满人和汉人之间的矛盾。汉人中的代表是李光地、左都御史赵申乔。满人中的代表则是马齐。康熙对朋党的危害非常清楚，但是尽管他采取严厉的手段去制裁，最终还是挡不住结党现象的存在，直到雍正即位，党派

台南小南门城隍朱一贵

之争仍然十分活跃，让雍正时刻感到威胁。

三、连年战争造成的影响。康熙年间，总共经历了几次重大的战争。从早年的平定三藩之乱，到后来攻取台湾，再到晚年西北用兵，连年的征战，消耗了大量的钱财，人民负担显著增加。部分士兵不愿意出征，相继逃亡。根据朝鲜当时的记载，朝鲜使臣李枋、李大成回国报告，说他们见到一些原来很繁荣的地方，现在都已经没有人烟了，许多逃亡士兵的妻子儿女，都被抓起来流放到盛京或者宁古塔了。战争破坏了人民的正常生活，所以西北用兵时，有一些官员上奏反对。

做康熙皇帝的接班人，并不是件容易的事。康熙为国家做出了不朽功勋，人人称赞，雍正即位后，难免会在改革上有所顾虑。

康熙末年，各种社会矛盾纷纷涌起，亟待解决。雍正怎样治理这个经济严重衰退的国家，可以说关系到整个清王朝在中国的国运兴衰。延续以往的做法是逃避现实的懦弱行为，只有敢于承认错误，进行改革，才是明智的做法。雍正采取了与康熙截然不同的政治措施，做出了许多功绩。雍正没有因为康熙取得的巨大成就而丧失进取心，他要以独立的思考和锐意进取的改革行为证明他的不同凡响。雍正帝即位之初，就抒发了政治一新的抱负，勇敢地向各种各样的官僚集团发起了进攻。雍正帝决心刷新吏治，剔除康熙朝既成的贪腐之风，变宽为严，于是，一个清明的吏治环境出现了。

雍正改元，政治一新

雍正帝是一位积极进取、勇于革新的君王，他并没有盲目崇拜父亲康熙帝，而是把自己和父亲作了一个比较，他说自己什么都比不上父亲，唯独在官风民情上知道得多一点儿。他说："朕当了很多年亲王，凡是臣下结党施行奸计，相互徇私包庇，蒙蔽上司，阳奉阴违，等等各种恶习，都是朕亲眼所见的，历史上从藩王当上皇帝的人没有几个，如汉文帝等人，朕的见闻，要比他们多得多。”雍正帝对他在当亲王的经历颇为自负，这不是自我吹嘘，而是有理由的。他在康熙时期奉旨处理过一些政事，虽然事情不多，但是已经让他了解了现实情况，产生他的政治思想。

一、为了保证政治纲领的实施，雍正加强君主集权，“愿以一人治天下，不为天下奉一人”，迫切地表露了雍正帝对集权的渴望。

“人治”是雍正帝统治思想的内核，它强调一方面要有一个好皇帝；另一方面皇帝要会用人。好皇帝的标准是四个字：励精图治。这样才能避免宦官专权和朋党之争。“人治”又需要有一支良好的官僚队伍。雍正元年，御使汤之旭上奏请求规定天下统一的法律条款，雍正回答他说：“你说的虽然也有道理，但是治理天下的事情，关键还是要看人，只要有了合适的人，就算是没有律例也能很好地解决问题。如果没有合适的人，就算法律再健全，也只不过是多了一些舞文弄墨的人罢了。” 法令制度的制定者和执行者，两者对于国家治乱的关系，雍正把人看成是重要因素，而法的作用则取决于从政者的实际情况，是次要的。他还认为，一项法律实行得太久的话，就会产生漏洞，所以不能完全依靠法律，需要有贤能的人在适当的时候把它更改过来，才能免除弊病。“有治人，无治法”自从被荀子提出来以后，历来被统治者所信奉，雍正也是如此，他的这些观点，明确地把“人治”凌驾于“法治”之上。

从现代人的角度来看，雍正的这套理论当然是错误的，因为人是感性动物，不能保证始终可靠。但是从当时的社会环境来看，也有着合理的地方，那时的主要产业是农业，广大的劳动人民被限制在土地上，百姓和统治者之间的地位并不平等，对于法律没有发言权，所以法治在封建社会不可能真正实现。雍正主张君主励精图治，重视官吏的品德和才能，从而对他们进行任用。

二、为政务实。即位一周年的时候，雍正告诫臣下说：“治理国家最重要的原则，就是脚踏实地去办事，做实事，而不是博取虚假的美名。朕自从登基以来，时时刻刻想的是澄清吏治、百姓安居乐业，而不是为了名声。”强调务实，就必然会反对沽名钓誉。雍正帝对官场中流行的追求名实兼收的做法非常不满，一针见血地指出有些官员讲的“实”是个人的非法所得，而不是国计民生；官员讲的“名”，是官爵，而不是实心从政应得的美名。

三、兴利除弊。雍正对主张革新政治，“雍正改元，政治一新”，剔除前朝积弊，形成国富民殷的盛况。雍正帝不仅看到了康熙朝的问题，而且深知其渊源，绝非一朝一代所形成，所以他的改革胃口很大，宣称：“朕要澄清吏治，务必要提振数百年来颓废的风气。”他所要清除的不良风气，主要是吏治不清和与之相关的科举腐败，民间陋习。这和康熙“多一事不如少一事”的政策形成强烈对比，主张多事，锐意革新，是雍正改革的一项重要内容。

四、严猛的政治风格。雍正认为宽仁或者严猛，都应当从实际情况出发，他即位时刚刚经历过康熙朝数十年的宽仁时期，人心变得松懈，各种弊端都出现了，为了扫除前朝的弊端，他采取了严猛的政治措施。他在鄂尔泰报告土司叛乱的奏折上写道：“且猛做去，宽之一字乃上天之恩，若容宽时得有可宽之日，乃尔我君臣之大福，天地神明之殊恩也。”在整治吏治时，对待贪污的官员，他毫不手软，为了弥补地方和国库的亏空，他下令将涉事的贪官革职、抄家；对待人民起义，他坚决镇压。在执行的过程中，有的大臣向雍正提出异议，认为太过于严猛，会导致民不聊生，雍正对他们讲述了宽严的道理，还试图说服他们。

但有的时候，雍正也讲究宽严结合。他对湖广总督杨宗仁说：“你们这些封疆大吏，在处理政务的时候，一定要宽严结合，让士兵和农民都得到休整的机会。”讲究宽仁的，就不会提起严猛，宽仁好听，容易被人拥护，雍正说宽严结合，其实是用宽仁来掩盖严猛的事实。

在康熙死后的第七天，雍正登上太和殿，颁布即位诏书，正式行使皇帝职权。当时雍正帝四十五岁，正是人生的壮年。雍正元年（1723 年）正月初一，皇帝在养心殿一连发出十一道治吏谕旨告诫他们：要治理国家，首先在于吏治。这是对于全体臣民的警告。雍正帝告诫官员：如果违法乱纪，有法律在，有严刑在！

雍正帝在新年元旦发出的十一道谕旨，标志着雍正朝将出现新的气象。

雍正推行的新政，雷厉风行，取得了很好的效果，清朝的吏治焕然一新，前朝积累下来的弊端得以清除。但他没有触及封建社会的根本矛盾，这就说明他的改革只能是对前代的调整而已，不会从根源上解决社会矛盾。

稳固皇位

康熙丧事宣布以后，胤禛采取了一些非常措施，他下令关闭京城九门，除非得到传令，否则诸王不许进入大内皇宫，总共持续了六天。有人认为这是秘不发丧，以免引起混乱，但其实这是由当时的形势决定的。诸皇子当时争夺的激烈，互不相让，康熙一死，可能会出现政变。早在第一次废太子的时候，朝鲜派来的使臣就预言说："康熙皇帝死后，大清肯定会出现变乱的。"等到康熙去世的消息传出，朝鲜人又重申了这句话。但是清朝终于没有出现这种情况，康熙的丧事也顺顺利利地办完了。胤禛加强了对皇宫的控制，防止变乱的发生，是应当肯定的。

由于胤禛是新皇上，确立年号为雍正，雍就是雍王的意思，正代表着其是正当继位。为了避讳新皇的名字，其他皇子名字里的"胤"字都被改为"允"。

除此之外，尚未正式即位的雍正还办了件大事。他说在丧事期间，心绪很不平静，所以任命贝勒允禩、十三阿哥允祥、大学士马齐、尚书隆科多四人为总理事务大臣。除雍王府的家事以外，所有的奏章都交给四位总理事务大臣，只要有谕旨，也肯定让四位大臣传出，以便把各种事情有条不紊地办好。总理事务大臣，自然而然的是新朝的核心人物，应是先朝的元老重臣和新君的亲信。雍正和允祥关系最好，隆科多出力最多，命他们为总理事务大臣，顺情顺理。任用政敌允禩和他的追随者马齐，则是一个大的战略决策。同日封允禩、允祥为亲王，允礽的儿子弘皙为郡王。十二月十一日，赐允禩爵号——和硕廉亲王，允祥为和硕怡亲王，允祹为多罗履郡王，弘皙为多罗理郡王。同月命允禩兼管理藩院和上驷院，雍正元年二月改兼管工部。

即位不到一个月，雍正首先打击允祉，允祉的势力大多在蒙养斋，都是一群编书的士人，没有什么权力，雍正就向该处人员动手了。他说陈梦雷是耿继茂叛逆案中的罪犯，皇考从宽处理，命他在修书处行走，然而他不思改过，做出许多不法的事情，因为皇考已经对他宽大处理，就不再加刑，但是应该将他和他儿子发往边疆，他的门生中有生事的也要严行惩治。刑部尚书陶赖、张廷枢执行谕旨不坚决，将陈梦雷的两个儿子释放了，雍正把他们降职。这是坚决拆散允祉势力方针的体现。

雍正优待允禩的亲属，任用了一些他的支持者。雍正赐允禩的儿子弘旺贝勒衔，荣誉之高，在诸皇侄中，除弘皙以外是最高的。胤禩的舅舅噶达浑是贱籍，雍正为照顾允禩，削其贱籍，让他成为一般的旗民，赏赐世袭佐领的职位。被康熙指斥的贝子苏努，雍正在其父死后的第三天，将他晋爵贝勒，不久把他的儿子勒什亨委署领侍卫内大臣。贝勒满都护，雍正命他总理事务处协同行走。阿灵阿的儿子阿尔松阿，康熙末年为领侍卫内大臣，雍正于元年十二月，任命他为刑部尚书。佟吉图，在允禩管内务府广善库时是一个司官，和允禩关系很好，后来他辞去了官职，赋闲在家，但仍然想为允禩效力，雍正即位，说他“才具可用”，升他为山东按察使，没过多久又升为布政使。

允禩集团的这些人，在政敌当权下，不但没有遭到打压，反而加官晋爵，一部分人心里高兴得很。允禩晋升王爵的时候，他的妻子郭络罗氏的亲戚来祝贺，乌雅氏说：“有什么可喜的？哪一天掉了脑袋都不知道！”允禩本人也对朝中大臣说：“皇上现在对我们很好，但是你怎么能知道他明天不会杀了我们呢？现在的这些恩宠，都不能当真。”当雍正任用阿尔松阿为刑部尚书的谕旨下达时，阿尔松阿心里很警觉，怀疑会被害，坚决不肯接受。允禩很明白，雍正是不会饶过自己的。他们的担心并非是多余的。雍正在即位初期，采取的是拉拢允禩的政策。

雍正厚待允禩，把允禵关押在遵化，又把允禟发遣到西北，拘禁允䄉于京城，把他们分散各地，使他们不方便联络。给他们的待遇看似不一样，但实际上都在雍正的控制之下，日子都不好过。雍正拉拢允禩，把他控制在自己身边，他是集团的首领，影响大，抓住他，就能稳定他的集团，使他们不至于起来造反。允禵也是首领，但在康熙季年嗣位呼声远远高过允禩，雍正即位之初，他的影响比允禩大，号召力强，雍正对他不能优遇，否则人们可以乘机向他靠拢，倒会使他发展势力，不好收拾，因此以打击为主。

允禟的生母还活着，地位尊贵，在宗室中有一定威望，她的儿子不能不防，否则母子联合起来不容易对付。允䄉不是集团的最核心人物，严厉处置，不会引起事端，倒可以杀鸡儆猴，使他们有所畏惧而不敢死心踏地追随他们的首领。雍正对允禩、允禵集团采取的是分化瓦解，有打有拉，各个击破的策略，实行的也较成功，在即位初期的一年多的时间里获得初步胜利。

雍正对政敌处理得很轻，并不像后来那样杀戮，这是因为他即位之初的客观形势造成的。他经常责备兄弟们“任意妄行，就想着要朕把你们全都治罪，承受罪名，廉亲王不过是想把朕给惹怒，让朕大肆杀戮，等到失去民心，他们就有希望能侥幸成事了，但朕不会上当”，因而对他们曲加优容。这种顾虑，使他对政敌的处置不得不慎重，不敢恣意而行。如处理允禟的女儿和外孙时，想拆散其母子，但小孩儿太小了，容易夭折，他怕因此招来许多是非议论，思之再三，决定不下，就暗中征求年羹尧的意见。就这样也招致了很多议论，说皇帝欺负弟弟们，惩治一些人是报复私怨。翰林院检讨孙嘉淦公开上书，要求皇帝善加对待兄弟们，雍正对善意的谏言与恶意的攻击区别对待，提升孙嘉淦为国子监司业，以示鼓励，对攻击者大加威胁，说如果再这样，朕就要开始杀人了。

雍正用软硬兼施的手段对待允禩集团，占于主动地位，这是因为他是最高统治者。但这种位置也有不利的因素，皇帝在明处，要防制臣下的暗算，特别是雍正继位的特殊情况更容易出事。雍正清楚地认识到，多年的储位之争，人们斗红了眼，为达到目的，不惜采取一切手段，他说康熙皇帝那么圣明，都还要防着允禩等奸恶之人，没有一天是安宁的。即位初，出现过两次险情：一次是他出宫祭祀，隆科多说有刺客，于是在祭祀的桌子下面搜查；还有一次他到东陵祭祖，隆科多说诸王变心，要防备。到雍正四年（1726 年）秋天局势完全稳定之后，雍正说明他不能像父皇那样在秋天出去打猎，不是认为不应该狩猎，而是因为允禩、允禟等人暗地集结党羽，心怀叵测，他有防范之心，不便远临边塞。因自己去不成，而这事又重要，就在 1724 年派皇子去围猎，以示训练讲武之意。他除了去过东陵，不敢离京城一步，正是怕允禩集团趁他外出，突然发动政变，不能镇压。

雍正元年，他在给年羹尧的信中，总说京师形势好。刚到夏天的时候，他说亲自送康熙灵柩到景陵的路上很平安，没有发生什么事。次年春天，说他举行耕藉礼的那两天，“天气和畅，人情顺悦，诸凡如意，京城内外平静”。在另一封信里说：“京城内外，你全家老小都平安如意。”这样说固然反映政局稳定，但一直絮絮叨叨的，也反映出他心里有事，惧怕政敌发动事变。在政局可能发生意外的情况下，杀戮政敌可以削弱对方力量，但这要有把握，不能够激成事端。也可以采取稍微缓和的政策，使对方被逐渐吞噬而消亡，这也要有把握，要能绝对控制对方。雍正采取后一政策，并且获得了成功，是在斗争中采取了谨慎态度，正确把握了形势。

景 陵

到雍正二年夏天，雍正对允禩态度发生了变化。在这以前，对他也有过指责，但并不是专门针对他。雍正二年四月初七，雍正对诸王大臣说："自康熙四十七年以来，我的无知弟兄结党妄行，惹得皇考忧心忡忡，朕即位后，不追究允禩从前做过什么，都只把他当作亲兄弟，但他不知痛改前非，仍然包藏祸心，由此可见，他到现在还没有停止活动，他这样干犯法纪，即使想宽恕他，国法也不答应，应当和诸大臣一起说出他的罪状。"就令诸王大臣对他据实揭发，不许隐瞒。往后就更为严重了，不断地打压他的势力。从雍正即位到雍正二年七月，是他打击朋党的第一个阶段。

这种变化源自政治形势的演变，雍正二年春天，青海叛乱平定了，雍正进一步巩固了自己的地位，因而减少了顾忌，回过头来对付政敌，但进展得并不快。

CHAPTER

第六章 登皇位后众兄弟的命运 6

储位斗争，不是某一个朝代特有的现象，而是封建专制主义的必然产物。争夺储位，对雍正和兄弟们之间的情谊造成了不可弥补的损害，作为他的政敌，允禩、允禵等人的势力依旧存在着，时刻威胁着新王朝的稳定。他清楚地认识到，多年的储位斗争，使得人们斗红了眼，不达目的，决不罢休。

重用允祥、允礼、允禄

允祥是康熙帝第十三子，自从康熙三十七年七月，十二岁的允祥第一次跟随康熙去盛京谒陵后，直至康熙四十七年九月一废太子事件发生前整整十年间，康熙帝只要离开京师，不论去哪里，一定会带着允祥前往。仅此足以说明，康熙帝对他是另眼相看的。康熙四十三年前后，皇八子允禩的老师何焯在给家人的信中，也提到十三殿下为皇帝所钟爱者，前途无量。不足二十岁的允祥受到皇父的器重，连供职清廷的汉族文人也一清二楚。但在第一次废太子时，允祥不知为何，失宠于康熙，至康熙去世，既无重用，也没有受封。

允祥原本天分就高，被皇太子党争事件牵连之后，更是冷静地将形形色色争权夺利的种种行径看得清楚。他处事低调，决不恃宠逞能，这不但让雍正放心，也使别人无从评议。等到后来身处高位，反而更加谨慎。

在雍正的所有兄弟当中，允祥和他关系最好，在康熙朝争夺储位的斗争中，他们患难与共，到了雍正朝成了亲密无间的君臣，雍正推行新政，允祥是他最赤诚的支持者。胤祥具备较高的文化素养，还颇有办事才能，善于协调人际关系，是难得的人才。雍正刚一即位，就任命他为总理事务大臣。不久又升为和硕怡亲王。当时朝廷财政混乱，雍正成立了会考府，命允祥管理，同时管理户部三库事务。允祥为财政大业倾注了全部精力。经过苦心经营，终于使得国库充盈起来。雍正曾说："辅政之初，允禩包藏祸心，扰乱国家大事，隆科多作威作福，极力发展权势，只有怡亲王坚持不和他们同流合污，使得他们的计划不能得逞。"

允祥在担任总理事务大臣的时候，官位是最崇高的，后来虽然也担任军机大臣，但是在军机处刚刚成立的时候，远远不像后来那样尊贵。很多时候，他都是在没有正式名义的情况下，听从雍正的指令，处理了很多繁杂的事物。

雍正发号施令，有的时候亲自进行，有的时候就让大学士传旨，允祥是被经常用作传旨的亲王。代皇上发令，非常重要，是参与处理最高级事务的表现，说明了雍正对他的信任程度，远远超过一般人。允祥也替大臣们传递奏折，担当中间人的角色。雍正还命令一些大臣私下里和允祥接触，如为了“摊丁入亩”制度的实行，雍正命允祥支持李维钧，和他一起研究具体的实行办法。后来为了离间李维钧和年羹尧之间的关系，雍正又让允祥同他联系。与别人联络，有结党的嫌疑，唯独和允祥交往不会被视作结党，这是因为允祥作为皇帝的代表，与那些人交谈，疏通大臣和皇帝之间的关系，可以使得大臣们对雍正更加忠心，这是皇帝不方便去做的。

允祥为国家推举了许多的人才。康熙死后，雍正认为允礼也是允禩党派的一员，就要罚他去守陵，这时允祥极力保举允礼，说他心地很好，是忠于君主深明大义之人，后来雍正采纳了他的意见，封允礼为果郡王，让他管理藩事院，后来又封他做果亲王。

允祥还承办了大量繁杂事务。他处事周密，勤勉不怠，雍正对他极其信任，因此委任他的事也很多。其中包括养心殿监理制造，选择雍正陵址等事物，允祥竭尽全力，不论什么事都会亲自监督，办得很好。允祥在康熙年间就得了叫鹤膝风的病，记载不详，但应该是一种腿病。虽然经过调养，但身体状况已经变差。到后来他承揽了相当多的政务，允祥在接受皇帝交给的政务时抱有一种毫不

养心殿

推卸的态度，这和他本人极强的政治责任感与使命感是分不开的。作为户部的主管，他甚至会把库房的钥匙也带回家。监造大炮时，他就在自己家的花园里也摆上一座以便研究。雍正四年怡亲王生了一场比较重的病，四个月间断断续续不能痊愈，雍正亲自为他祈祷。雍正八年（1730 年）五月初四，允祥病故，年仅四十四岁。雍正万分悲痛，亲临祭奠，素服一月。他谕令内阁，要风光大葬，他用私房钱按照国葬的规定为这位弟弟建造宏大的陵墓。雍正曾经为允祥书写了“忠敬诚直勤慎廉明”八个大字，允祥死后，雍正又把这八个大字加在他的谥号“贤”字之上，用这八个字来概括允祥的功绩。

除了允祥，雍正受到宠爱的兄弟还有允礼和允禄。允礼从小跟随沈德潜学习，豁达识大体，不参与皇权的斗争。而且又聪明持重，政绩斐然。他擅长书法和诗词，喜欢游历名山大川。允礼受到的恩宠仅次于允祥，甚至在他死后，有取而代之的意思。雍正曾经评论允礼，说他非常谦虚，为人公正，不是一般大臣们比得了的。雍正元年三月，允禄奉命继嗣皇太极孙、和硕庄靖亲王博果铎，又学习管理内务府，人们都说雍正太偏爱自己的弟弟。但是雍正说：“朕要赏赐自己的弟弟，用什么方法不行？非得去继承别人的财产吗？”

除了他们三人，雍正对一些小兄弟也不薄，这表明，雍正除打击争夺皇位的允禩等人以外，他没有必要再去打击全部的兄弟。

雍正没有对废太子允礽加大处罚的力度，康熙死后，他让允礽去哭灵，之后再次囚禁起来。封他儿子弘皙为郡王，把之前他所有的服御金银及奴仆官爵都赏赐给弘皙。雍正二年（1724 年）十二月允礽死，雍正亲自拜祭，把他按亲王的礼遇埋葬。

大阿哥允禔，仍如康熙时一样严行禁锢，卒于雍正十二年（1734 年）十二月十四日，享年六十三岁，以贝子礼葬。

允禵被遣去守陵幽禁

雍正在任用允禩为总理事务大臣的当天，下令召允禵回京。雍正说："皇考的丧事，如果允禵不能亲自到场，恐怕内心一定不安，为了他，还是让他急速回来吧。"然后就让辅国公延信快马加鞭赶往甘州军营，暂时接替允禵大将军的印信，让川陕总督年羹尧协助处理，延信未到之前，命平郡王讷尔苏暂时代理大将军。

雍正给延信下了一道密谕："你抵达后，将大将军王所有奏折、所有朱批谕旨以及他的家信全部收缴封存，然后送回来给朕。如果大将军王坚持自己带来，你马上写出前后经过，在他到京城前密奏。如果这件事你没办好，朕就要生你的气了！若在路上遇见大将军，千万不要让他知道这件事。"

十二月初七，延信与赶往京城的允禵在陕西榆林附近相遇了。遵照雍正旨意，延信没向允禵提到密谕的事。十二月二十日，延信行至凉州，当他得知大将军王的小福晋们都经过凉州朝京城去了以后，就在第二天秘密上奏，详细讲述了允禵家属可能经过的两条路线，以便雍正派出亲信，拦截搜索他们可能带走的家信及其他材料。也有历史学家怀疑雍正如此心急地收缴允禵与康熙的奏折，以及严防允禵亲自带奏折家信到京，是为了销毁康熙有可能传位于允禵的证据。

十二月十七日，允禵已经赶回了京城，到了城门口，内心觉得不安，就写了奏章，问雍正先去拜谒康熙皇帝的梓宫，还是先庆贺新君的登基。雍正说你还是先去祭拜皇考吧，于是允禵就直接来到寿皇殿康熙的灵柩前哭拜。去了之后正好看见雍正也在那儿，正是仇人相见，分外眼红，本来江山大有希望，不想今日屈为臣子，只得含愤忍辱远远地给皇兄叩头，但允禵心情糟糕透顶，无论如何也不向雍正表示祝贺和亲近。为了表示大度，雍正就向前将就他，可是允禵仍然气呼呼的，只盯着康熙的灵柩，不肯动弹。站在一旁的侍卫蒙古人拉锡见到这样的僵局，怕事情闹大，连忙拉他向前，允禵这才勉强行礼。雍正虽然尴尬，但毕竟是自己的亲弟弟，也就不太往心里去了。

雍正刚走，允禵狠狠地打了拉锡一巴掌，又到雍正面前，控诉拉锡无礼："我是皇上的亲弟弟，拉锡只不过是俘虏来的一个下贱的奴隶，可是他居然敢拉扯我，如果我有什么地方做得不对，求皇上处分我，如果没有，求皇上将拉锡立即正法，以正国体。"这些话明着是责骂拉锡，实际上是向雍正抗议。雍正也忍不下去了，把允禵臭骂了一顿，说他心高气傲。

雍正从这件事看出允禵的激烈反对，于是对他毫不容情，取消他的王爵。只给允禵保留他最初所得的贝子爵位。

雍正元年三月，雍正送康熙灵柩到遵化景陵享殿，传旨训诫允禵，允禵不服，允禩怕事闹大，令允禵跪下，允禵才接受了。安顿好康熙的灵柩以后，雍正返回京城，把允禵留下看守景陵，同时命令副将李如柏，如果允禵要离开陵寝，除大祀以外，其他的一概不准，实际把他囚禁了。雍正传问允禵家人："听说以前允禵在军中，就喜欢喝酒闹事？"家人雅图，护卫孙泰、苏伯、常明等回奏没有这些事，雍正恼怒，命将他们永远枷示，他们十六岁以上的儿子也行枷号。在允禵府中教书的天津监生徐兰，也被说成是品行不端，被逐回原籍，交给地方官收押。允禵的属人随着主人遭了殃。

康熙去世，雍正的生母德妃自然成为皇太后。她生有三子，皇四子、皇十四子及皇六子胤祚，胤祚六岁就死了，老四和十四子都有得皇位的可能，这本来是她的喜事，这两个却成了誓不两立的对头，叫做母亲的真难相处，大儿子如此欺负小儿子，有心要照顾小的，大的不答应，小的又倔强，不妥协，真是够她伤心的了。雍正准备给她上徽号"仁寿皇太后"，请她从原来居住的永和宫搬到皇太后的宁寿宫，但是德妃推脱说："现在是丧事期间，不适合做这些事。先皇竟然让我的儿子来做皇上，这实在不是我所期盼的，皇位只让我的儿子们争来争去，不肯相让，我还是去陪伴先皇吧。”雍正说：“母后千万不要这么说，要好好保重身体才是，朕向苍天发誓，决不伤害允禵。”

宁寿宫

没过多久德妃就死了，关于德妃的死，历史上也有很多争议。她五月二十二日未时得病，第二天丑时就死了。从病到死，不过十几小时。当时允禟的太监何国柱等人说皇太后是自杀的：“太后要见允禵，皇上大怒，太后于铁柱上撞死。”允禩的太监马起云说：“皇上命塞思黑（允禟）去见活佛，太后说何苦如此用心，皇上不理，跑出来，太后非常生气，就撞死了。”一说为允禵，一说为允禟，有矛盾，而且他们是雍正政敌的太监，也可能造作谣言，但不管怎样，她的死有太多可疑的地方。雍正以告慰太后在天之灵为名，封允禵为郡王，但是仍旧囚禁在景陵，而且没有赐封号和俸银，注名黄册仍称固山贝子。不久，允禵的福晋患病去世，雍正给她选了坟地，允禵不高兴，说风水不好，允祴劝他才接受了。遭到种种打击，允禵悲愤交集，说他一身是病，活不了多久了。

雍正四年初，雍正革去允禵固山贝子，谕令把他押回北京，囚禁在景山寿皇殿。允禵被囚禁了半辈子，一直等到乾隆即位，才下令释放允禵和允祴。乾隆二年（1737 年），允禵被封为奉恩辅国公，乾隆十二年（1747 年）封多罗贝勒，十三年（1748 年）晋为多罗恂郡王，并先后任正黄旗汉军都统、总管正黄旗觉罗学。不过，这时他年事已高，政治上不可能再有大的作为。乾隆二十年卒。他死后，乾隆赏治丧银一万两，赐谥“勤”。

剿灭八爷党

雍正二年七月，雍正亲自书写了《御制朋党论》，并在朝堂上读给大臣们听。

《御制朋党论》讲道：朕惟天尊地卑，而君臣之分定。为人臣者，义当惟知有君，惟知有君则其情固结不可解，而能与君同好恶，夫是之谓一德一心而上下交。乃有心怀二三，不能与君同好恶，以至于上下之情睽，而尊卑之分逆，则皆朋党之习为之害也。

夫人君之好恶，惟求其至公而已矣。……人臣乃敢溺私心，树朋党，各徇其好恶以为是非，至使人君惩偏听之生奸，谓反不如独见之公也，朋党之罪，可胜诛乎？……

宋欧阳修朋党论创为邪说，曰君子以同道为朋。夫罔上行私，安得谓道？修之所谓道，亦小人之道耳，自有此论，而小人之为朋者，皆得假同道之名，以济其同利之实，朕以为君子无朋，惟小人则有之，且如修之论，将使终其党者，则为君子，解散而不终于党者，反为小人乎？朋党之风至于流极而不可挽，实修阶之厉也。设修在今日而为此论，朕必诛之以正其惑世之罪。

朕愿满汉文武大小诸臣，合为一心，共竭忠悃，与君同其好恶之公，恪遵大易论语之明训，而尽去其朋比党援之积习，庶肃然有以凛尊卑之分，欢然有以洽上下之情。虞廷赓歌肠拜，明良喜起之休风，岂不再见于今日哉！

欧阳修写过一篇《朋党论》，提出君子有朋，小人无朋的说法，并把矛头引向帝王这边，朋党会不会作乱，在于皇帝贤能不贤能，你能选贤用能，朋党反而有利于朝政，有利于江山社稷。雍正的《御制朋党论》和欧阳修的言论形成鲜明对比，他在改革中，深深感到上令难行，手下联手阻挠，朋党为了自己的利益，搅乱朝政。所以雍正说，欧阳修要是在朕面前这么胡说八道，朕非宰了他不可。

他要求臣下对这篇文告细心体会，他对大臣们说："交接朋友，你来我往，是人之常情，但是这些只能在平时，办公的时候就不可以那么做了，办公事就应该秉公持正，绝对不能结党。朕写的这篇《御制朋党论》，你们一定要细心体会。如果能拍着胸脯说我从来都不结党的，那就应该继续勉励，如果不能保证的，就应该痛改前非。"

朕在用人或者赏赐，或许会有错的时候，但是治罪的时候，朕一直都很谨慎，朕用一人，不是一个党派的就嫉妒他，罚一人，同一党派的又包庇他，荣辱和赏罚没有什么关系了，哪里还体现得出国法的存在！

雍正讲这些话，表达的意思是，朋党违背君臣大义和臣子事君之道，是严重罪过。臣下只能以君主之是非为是非，君主之好恶为好恶，不能扰乱人主权力的施行。康熙年间流行的朋党风气，现在应该全部清除了。他以君主身份说这些话，有的切中时弊，有的则是强词夺理，不过是把他的反朋党的道理充分表达出来。

雍正发布《御制朋党论》，其实是暗中指责允禩等人结党，而为自身辩解。八月，当众谴责允禵、允禩、允禟、允䄉不知天高地厚，结党营私，想要谋反，问题提得很严重。不久，因整治年羹尧，放慢了对允禩党人的进攻速度，只是时不时地斥责他们，有的时候处理其中的个别人。等收拾了年羹尧，解决掉隆科多，就大力整饬允禩党人了。

雍正四年正月初五，雍正发出上谕，历数允禩的罪状，说他对不起祖宗和父皇，是在谋取储位和给新皇帝制造难题。雍正褫夺他的黄带子，削除宗籍，逐出宗室。他的同伙允禟、苏努等人也遭到了同样的处分。允禩的妻子郭络罗氏革去福晋，放回娘家，严行看守，不允许再往来。允禟编造类似西洋字的十九字头与家人通信，被发觉，抄检他的住宅。

三月，允禩奉命改称"阿其那"。"阿其那"是满语，确切含义不详，有人说意思是狗，说雍正故意侮辱他的这个弟弟，也有人说相当于汉语中的“某某”，反正不是什么好话。

这个时候，同情允禩的人们加紧了活动。自雍正登基以来，社会上就有人对允禩等人的处境表示不满，雍正对此一再加以谴责。有一个自称是正黄旗的蔡怀玺，私下来到景陵，求见被拘禁的允禵，允禵害怕惹出麻烦，不肯见他。蔡怀玺就写“二七便为主，贵人守宗山，以九王之母为太后”的字条扔进院内。二七就是十四，便为主就是当主子，他的意思就是赶雍正下台，让允禵做皇帝，允禟母亲宜妃做太后。

监视允禵的范时绎发现了字条，把蔡怀玺抓进了监狱。除此之外，还有人写“十月作乱，八佛被囚，军民怨新主”的传单，传单内还说灾祸将要降临，不信者就会染上瘟疫吐血而死。又说雍正以来，旱涝灾荒不停。这些人的活动，表明社会上有人反对雍正，支持允禩、允禵。

在这种情况下，雍正更是加紧了对允禩党人的处理。五月，向内外臣工，八旗军民人等宣布允禩、允禟、允禵、允䄉等人的罪状。允禟被改名为“塞思黑”，它是满语，语义不明，有人说是猪，也有人说是讨厌的意思。

允禟被都统楚宗从西大通押往保定，直隶总督李绂奉命把他“圈住”。李绂把衙门附近的三间小房四面砌上墙，然后把允禟关在里面，把前门封闭，用一只小桶送饭食进去，在外派官兵看守。房间很小，但是墙壁很高，当时正是酷暑，炎热难耐，允禟又戴着铁锁和手梏，经常晕死在里面。到八月，李绂奏报允禟病死，雍正说他是罪有应得。

允禟生在帝王之家，却可悲又可怜。得势的时候，费尽心力帮助别人争夺储位，失势的时候，连命都保不住。他的才智无从发挥，其出色的结交能力，主要用在拉帮结派上了，而这一能力施展得越充分，就越会遭到对手的忌恨，最终结局也就越惨。他有侠士风范，但对权势的热衷，反映出了人性的弱点，也反映了皇权对其心灵的腐蚀。

允禟可能是被雍正君臣害死的。楚宗曾奏称，他押允禟到保定，李绂向他传达“便宜行事”的谕旨，雍正、李绂虽加否定，不过是赖账罢了。当时有人认为李绂秉承君命谋害了允禟，雍正却指责李绂没有把允禟的死因告诉众人，才引起怀疑。李绂是有口难言，他不可能跟雍正顶嘴，只得承受这种罪责。五月，雍正把允禩转移到景山寿皇殿囚禁，这里有康熙的画像，对着画像忏悔。蔡怀玺被迫自杀，鄂伦岱、阿尔松阿因为结党被处斩。两江总督查弼纳和苏努是姻亲，也被审问，查弼纳惊慌失措，招供说苏努、阿灵阿、揆叙、鄂伦岱、阿尔松阿结为朋党，想要帮助阿其那登上皇位，以及允禟、允禩谋划反叛的情形。九月，允禩死在了禁所，雍正也说他是服了冥诛。随着允禩、允禟的死，这个经营二十多年的政治集团，彻底垮台了。

寿皇殿

与这个集团有某种关联的人也受到了惩治。山西猗氏县人令狐士义在京受过允禟资助，后赴西大通找允禟，表示“愿附有道之主，不附无道之君”，要联合山陕兵民，以救允禟。雍正五年（1727 年）七月，雍正以他“叛逆昭著，罪大恶极”，枭首示众。

同年，山西布政使高成龄承审允禟太监李大成，没有以拟斩立决，雍正说从前诺岷因此事而得罪，高成龄知道，如今还包庇李大成，一定是同阿其那、塞思黑同党，因此枉法宽纵，转令审讯高成龄。雍正七年（1729 年）正月，曾同隆科多一起对沙俄代表谈判的四格，因与苏努结交而被审处。唯有胤禵，因系雍正同母弟，不便处治太严，未要其命，使他活到乾隆二十年（1755 年）病故。

雍正逼死允禩、允禟等人，理由是他们结交党派，企图制造新君的误失。康熙朝时他们互相争夺储位，到了雍正继位，允禩、允禵等人不甘心失败，暗中进行斗争，企图推翻雍正的统治。储位斗争的结果，是让新君无法树立自己的权威，不论哪位皇子上台，都可能会遇到这样的问题，也会遭到政敌的反抗。雍正不敢离京城一步，勤理政事，致力于打击允禩党人，来建立他的权威，强化皇权，克服可能出现的政治变乱。康熙、雍正两朝四十年的储位斗争，雍正把它结束了，使得政府可以从党争中摆脱出来，用更多的精力从事改革。雍正打击朋党，不仅仅是报仇雪恨，更重要的是强化君权，使统治阶级中更多的人去进行正常的政治活动，加强清朝的统治，从而保持清朝前期政治的稳定，有利于社会经济的发展和边疆的进一步巩固。

CHAPTER

第七章 铁面除权臣 7

在封建时代最注重名分，君臣大义是不可违背的，做臣子的就要恪守为臣之道，不要做超越本分的事情。在雍正继位的过程中，年羹尧、隆科多功不可没，他们位极人臣，权倾朝野。《史记·淮阴侯列传》记载：“臣闻勇略震主者身危，而功盖天下者不赏。”当一个人功高震主时，意味着危险也将不期而遇。年羹尧妄自尊大，隆科多专擅弄权，必将引来皇帝的猜忌。

重用年、隆

随着雍正的即位，隆科多、年羹尧成为新政权的核心人物。当时人称“内有隆科多,外有年羹尧”。隆科多是满洲镶黄旗人,是康熙朝皇贵妃佟佳氏的弟弟，佟国维之子，雍正继位后，把佟国维在康熙第一次废太子中获罪失去的公爵赏给隆科多，过了两天，下命称隆科多为“舅舅”，使他多了一个头衔，也就是不论是谁，在提到他的时候，要加上“舅舅”两个字。雍正与隆科多分属甥舅，但皇帝承认不承认是另一回事，所以这称舅舅，是皇帝封给的，不是理所当然的。封爵、尊称及总理事务大臣，是雍正酬谢隆科多扈翼登基之功。同年十二月，任命他为吏部尚书，仍兼管步军统领，次年兼管藩院事，任《圣祖仁皇帝实录》和《大清会典》总裁官，《明史》监修总裁。雍正还赐给他太保加衔，双眼孔雀花翎，四团龙补服，黄带，鞍马紫辔。这时的隆科多，作为“密勿大臣”，是雍正的左右手，参与处理重大事务，雍正说他是“当代第一超群拔类之稀有大臣”，对他的恩宠达到了极点。

年羹尧（1679—1726年），字亮工，号双峰，原籍凤阳府怀远县（今属安徽），汉族，后改隶汉军镶黄旗，父亲年遐龄官至工部侍郎、湖北巡抚。年羹尧的妻子是纳兰性德的女儿。雍正与年羹尧既是郎舅，又有从属关系。康熙四十八年，年羹尧之妹被选为雍亲王侧福晋，年家得以从下五旗之一的镶白旗进入上三旗之一的镶黄旗。康熙五十七年十月十二日，十四皇子允禵被任命为抚远大将军，率兵驻扎西宁，对付入侵西藏的准噶尔部队。年羹尧也于十月二十日被委任为四川总督兼巡抚。有研究家认为，在雍正即位时，年羹尧对允禵起到了弹压作用，使原可挥兵争位的胤禵无能为力。

雍正召允禵回京的时候，命年羹尧与延信共同执掌军务，半年后，雍正发出上谕，把西北的军务全部交给年羹尧处理。名为川陕总督的年羹尧，实际上揽到了西北军事指挥权，夺了抚远大将军延信的权力。雍正告诫官员要听从年羹尧的命令。在云贵总督高其倬的奏折上批道：“年羹尧近年来于军旅事务边地情形甚为熟谙，且其才情实属出人头地。兵马粮饷一切筹备机宜，如及与年羹尧商酌者，与之会商而行。”在四川提督岳钟琪的奏折上批示：“西边事务，朕之旨意，总交年羹尧料理调度。”唯年羹尧马首是瞻，说得非常明白。同年十月，青海厄鲁特罗卜藏丹津暴乱，雍正任命年羹尧为抚远大将军，率师征讨，雍正二年，年羹尧捉拿到罗布藏丹津的母亲阿尔太喀屯和他的妹夫克勒克济农藏巴吉查等人，罗布藏丹津只带着两百个残兵败将逃走了。随后接连平定多处叛乱，青海部落悉数平定。班师回朝时，雍正帝亲自相迎，升任一等公。其子年斌袭一等精奇尼哈番（子爵）、年富袭一等阿思哈尼哈番（男爵）。这时的年大将军威镇西北，兼管云南政事，是没有封王的西北王。他是雍正在外地的主要依靠者。

年羹尧远在边陲，却一直奉雍正之命参与朝中事务。年羹尧参议朝政，有许多是秘密的，雍正在朱谕中写道：

“陕西光景似少些雨，麦田如何？近京城少旱，闻得直隶四外雨皆沾足，其余他省颇好。闻得江南、河南、山东三省搭界处有十数州县，去岁蝗蝻复发，随便写来你知道。再先因边事急，要尔所办之事外，实不忍劳你心神，今既上天成全，大局已定，凡尔之所见所闻，与天下国家吏治民生有兴利除弊，内外大小官员之臧否，随便徐徐奏来，朕酌量而行。特谕。”

要年羹尧参奏的事情非常广，吏治民生的得失，朝内朝外大大小小的官员的好坏，全都包括在内。这本来是宰辅的职责，要年羹尧来做，可见雍正对年羹尧寄予了重托。雍正在另一份朱谕中同他研究别人的奏议。耗羡归公的事，山西巡抚诺岷提出后，雍正认为很好，可以行得，但交廷臣讨论，遭到反对，雍正又觉得他们的话也有道理，拿不定主意，于是征求年羹尧的意见。律例馆修订律例，边改定，边上呈，雍正阅后，发给年羹尧看，要他于可斟酌处提出

直隶总督李维钧

修改意见。

有一次考庶常，翰林院已按惯例分三等做了衡量，定了名次，雍正又将试卷秘密送给年羹尧阅视，他在朱谕中写道："时文头二三内，你速速看了，应那上移下者另封，上写应入某等，仍封原封内交还。不可令都中人知发来你看之处。二等者特多了，若恐冤抑人，作四等亦可。文章尽力速速看来。"既令年羹尧参与其事，又不让人知道，把事情办得很诡秘。

在用人和吏治方面，雍正更是经常和年羹尧商议，并给了他巨大的权力。在他的辖区内，文官从督抚到州县官，武官自提镇乃至把总，都听年羹尧的任用。康熙末，赵之垣暂时代理直隶巡抚，年羹尧密参他是庸劣纨绔，不可担当巡抚重任，雍正听了年羹尧的话，将他撤职，改用李维钧。李维钧的妻子，原来只是一个妾，是年羹尧的奴仆魏之耀的干女儿，因为这层关系，年羹尧把李维钧看作是下人。还有的时候，地方官位空缺，雍正想要让某人去上任，年羹尧却提出反对意见，最后雍正听从了他的意见。

雍正初，年羹尧曾经两次进京，一次在元年春天，路过山西，因为山西受灾，粮食收成不好，年羹尧就叫山西巡抚德音上奏请求缓征钱粮，德音没有照办，雍正就将德音免职，肯定了年羹尧的越境管事。第二次是在雍正二年十月，雍正特地下令，要礼部商议好迎接年大将军的礼仪，侍郎三泰因为提议的不好，受到降一级处分。年羹尧到京城的时候，黄缰紫骝，前来的王公以下官员全部跪下迎接，年羹尧安详地骑在马上，看都不看一眼。王公下马问候他，他也只是点点头。年羹尧在京的短暂日子里，与总理事务大臣马齐、隆科多等一起担任宣传上谕的使命，雍正说年羹尧是"藩邸旧人，记性甚好，能宣朕言，下笔通畅，能达朕意”，所以让他传达谕旨，简直成为总理事务大臣了。

雍正说像年羹尧这样的封疆大吏，有十来个人，国家就不愁治理不好了。他跟年羹尧的交情非常深厚，给予的荣宠超过了一般的大臣。等到青海叛乱被平定以后，雍正兴奋异常，把年羹尧视为自己的“恩人”，他也知道这样说有失体统，但还是情不自禁地说了。他又向年羹尧说：“你此番心行，朕实不知如何疼你，方有颜对天地神明也。立功不必言矣，正当西宁危急之时，即一折一字恐朕心烦惊骇，委曲设法，间以闲字，尔此等用心爱我处，朕皆体到。每向怡（亲王），舅（舅），朕皆落泪告之，种种亦难书述。总之你待朕之意，朕全晓得就是矣，所以你此一番心，感邀上苍，如是应朕，方知我君臣非泛泛无因而来者也，朕实庆幸之至。”

雍正把对年羹尧的宠异，看成是对天地的忠诚，既不伦不类，也让人听了肉麻。

雍正对年羹尧的赏赐也非常多，一次雍正吃鲜荔枝，觉得鲜美无比，就命驿站快马加鞭，从京城送到西安给年羹尧，争取保存原味，简直可以和唐明皇向杨贵妃送荔枝媲美了。

年羹尧以藩邸元老看不起隆科多，对皇帝说他是很平常的一个人，为此经常和隆科多发生摩擦。这让雍正很头疼，他多次劝解。他一方面表明隆科多对年羹尧的尊重，替隆科多说好话，说隆科多是当代第一超群拔类之稀有大臣；另一方面把年羹尧的长子年熙过继给隆科多做儿子，隆科多当时已经有了两个儿子，获知这一恩赏，喜不自禁，说他命中该有三子，如今得到皇帝之赐，就如同是上天给的，就把年熙更名为“得柱”，并表示一定和年羹尧团结共事。隆科多深沉，没有那么孤傲，早就想和好了，年羹尧禁不住雍正的劝，自然也要同舟共济了。

隆科多和年羹尧是雍正的两根台柱子，他们同怡亲王允祥等一起，维护着雍正初年的政权。他们坚持反对允禩、允禵的斗争，让对方无能为力，只能引颈就戮，他们稳定西北局势，积极推进耗羡归公等改革，促进清除弊政。他们是雍正初年统治政策的主要执行者，促进了政治的进步。

他们能得到雍正的恩宠，有多种原因：

第一，长期的朋党之争腐蚀了很多旧臣，雍正上台之后，必须选择倾向于自己的官僚；

第二，对藩邸旧人，要奖赏他们往日的功劳，也要用他们为核心，团结广大官员，建立起自己的政权班底。

年羹尧之狱

早在雍正即位初期，都统图腊、副都统鄂三等就说雍正“凌逼众阿哥，放纵隆科多、年羹尧”。被年羹尧保举的范时捷也几次在雍正面前诉说年羹尧狂妄放纵。戴铎向雍正揭发年羹尧违制用家奴桑成鼎为官。这些人讲话时，都遭到了雍正的呵斥，说他们是无知之论，是庸人揣测皇帝的心意。但是后来，他就以类似的言论开始责难年羹尧和隆科多，并不断升级，兴起大狱。

年羹尧第二次进京的时候，雍正对他非常热情，说他“公忠体国，不矜不伐”。不久，雍正犒赏三军，人们都说这是接受了年羹尧的请求，又说整治阿灵阿等人，也是年羹尧的主意。这些话是说雍正被年羹尧玩弄于股掌之上，大大刺伤了他的自尊心，他对诸王大臣说：“朕难道是小孩子吗？一定要靠年羹尧来指点，或者是年羹尧逼着朕才做的？”“朕自揣生平诸事不让于人，向在藩邸时诸王大臣不能为之事，朕之才力能办之，诸王大臣见不到之处，朕之智虑能及之，今居天子之位，尽其心思才力以转移风俗，岂肯安于不能？”“年羹尧有大将军总督之才，但不具备天子的聪明才智，讲那些话的人，是想要设计陷害年羹尧。议论隆科多的，也无非是出于嫉妒。”雍正责难造谣的人，实际上也在告诫年羹尧、隆科多不要盈满骄恣，而要防微杜渐，警告的意味很明显。这时甚至已经有人暗地里向雍正建议，不要放年羹尧回陕西，把他留在京城控制起来。能够做这种谏言的，不会有几个人。究竟是谁，资料没有交代，估计是密参帷幄的文觉。据肖爽记载：“传闻隆，年之狱，阿、塞之死，皆文觉赞成。”很可能，在年羹尧离京之前，雍正与文觉密商了拘留他的问题，只是认为时机未到，还是把他放走了。只是年羹尧不知道，雍正已经做出决定，有计划、有步骤地打击年羹尧。

经过了这件事，年羹尧并没有学聪明，耀武扬威地回到驻地。见他没有悔改的意思，雍正就开始给有关人员打招呼，揭发或警惕年羹尧的活动。他对李维钧说：“最近年羹尧上奏说的那些事，朕怀疑他居心不良，很有专擅弄权的味道，你同他交往密切，也是奉了旨意，不必恐惧，但要与他逐渐疏远。”除此之外，雍正还在湖广总督杨宗仁、川抚王景灏、河道总督齐苏勒等人的密谕上说了很多类似的话，要求他们与年羹尧划清界限，揭发年羹尧的不法事迹，争取自身的保全。雍正用这样的方法拉拢地方官员，孤立年羹尧。雍正在这些批示中要求官员同允祥接近，表明他是这场斗争的依靠对象。

雍正对年羹尧本人，在给其他官僚照会的同时，就有所暗示了。雍正二年十二月十一日年羹尧奏报抵达西安，雍正在奏折上警告年羹尧慎重自为，不可恃功招祸。但是年羹尧还是没看懂，好像完全不知道自己已经身处险境：

“凡人臣图功易，成功难，成功易，守功难，守功易，终功难。为君者施恩易，当恩难；当恩易，保恩难；保恩易，全恩难。若倚功造过，必至返恩为仇，此从来人情常有者。尔等功臣，一赖人

年羹尧

主防微杜渐，不令至于危地；二在尔等相时见机，不肯蹈其险辙；三须大小臣工避嫌远疑，不送尔等至于绝路。三者缺一不可，而其枢要在尔等功臣自招感也。……我君臣期勉之，慎之。”

警告年羹尧慎重自为，不可恃功招祸，在一份朱谕中，雍正告诉年羹尧：自你走后，揆会说你“立此奇功”，你的话“皇上不好不从”，他如此妄言，因将之发到允禵处，一同监禁。惩治年羹尧的吹捧者，对被奉承人也是打击。

随后直指年羹尧，将其调离陕西。

公开责备年羹尧是从雍正三年正月金南瑛事件开始的。年羹尧回陕即命已升任的胡期恒奏劾陕西驿道金南瑛，雍正说这是年羹尧胡搞朋党的做法，以金系大学士朱轼、怡亲王允祥保荐的，不准奏。

同月刑部奏蔡珽罪应拟斩，雍正反而召见蔡珽，问他四川的情形，蔡珽就说年羹尧诬陷他。雍正这时不问他逼死人命事，只说蔡珽是年羹尧参劾的，若罪蔡珽，则人们将说皇帝听年羹尧的话杀了蔡珽，这就让年羹尧操持了威福之柄，因此不能给蔡珽治罪，并把他起用为左都御史。雍正三年二月，有所谓“日月合璧，五星联珠”的祥瑞，大臣们都上表祝贺，年羹尧上了表章，颂扬皇帝朝乾夕惕，励精图治，但把“朝乾夕惕”写成“夕阳朝乾”。雍正看了大发雷霆，说：“年羹尧说朕配不上‘朝乾夕惕’这四个字，既然如此，年羹尧在青海立下的功劳，朕也不知道该不该许给他了。依仗着战功，显露出大不敬的念头，肯定不是误写的。”这就把讨伐年羹尧的战幕正式揭开了。接着，一面不停地责备年羹尧本人，一面调换川陕官员，去掉他的亲信，让他不能起兵作乱。这时有人上奏对雍正说，皇上屡次责罚年羹尧，恐怕他会在陕西造反。雍正不去管他，自信了解年羹尧的伎俩，能够掌控全局，肯定能让他无能为力的。

四月，命令年羹尧交出抚远大将军印，调任杭州将军。雍正发出调令后，密切监视年羹尧的行动，年羹尧于五月到新任所，所经地方的大员，如豫抚田文镜都及时报告了年羹尧的行踪。年羹尧在川陕十数载，建功立业，兵将俱有，一纸文书就把他调走了，反映了中央政府强而有力，也是雍正布置得当。

年羹尧被调到浙江之后，就更加没有反抗的机会了，只能任人宰割。官员们也更加能够看清形势，纷纷揭发他，李维钧接连上了三份奏章，弹劾年羹尧作威作福，招揽权势，收受贿赂，结交党派，冒领军功，杀戮无辜，残害良民。雍正把他们的奏疏一一发给年羹尧，让他回奏。六月，严惩年氏子弟和亲信，年羹尧的儿子大理寺少卿年富、副都统年兴、骁骑校年逾削籍夺官，南赣总兵黄起宪、四川按察使刘世奇、原长芦盐运使宋师曾、鸿胪寺少卿葛继孔等人以年党，结交年羹尧的罪名，或削去爵位，或抄去家产，或罚修河工。逮捕胡期恒、桑成鼎、魏之耀，河东运使金启勋，家人严大等人。

七月，大学士九卿上奏请求将年羹尧正法，雍正没有答应，只是革去了他将军的职位，以闲散章京的职位安置在杭州。后来又考虑到他的影响大，对他的处置需要进一步动员舆论，令地方大员各抒己见。封疆大吏自然看皇帝脸色行事，争相上书。广西巡抚李绂斥责年羹尧“阴谋叵测，狂妄多端，谬借阃外之权，以窃九重之威福”，“大逆不法，法所难宽”，要求诛戮。豫抚田文镜也做了同样的请求。雍正以俯从听从群臣的请求，于九月下令逮捕年羹尧，十一月押到京城，十二月，议政大臣罗列年羹尧九十二大罪，请求明正典刑。这九十二条包括大逆之罪五条，欺罔罪九条，僭越罪十六条，狂悖罪十三条，专擅罪六条，贪婪、侵蚀罪分别是十八条和十五条，忌刻罪四条。其中第一大罪是与静一道人、邹鲁等策划谋反，邹鲁是占象人，据供：他说年羹尧将来会做王爷，年羹尧说不止是这样，五六年后又说他住宅上的白气是王气。雍正说这九十二款中应服极刑及立斩的就有三十余条，但仍表示开恩，令年羹尧自裁，邹鲁、年富斩立决，其父年遐龄、兄年希尧革职，其余十五岁以上之子发遣广西、云南、贵州极边烟瘴之地充军，嫡亲子孙将来长至十五岁者，皆依次发遣，永不宽恕，也不许为官。年妻因为是纳兰性德的女儿，就把她发还娘家。年羹尧家族中现任、候补的文武官员一律革职。家产抄没入官，补偿亏空。

年羹尧接到自裁令，迟延不肯下手，总在幻想雍正会下旨赦免他，监刑的蔡珽不停地催他，他才绝望地上吊死了，叱咤一世的大将军怎会想到有如此下场！

封建时代最注重君臣大义，臣子要做分内的事情，雍正最恨他不守臣节，年羹尧本来就权重权大，又在自己权限范围以外干预朝中政务，攘夺同僚权力，滥用朝廷名器，于是招来皇帝的疑忌。雍正一步一步地慢慢逼近年羹尧，年羹尧只能俯首就诛，毫无反抗之力，唯有幻想看旧日的情分，手下超生。

隆科多禁死

隆科多被雍正怀疑，早于年羹尧，同时挨整，处理在后。

作为密勿重臣的隆科多，专断揽权，百官甚至不敢仰视他，公事也只听从他的命令。人们对他经办的选官制度，称为“佟选”，可见他执掌用人大权，却忽视了触犯天子权力的问题。在其他方面，他也有僭越的地方。有一天果郡王允礼入宫，隆科多看见了，向他敬礼，允礼没有注意到，与他同行的领侍卫内大臣马尔赛告诉他，于是他也就欠身而过。在康熙时，隆科多见到皇子都单膝跪地问安，而这时对雍正的亲信弟兄允礼尚且不跪，对其他皇子不恭敬的程度可想而知。马尔赛告诉允礼隆科多起立了，意思是让允礼向对方回礼，这也是向隆科多讨好。这件事，反映了隆科多在两朝地位的变化和他的骄傲自满情绪。

隆科多对雍正的疑忌不是不知，也想自留退路，于雍正二年底主动提出辞去步军统领一职。这一招正中雍正下怀，他早就不想把这个要职留在隆科多手里，而且准备让与隆科多不甚亲密的巩泰来接手这个职位。以准许隆科多辞去步军统领一职为契机，雍正开始公开打击隆科多。隆科多预料自己地位不稳固，他不相信雍正会永远信任他，在许多事情上留有后手。雍正好抄家，隆科多怕轮到自己，就把财产分藏到各亲友家和西山寺庙里。这样一来，更给雍正递了他不守人臣大义的罪柄。由此可见，隆科多虽然也作威作福，但是比年羹尧克制得多了，没有那么猖狂。

雍正也指责隆科多结党，他在数说年羹尧的时候往往把隆科多、年羹尧并提，雍正三年五月将他们两人的奸诈告诉朝廷大臣，主要内容是责备隆科多，说他屡次参奏允禩，一定要置其于死地，却包庇鄂伦岱、阿尔松阿、都统汝福，是要把允禩的人网罗为他的党羽。六月，雍正惩治年羹尧的儿子年富，隆科多的次子玉柱也被撤去了头等侍卫、总理侍卫事、銮仪卫使等职位。雍正还特地指示署理凉州总兵宋可进："隆科多也和年羹尧一样贪婪狡诈，忘恩负义，结党营私，作威作福，他要是到了你那里，尽管你曾经是他的属员，但像这种小人，见面的时候你根本就无须对他敬礼。"这时雍正把隆科多与年羹尧一样看作是奸臣，只是在处理上分出轻重缓急，先整治了年羹尧而已。

雍正四年正月，雍正令隆科多往阿尔泰岭，与策妄阿拉布坦议定准噶尔和喀尔喀游牧地界，之后和俄国使臣商议两国疆界，收受礼物。八月，隆科多同其他大臣在恰克图与俄国代表会面，隆科多坚决要求俄国归还侵占中国的大片蒙古地区。

隆科多在谈判中维护国家利益，但没有赢得雍正的谅解，这是雍正的一个过失。私藏玉牒事，是隆科多从辅国公阿布兰处要去玉牒底本，收藏在家。玉牒是皇家宗谱，非常神圣。隆科多私藏在家，犯了大不敬的罪，雍正抓住了大作文章，下决心惩治他。

十月，诸王大臣议上隆科多四十一大罪，其中大不敬罪五，即私藏玉牒，将康熙所赐御书贴在厢房，自比诸葛亮等，欺罔罪四条，紊乱朝政罪三项，奸党罪六条，不法罪七款，贪婪罪十六项。其中还有一些奇怪的罪名，如交结、庇护年羹尧之罪。其实说起来，要说交接年羹尧之罪，是首倡于雍正自己。雍正出于稳固自身统治的考虑，不愿自己的左膀右臂闹僵，让隆科多和年羹尧结交。雍正在这里不惜自相矛盾，原因在于此时年羹尧已经倒台，雍正正是要让隆科多背上"奸党"恶名，给年羹尧陪葬。

诸大臣奏请等他议界完毕再行审处，雍正说议界不必非要隆科多，将他逮捕进京。隆科多走后，其他代表不能坚持维护国家利益的原则，对俄国做了许多让步。七月，中俄签订《布连奇斯条约》，萨瓦认为俄国取得了成功，所以能如此，隆科多被召回是原因之一。雍正命将隆科多永远圈禁，禁所设在畅春园附近，大约是说他对康熙有罪，守在园外以思过。其赃银数十万两，于家产中追补。夺其长子岳兴阿一等阿达哈哈番世爵，玉柱发遣黑龙江当差。雍正为了避免给人滥杀功臣的讽刺，所以没有将隆科多处以死刑，而是在畅春园附近建房圈禁。圈禁隆科多的地点颇富意味：隆科多位极人臣以此始，身败名裂以此终。一年后，失势的“舅舅”死于禁所，雍正赐金治丧。

雍正杀年羹尧、隆科多的性质，是君主按照封建君臣关系的准则，收回重臣所不应有的那部分权力。这是君主与大臣的权力分配问题，在封建社会是不断发生的。雍正给予年羹尧、隆科多过多权力，是自作孽，年羹尧、隆科多不善自处，接受并扩大分外权力，是自酿祸。年羹尧、隆科多看似风光无限，但其实雍正还是给他们设立了一定的限制。隆科多职权虽重，但没有用为大学士，大将军虽尊，干预事务虽多，在朝中却没有职务，也就不能为所欲为。不过，雍正对他们，尤其是年羹尧，宠异过分，评价过高，使得他们权势炳赫，几乎形成尾大不掉之势，也导致了他们后来的覆灭。雍正利用年羹尧、隆科多巩固政权，推行新政，起过积极作用；造成他们擅权，又残酷打击，虽为政治统一所要求，但它的出现是雍正初年的一个败政。

CHAPTER

第八章 打击朋党，大兴文字狱 8

清代文字狱是清代统治者加强思想、文化控制的反动措施之一。也是世界历史上罕见的,中国历史上绝无仅有的恐怖制度。在清代，反清思想通过各种形式的文字作品在民间流传，并与暴动结合起来，使满族统治不得安宁。为防止和镇压知识分子的反抗，清朝统治者大兴文字狱。雍正即位初期，文字狱是作为权力斗争的副产品而出现的；雍正后期，文字狱被有意识地用作压制汉族知识分子民族意识和民族气节的重要手段。

附属年、隆而获罪

文字狱源远流长，以文字获罪的文人并不在少数，北宋的乌台诗案因苏轼不满新法，写了不少宣泄心中块垒的诗，被说成包藏祸心，诽谤谩骂，牵连三十九人，共审查一百多首诗。明初，文字狱被称为“表笺祸”。至于清朝则是文字狱的集大成者，数量之多，波及之广，前无古人，后无来者。提到文字狱人们多想起明史案、南山案等，这些都是异族入侵后为加强思想控制，将与之相关的人全部杀干净；或者想起吕留良这样的反清思想家。至于清朝文字狱的另一个功用，可能很多人并不清楚或者被忽略了，就是用来借刀杀人，以文字狱遏止朋党，警戒臣工。

年羹尧自裁，年狱并未结束，特别是兴了两个附案，即汪景祺案和钱名世案。年羹尧大逆罪之一是读到汪景祺的《读书堂西征随笔》以后不上报朝廷。

汪景祺，原名日祺，字无已，号星堂，浙江钱塘人。其父曾任户部侍郎，其兄也曾任礼部主事。汪景祺少年时即颇负才名，所以不免有些恃才傲物，“豪迈不羁，谓悠悠斯世，无一可友者”。然而他却似乎少了一点儿官运，在科场上滚了几十年，才于康熙五十三年（1714年）考中举人。雍正二年，他前往西安投奔陕西布政使胡期垣。胡期垣是年羹尧的死党，当时年羹尧的权势正炙手可热。汪景祺于是通过胡期垣，上书年羹尧求见。在信中他极尽谄媚，赞颂年羹尧是宇宙之第一伟人，说历代名将郭子仪、裴度等的功绩，根本比不上年羹尧。

在同年五月节以前作成《读书堂西征随笔》，内中有诗句，说“皇帝挥毫不值钱”，讥讪康熙，又非议康熙的谥号和雍正的年号。

年羹尧平定青海叛乱以后，他写了一篇《功臣不可为》，里面说到人主杀功臣的原因是：庸主害怕发生兵乱，功臣能平乱，所以就想到能定乱的，就能作乱，那样帝位就不能保，因而就猜忌他，里面还以功臣檀道济、萧懿的被害与明太祖杀功臣为鉴戒，劝臣子不做功臣，警告君主不要杀戮功臣。在查抄年羹尧杭州邸宅时，《读书堂西征随笔》被侍郎福敏发现，呈送雍正。雍正见后，亲书“悖谬狂乱，至于此极”的批语。汪景祺写这篇文章的时候，年羹尧正处于鼎盛时期，显然是对他的提醒，但是年羹尧愚笨，没有重视。等到年羹尧被扳倒了，自然被视为替年羹尧鸣冤的东西了。汪景祺说出了雍正讨厌听到的东西，于是以他诽谤康熙为理由，按照大不敬律，于年羹尧死后处斩，妻子发遣黑龙江给穷披甲人为奴，亲兄弟、亲侄均革职，发戍宁古塔，五服内的族亲现任及候选候补者一律革职，令其原籍地方官管束。汪景祺被斩后，按雍正旨意，头颅一直被挂在北京宣武门外。一直到雍正死去，乾隆登基，才皇恩浩荡，泽及枯骨，其头被取下与身合葬。

除了汪景祺，倒霉的还有其他人。年羹尧死前，侍讲钱名世以参加纂修《子史精华》《骈字类编》，还因此被封赏，三个月后竟以年党遭惩处。

钱名世，字亮工，江苏武进人，康熙三十八年（1699 年）直隶乡试中举，康熙四十二年癸未科一甲第三名（探花），任翰林院编修、侍讲学士。有“江左才子”的美称。

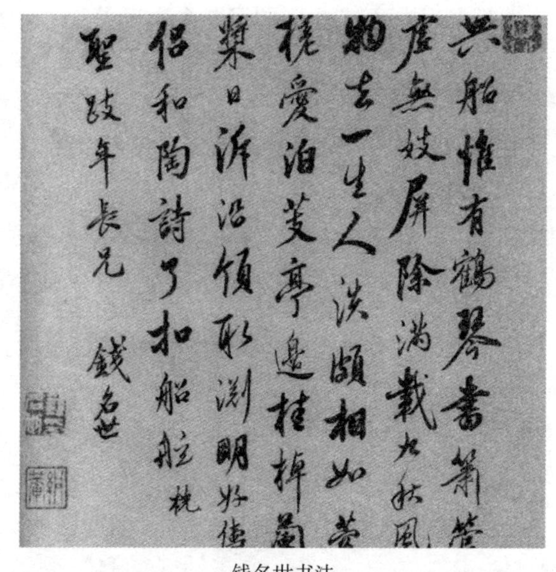

钱名世书法

康熙三十八年钱名世中举，与年羹尧南北乡试同年。雍正二年年羹尧进京，钱名世给他写了一首诗，有“分陕旌旗周召伯，从天鼓角汉将军”的句子。允禵调兵进藏，康熙为立一碑，钱名世认为年羹尧平定青海叛乱，也应该为他立碑。年羹尧倒台后，钱名世以“曲尽谄媚、颂扬奸恶”获罪，被革去职衔，发回原籍。雍正亲自写下“名教罪人”挂在他常州故居的门上，以示羞辱。以后每月初一、十五，常州知府、武进知县都会到他家门前检查该牌匾是否悬挂。又命三百八十五位文臣写诗文声讨其“劣迹罪行”，有些人说的不中听，居然也受到了牵连，有的发回重做，有的被革职回乡。雍正帝审核通过的文章，交付钱名世辑成专集，题为“名教罪人诗”，用上好的宣纸刻印，刊行全国，史称“钱名世名教罪人案”。

因隆科多而遭殃的，除了他的亲属，最惨的是查嗣庭。查嗣庭，字横浦，浙江海宁人，康熙进士，因隆科多荐举，任内阁学士。

雍正四年秋天，查嗣庭受命出任江西乡试正主考时，厄运终于降到了他的头上。此科乡试，查嗣庭按照惯例，出了几道试题。本来都是合乎规范、无疵可指的；而且那次主持乡试时行事相当谨慎，对关节的查防非常严格，考试也顺利结束，一切正常。可是，雍正却无中生有，借口“有人告发”，突然拿查嗣庭开刀，实际上是蓄谋已久的事变发生了。《易经》次题：“正大而天地之情可见矣。”《诗经》次题：“百室盈止，妇子宁止。”雍正帝认为，这是暗示人要把 “正”和“止”两字联系起来思考，暗喻斩雍正帝之头。雍正帝也知自己牵强穿凿，不能服人，就说查嗣庭这样命题，不是出于无心，恰巧因为文字获罪，还在于他向来趋附隆科多和蔡珽。雍正帝兴查嗣庭之文字狱为了整肃隆科多和蔡珽作铺垫。隆科多有“保奏大逆之查嗣庭”之罪，作为他结成奸党罪状之一。蔡珽的罪名之一就是“交结大逆不道之查嗣庭”。

历来的文字狱中，基本上是以诗文获罪，但是因为科考遭殃的可谓绝无仅有，且受到查处的竟是当朝二品大臣，除株连亲属、大加杀戮之外，还停止整个浙江士人参加乡试会试。查嗣庭案虽然也归入文字狱一类，但因同隆科多、蔡珽两案联结一起，具有一定的政治性质。实际上是雍正为了削弱和打击隆科多一派的势力，进一步除掉隆科多的连环案。

科甲朋党案

雍正四年，雍正完成两个大规模的反对朋党的斗争，彻底打垮了允禩、年羹尧集团，年案刚刚结束，又出现了第三次打击“朋党”的事件，也就是反对科甲朋党。

科举制度产生于隋朝，为国家提供了一种公平选举人才的方式，但科举制度也衍生出了一套腐败模式，其中最典型的做法就是投拜门生和前辈拉关系，或者是结交同一年考上进士的人。许多没有师生关系的下层官员，要拜朝中权贵为老师，古人称为“拜门生”，有一些钻营附势的人，会贿赂朝廷里的大臣。还未考取功名的，就在考试之前带着礼物，打通关节。已经做官的人，就希望用这种方式贿赂上司，为日后的升官发财铺路。这种风气从科举制度产生的时候就一直延续下来，到了雍正王朝，已经持续了上千年，其中的弊端越来越严重，腐蚀着官场。

这些弊病，雍正早就看在眼里，所以下令禁止官员投拜门生，禁止打秋风。在河南的田文镜就自觉地配合雍正的抑朋党的心意行事。“模范督抚”田文镜是监生出身，熬了四十多年才当上地方大员，不存在师生同年的荐举，他能够崛起，完全是雍正的知遇之恩，所以他对雍正的政策言听计从，严格实行。他对待科甲出身的官员一点儿也不客气，不会因为他们是新人就放松要求，而是严格以他们所在官职的责任要求他们，许多做得不足的人都被他参奏了，田文镜的这些举措，产生“天下方轻读书人，不齿举人进士”的对士人不利的情况。所以士人们必然反击。很多人就认为田文镜是无故排挤科目人，这其中最大的代表就是李绂。

李绂，字巨来，号穆堂，江西临川县城荣山镇人，清代著名政治家、理学家和诗文家。康熙四十八年进士，由编修累官内阁学士，历任广西巡抚、直隶总督，他是有名的学者，康熙中理学名臣李光地说六百年以来，没有人能够超过欧阳修和曾巩，但是李绂大有希望。可以想象，他蔑视落第的举人，就更加看不起监生出身的田文镜了，当田文镜打击科甲出身的官员时，他自然要挺身而出，作为科甲人的领袖，同田文镜做斗争。

李绂与田文镜都是雍正最宠爱的臣子，一开始，雍正想居中调解，可是田文镜对他说："臣参奏的官员中，有很多都是同年中举的进士，他们肯定有包庇徇私的地方，李绂等人因为科甲官员被参奏就集结起来，妄自诽谤，这样下去，科甲官员如果有人贪污，督抚大臣们肯定不敢再参奏了。"田文镜老谋深算，举出反对朋党的大旗，把矛头指向对手。果然，雍正开始重视这件事了，派钦差去河南查访。其中有一个名叫黄振国的官员，曾经是蔡珽的属员，李绂听闻为他叫屈，使雍正联想到年、隆擅权的局面，于是大力支持田文镜。同时，雍正开始打击李绂，把他调离直隶总督的位子，又把蔡珽降为奉天府尹。

事情到这里，本来应该结束了，因为雍正已经认定科甲人结党，士人官员如果再纠缠下去，只能是自寻死路。但这时，浙江道监察御史谢济世以"济世"为己任，上书弹劾田文镜，说他营私负国，贪赃枉法。雍正把他的奏章扔在地上，不让他参劾，谢济世是个怪人，有一股迂顽之气，坚持上书，要命的是，谢济世上书的内容跟李绂一模一样，雍正大怒，便断定他们在搞科甲朋党，将谢济世革职，发往阿尔泰军营效力。刑部尚书励杜讷问是谁指使他参奏的，他倔强地回答"孔、孟"。谢济世的参与，让雍正更加肯定了李绂是在搞科甲朋党，决定对他进行打击，也就注定了李绂的失败。

雍正认定谢济世是受人指使，所以把李绂也投进了监狱，两次处斩犯人，都把他跟着一起绑起来，拿着刀架在他脖子上，问他："知道田文镜的公忠了吗？"李绂说："我愚笨得很，就算是死也看不出田文镜好在哪里。"至此，李绂、蔡珽为首的科甲人受到了沉重打击，直到乾隆即位，才获得释放。

与此同时，遭殃的还有谢济世的同乡陆生楠。陆生楠是康熙年间的举人。

雍正年间，任江南吴县知县，后改工部主事。雍正嫌他“倨傲诞妄”“举动乖张”“傲慢不恭”，等到李绂、谢济世事发，雍正说他是广西人，肯定也和李、谢结党了，就把他跟着谢济世一起发配了。

谢济世与陆生楠一道充军边荒西域，途中所受之苦如何，他在著作中没有正面写自己，却有一篇《陆水部出塞记》，仿照春秋笔法，把陆生楠一路所受的种种磨难，都写了出来，也是他自己充军的写照。

在阿尔泰军营，陆生楠写了《通鉴论》十七篇文章，里面有许多非议朝政、批评康熙和雍正的句子。他提倡分封制，早立储君，讥讽康熙不会教育太子，导致皇子争夺储位，他同情允禩等人，谴责雍正滥用君权，主张无为而治。结果被驻守阿尔泰的振武将军王锡保发现了，上报朝廷参劾。雍正相当恼火，认为陆生楠罪大恶极，并写了一篇冗长的谕旨，选取陆生楠的言论逐一驳斥。雍正下令将陆生楠军前正法。

谢济世与陆生楠是难兄难弟，王锡保也把他参了一本，说他接着批注《大学》，讥讽朝政。雍正知道这是王锡保乱加罪名，但还是跟他玩了一招厉害的，命他把谢济世和陆生楠同时绑赴刑场。陆生楠先被斩首，此时刑官问谢济世：“看见了吗？”谢济世答着说：“看见啦！”王锡保这才宣读圣旨：“谢济世从宽免死，交与顺承王锡保，令当苦差效力赎罪，留军前效力。”

科甲官员之间的互相结交的现象，确实很泛滥，但是远远没有达到朋党的地步，把他们当作朋党来打击，未免冤抑。但是雍正在这个活动中，打击了沽名钓誉、因循苟且的风气，也推动了他对吏治的改革。

曾静、吕留良案

等到年羹尧出事以后，出任川陕总督的是岳钟琪。但岳钟琪是汉人，就遭

岳钟琪（1686—1754），字东美，号容斋，四川成都人。清代康熙、雍正、乾隆时期名将，累官拜陕甘总督，封三等威信公，屡平边地叛变，著作《姜园集》《蛩吟集》等。

到许多人的嫉妒，说他是岳飞的后人，而满洲人是女真人的后代，所以他要替汉人报仇，甚至有人在大街上喊叫“岳公爷带兵造反了”，这些让岳钟琪惶恐不安，甚至想要辞去总督的职位。可见岳钟琪当时已经成了矛盾的焦点，朝中的人提防他，民间又以为他会反抗清廷统治，对他寄予厚望。

雍正六年（1728 年）九月，有人来到他的府上送了一封信，上面写着“南海无主游民夏靓遣徒张倬上书”，原来，这是一封策反信。信中称岳钟琪是“天吏将军”，劝他起兵反清，为祖宗报仇，替汉人雪耻，拯救百姓于水火之中。岳钟琪立即找到山西巡抚、满人西琳一同审张熙。岳钟琪拷打张熙，问鼓动他的人是谁，但是张熙就算被打昏了也不回答，只说他们的势力很大，遍布数省。岳钟琪又问他为何造反，张熙说为救穷苦百姓而造反。

岳钟琪见动刑没效果，就设骗局，痛哭流涕，指天发誓，说他早就想要造反，只是实力太弱，不能行动。张熙就这样被骗了进去，供出了他的师父曾静。

曾静（1679—1735 年），湖南柳州永兴县人，号蒲潭先生，性格迂腐。他参加了许多次科举也没中第，就在穷乡僻壤开馆授徒，是个宿命论者，对古代的井田制、分封制很是欣赏。他去靖州考试时，无意间读到吕留良的文章，里面谈及“华夷之辨”，要人站稳华夏的民族立场，不能效忠于夷狄政权。派学生张熙专程去浙江吕家访求书籍。吕留良当时已经死去，他的儿子就把留下来的书籍信件全都给了张熙。曾静见吕留良书中多反清复明之意，越加倾信。当他听说岳钟琪是岳飞后代，要推翻清廷的时候，就天真地以为岳钟琪就是他要找的人，于是派张熙前来送书。

雍正在看到谋反书时“惊讶堕泪”，他奇怪像曾静这种生活在穷乡僻壤，怎能洞悉宫中错综复杂斗争的种种细节，又怎能言之凿凿地列举出一系列罪状？于是他重点追查关于他失德言论的根源。可是承审的官员查了很久也没弄清楚来源，雍正就惩治了他们，最后官员们终于上报称是允禩等人的太监散布的谣言。为此，雍正再次宣布允禩等人的罪过，另外，他还对曾静的学说逐条批驳。他针对汉人反对少数民族做皇帝的观点，提出不以地域作为区别君主好坏的标准，他说帝王是人民选择有德之人，而不是挑选哪个区域的人，虞舜是东夷之人，文王是西夷之人，不能因为地域而不能做君主，也不能损害他们的盛德。雍正主张不分地域，以德为王，从各民族都在清朝统治之下的事实，来说明华夷无别，维护以满族为统治阶层的清政府。但是他回避了民族压迫，是由他作为少数民族统治者的地位决定的。

雍正七年九月，雍正下令将论述这个案子的上谕编辑在一起，附上曾静的口供和忏悔的《归仁录》，编为《大义觉迷录》一书，加以刊刻，颁布于全国各地的学堂，让读书人都能够看见。同时赦免曾静、张熙，让他们现身说法，他们的宣传作用，是任何人都比不上的。雍正七年十月，大学士、九卿上奏请求把曾静按照大逆不道罪立即处死。不料，这一方案遭到雍正的否决，他认为吕留良等鼓吹民族思想，具有广泛基础，而对允禩等人散布的流言，也不能麻痹大意。至于曾静，只不过是一个迂腐的教书匠，不足为患。

对吕留良就没有这么宽宏大量了。雍正命令各省的学政，焚毁吕留良的全部著作，怕有人私藏，就多做宣传工作，过了一年才正式定案，吕留良及其子、已故进士吕葆中及学生严鸿逵虽然已经死了，但还是被打开棺材，戮尸枭示，另外一子吕毅中、沈在宽斩立决，吕、严的孙子一辈人数很多，都发往宁古塔为奴。

黄补庵常自称吕留良私淑弟子，车鼎臣、车鼎贲曾刊刻吕氏书籍，孙用克、周敬舆等人藏吕氏书，都遭到株连，死了很多人。

曾静只是一个年过半百的穷书生，根本称不上是一个义士，威逼利诱立刻

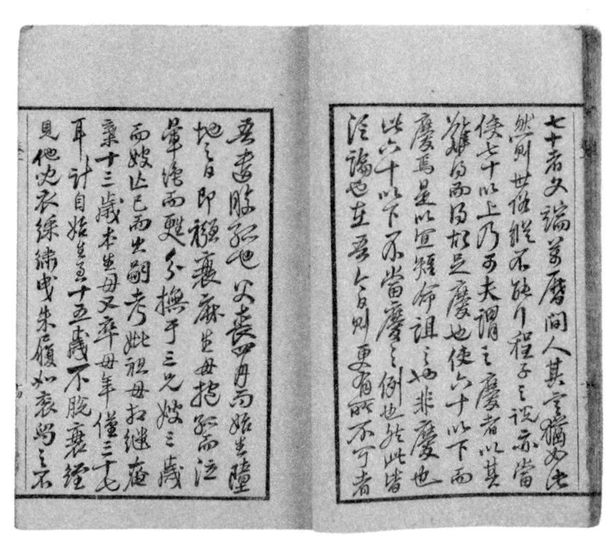

吕留良墨迹

在他身上产生了效果。这样的口供正中雍正下怀，他用曾静来现身说法，批驳了以往对他的指责。利用曾静反清案牵连的人很多。在审查曾静不久，雍正就在大臣的奏折上写道：“遇到这样的怪物，不得不有一番出奇料理。”经过他的精心处理，做出了轻曾重吕的处置，真是够出奇的。

曾静案与牵连出的吕留良案，发生于雍正后期，与前期的汪景祺、查嗣庭、钱名世等案有所不同，汪、查、钱等获罪，虽同文字有关，但是涉及政治斗争，曾静案和吕留良案发生之后，使事情发生了变化，后来出现的众多文字狱，犯事人本身没有政治主张，也未牵涉政治集团，完全是受了文字之累。所以雍正朝的文字之祸，有着发展变化，前期是政治斗争的一个组成部分，后期则是加强思想统治的问题，有着不同的性质和内容。前期遭祸的，是政治斗争的牺牲品，后期冤情更增，多是无辜受害者，纯粹是出于强化思想统治的需要，表现出封建文化专制主义的严密和反动。

CHAPTER

第九章 加强集权

9

雍正是清代皇帝中将中央集权提高到空前程度的第一人，他即位之后的各项措施，无不蕴含着集权的思想：打击政敌、瓦解朋党、诛杀权臣以回收权力、兴文字狱以统一思想。但这些还不够，他还需要建立新的制度，树立绝对的权威。“惟以一人治天下，岂为天下奉一人”，“一人治天下”才是他真正的意旨。

“台省合一”和观风整俗使的设置

雍正元年，雍正说六科掌印的给事中责任紧要，人选交都察院公同拣选保奏。这是把六科给事中的考核交都察院掌管，使他们成为该院的属吏，都御史的属员。都察院的监察御史，向例有巡视京师的差事，给事中归都察院考核后，都御史把他们与御史一体对待，于是给事中与御史没有什么区别了。

六科，原是一个衙署，职责是“传达纶音，稽考庶政”。它把皇帝批过的奏章，誊抄清楚，再发给相关部门和人员。除此之外，如果六科认为皇帝批准的奏章有不妥的地方，可以封还执奏，称为封驳权。它还稽察六部，察核各项事件的完结情况，如果没有得到很好执行的，就可以向皇帝参奏。六科给事中在唐朝属于门下省，是宰相机关的事情，清初沿袭元、明的制度，没有门下省，但给事中有封还奏章的权力，虽职位不高却很重要。

给事中自归都察院管辖，被按照御史来分派差遣，分外的事多了，原属分内的事，反倒没有时间和精力去管了。有时人员被大量派遣出去，忙不过来，领到的本章来不及详细审读就匆匆发出去了，没有时间行使封驳的权力。这样就削弱了给事中的职权，使他们等同于御史了。雍正使六科实质上隶属于都察院，都察院在唐代为御史台，按当时的说法，是“台省合一”。

六科由都察院管辖的命令刚一下达，引起一些人的不满，雍正拒不理睬。雍正剥夺了六科的封驳权，另外，又加强监察御史的职责，向地方派遣了各种类型的监察御史。监察御史的官员大多数是从小京堂、科道和各部郎中选出来的，他们到地方，处理一些政事，也监察地方官吏，有钦差的味道。台省合一，削弱了六科的谏议权，加强都察院对臣工的监察，两者相辅相成，是强化皇权的两个侧面。雍正这一改制，使皇帝更加集权了。

向地方派遣观风整俗使，也是雍正的一个创造。浙江富裕，文化教育程度较高，涌现出很多人才，牵扯进汪景祺案、查嗣庭案中的都是浙江人，这两个案子引起雍正的警觉。再联想到欧秀臣为允禩散布谣言，杭州发生反对摊丁入粮的运动，地方上的大员因此栽跟头，屡次换人，州县官更换的就更频繁了，有很多人甚至前一天刚到任，第二天就被查核了，对浙江的印象之坏可想而知。雍正认为浙江民风刁悍，喜欢非议朝政，浙江人狼子野心，用恩德是感化不了的，决心加大整顿。同年十月，决定派遣专员到浙江查问风俗，稽察奸伪，应劝导者劝导之，应惩治者惩治之，务使绅衿贫民有所儆戒，尽除轻浮喧嚣的风气。规定了赴浙官员的任务。至于用什么官名，吏部以为，唐太宗派遣萧瑀、李靖等用“观风使”的名号巡行天下，可以效仿，取名“观风整俗使”，雍正接受了这个建议，任命光禄寺卿，河南学政王国栋为右佥都御史兼浙江观风整俗使，同时取消浙江人科举考试的资格。一直到雍正八年，雍正认为浙江风俗已经慢慢变好，总督李卫又善于训导，所以不再派遣观风整俗使，恢复了浙江的科举。这个官职，是针对地方的特殊情况设置的，主要是惩治不尊敬朝廷，干扰政府执政的读书人，改变当地风俗，强化对绅衿和人民的统治。观风整俗使办理的事务，有的与巡抚职责相冲突，因此雍正要王国栋与李卫互相合作，又命他将征收钱粮等具体事务交李卫办理，避免双方矛盾的发展，并在观风整俗使任务完成之后就撤销了。

曾静案发之后，湖南被官方认为“风俗不端，人情刁恶”，雍正也向这里派遣了观风整俗使。广东矿徒问题严重，雍正很是担忧，这是他向广东派出观风整俗使的主要原因。福建地处沿海，民穷事繁，雍正也派了观风整俗使。湘、粤、闽等省的观风整俗使，在职权上都不如王国栋。雍正八年六月，广东当地官员王士俊上奏，弹劾观风整俗使焦祈年行为虚浮，说他争强好胜越出职权，与地方官发生冲突，雍正为支持观风整俗使，并不责备焦祈年，说：“他的责任只不过是稽核地方罢了，并没有多少实权，就算是在礼制上面做得有点儿不对，又能有多大关系？”说明这个职务已不能管理多少政事了。

与观风整俗使性质相近似的，是雍正向陕甘派出的宣谕化导使。雍正后期，陕甘人民因西北用兵负担加重，不满情绪大增，雍正派尚书史贻直、侍郎杭奕禄、署理内务府总管郑禅宝率领翰林院庶吉士、进士分赴六部学习人员、国子监肄业的贡生，到陕甘宣抚，希望抚平人民对抗政府的情绪。

总体来说雍正用人不拘泥于古法，或用人唯贤，或因事权授。督抚的设置也时不时有变化，直隶省原来设置的有巡抚，因为李维钧的关系改作总督，后成为定制，一直延续下去。原来缺少布政使和按察使两个官职，后来也添设了。河南巡抚田文镜为雍正宠信，特为他授河南总督，又置河南、山东总督，辖这两个省，称为河东总督。闽浙总督原先只用一个人，雍正用李卫为浙江总督，兼理江南的盗案，于是福建也单独为一总督。两广总督辖下的广西割归云贵总督，广东仍保留总督。巡抚，历来各省只有一个，雍正在有的省派人协助处理政务。当王国栋署理山东巡抚时，雍正又用吏部左侍郎刘於义协办山东巡抚事务。

雍正对这些官制的变动，有的反映了客观实际的需要，于是成为定制，一直延续下去；有的是因为特殊事件才设置的，不符合常规，所以等到事情解决以后就撤销了；有的是他对形势判断的不准确，造成了不好的影响，当然也就没有办法长久保持下去；还有的是他为奖赏下属特地设立的，等到官员卸任以后，官职也就相应地取消了。

奏折制度和政令的推行

地方官有事报告皇帝，只要是地方上的公事，就用题本，盖上官印，如果是个人的私事，则用奏本，不盖官印，两种文体都由通政司呈给皇帝，在皇帝观览之前，有关官员已经看过，因此这两种文体的奏章，是公开的。有些事情官员不方便上表，皇帝就不能知道实情。这本是明朝制度，清朝沿袭以来，皇帝感到不便，康熙启用了一种秘密奏折，这是一种只能由皇帝查阅的文本，不得让第三者知道，是秘密的，这种文字，当时叫作“奏帖”，皇帝在奏折上用红笔写下的批语，叫作“朱批谕旨”，批过的奏折称作“朱批奏折”。通过这种方式，康熙可以清楚地知道地方上的实际情况，但当时有资格写奏折的人并不多，内容也很少，没有形成严格的制度。

到了雍正时期，奏折变得更加普遍了。即位不久，雍正就下令各省的督抚秘密上呈奏折，于是封疆大吏都有了这个权力，后来雍正又给提督、总兵官、布政使、按察使和学政全体官员书写密折的权力，只是在上交的渠道上与督抚有所不同。督抚和学政是地方上的大官，写出的奏折可以直接送到皇帝的手上。此外，还有一些经过雍正特殊批准的人，也可以写奏折，这是雍正特给的恩宠。这些人有的和雍正有特殊关系，有的是朝廷重臣的子侄。由中央派到地方的常设官员，或者临时到地方办事的巡察御史等人也可密上折子，如清理江苏积欠、分查松江府钱粮的王溯维本来只是一个小官，但是也得到了上奏的权力。雍正扩大奏折的使用范围，使它达到了一定的数量，仅《朱批谕旨》一书中所记录的，就达到二百二十三人，实际奏折人多达一千人以上。雍正朝的奏折内容，也比康熙朝大大丰富了，具体内容可以分为以下几项。

一、君臣共同商议的政务，是最重要的一项内容。督抚大吏是地方上的大官，上报的都是关乎到国计民生的事情，所以在本章之外准用奏折，本章上不方便详细说明的，也可以在奏折中写出来。防止出现上边难于决策，下面不能全力执行的状况。雍正就是要用奏折这种公文，使大臣和皇帝亮明观点，经过讨论，定策施行。雍正朝的重大改革，许多是先经君臣密商，而后决策付诸实行的，摊丁入粮制度，就是雍正同黄炳、李维钧及九卿通过奏折，反复商酌决定下来的。改土归流的政策，也是在奏折中，君臣密筹，商量以后决定的。

改土归流，雍正起始并不赞成，他于雍正二年在广西巡抚李绂的奏折上写道：“土司制度已经沿袭很久了，要是突然夺取他们的权力，改土归流，谁不惊疑？”

李绂服膺主子的见解，上奏折表态；雍正又批道："斟酌处颇为合宜，具体的实行还是要靠你们这些封疆大吏。"

雍正三年，贵州提督马会伯奏请对苗民用兵，以推行改土归流，雍正让他同云南巡抚管云贵总督事鄂尔泰商讨，朱批说：

"黔属仲苗之凶悍及从前地方官之姑息因循，皆朕所悉知，览所奏数条，虽属有理，然不可轻举妄动。鄂尔泰椹重明敏，实心为国人也，诸凡与之详细商酌而行。"

这时署理贵州巡抚石礼哈也想用兵，雍正内心赞同他们的意见，但怕他们少年鲁莽，把事情办坏，因而压住了。不久，何世璂出任黔抚，折奏主张招抚，雍正内心不以为然，但也允许他实行，然而不见效验。雍正四年四月，鄂尔泰折请贵州用兵，雍正大加赞赏，至此决定强力推行改土归流，是君臣几年间往复磋商的结果，一开始雍正从对苗民事务不熟悉，拿不定主意，到把握实情，做出裁断，是他吸收臣下意见的过程，所以这种奏折，便于君臣商讨事务，决定政策措施。雍正说的话不是那么肯定，并不是为了推卸责任，事情成功了就归功于自己，失败了就把责任推给臣下，而是要大家商量，他从中考虑。

雍正要了解的情况较多，有地方政事的好坏，地方官的实际才能，大吏对待属员是否公正，军队的训练和纪律，水旱和农业生产，百姓的生活和风俗，以及本省和外地的重大事情，概括起来，就是地方吏治和民情，可以说它们分别是奏折的第二项、第三项内容。

二、雍正用奏折考察地方吏治，从他的实践来看，着重是在对地方官吏的考察。当李卫出任云南盐驿道的时候，雍正在云南总兵马会伯的奏折上批道："朕最近听说李卫行事狂妄放纵，操守也不如从前，是真的吗？你不能顾及情面或者是借机报复，据实奏闻。"这是在暗中调查李卫。等到他出任浙江巡抚的时候，雍正在他的奏折上批示说："朕对新任黄岩镇总兵董一隆不太了解，等他上任以后，你好好关注他，密奏给朕。"

雍正派大理寺卿性桂到浙江清查库房，要他到浙江以后，只要有事，就全部用奏折上报。性桂到任后发现杭州将军鄂弥达和李卫之间存在隔阂，就报告给了雍正。田文镜也上奏折，说李卫是“当代不可多得的贤臣，难能可贵，但是不会驾驭属员，不太符合地方大员的身份，皇上的嘱托也没有完全办到”。以“模范督抚”李卫来讲，他密奏别人，别人也密查他。雍正对亲信和非亲信，了解的或不甚了解的，中央差遣人员和地方官员，都令臣下互相监察。文武不同途，互相监察就超出了正常范围。上级监督下级，本是应有职责，但又要密访密奏，就不全是正常的考核了。中央特差人员只解决专门问题，报告地方吏治，则是额外的事情。属员向皇帝汇报上司的事，是不正常的，但雍正很重视这类报告，他要地方官反映上司是否公正。

三、雍正十分关心地方上绅民的情况，希望从奏折中获得确切消息，雍正在广西学政卫昌绩的奏折上批示：“你在当地的所见所闻，何不一起报告给朕呢？”卫昌绩就上奏说：“粤西的风俗应该要整治一下才行了，绅衿的行为需要约束，当地百姓见到乡绅和士子就像是见到老虎和狼一样害怕，民间俗语说‘举人阁老，秀才尚书’，官员来了还会走，但是绅衿一直都在，时刻威胁到他们。”雍正从他的奏折中了解到了当地的实情。雍正七年，暂时代理直隶总督的刘於义上奏折说：“隆平县的农民李思义等人妄称跪拜太阳可以消灾避难，利用人们害怕的心理接受信徒，骗取钱财，但是并没有党羽，请将李思义流放到边疆，其余的人从轻发落。”雍正同意了他的请示，但也指出他的奏折中没有说到李思义到边疆以后的管束问题，让刘於义再次上奏的时候说出具体措施。

四、讨论用人问题和利用奏折启示官员，也是奏折的一项内容。雍正四年八月，鄂尔泰上奏说明滇黔两省官员的情况，雍正在奏折上明确提出，用人是为政的根本大事，而观察人，是要看他具体所做的事情，看他的变化。这是雍正治理政务的一个方法，他试图通过奏折让大臣也学会运用。

田文镜刚被提拔为河南巡抚的时候，报恩心切，雍正怕他会急躁办坏事，就对他说，不要急躁，要正确理解皇帝的意图，才是大臣立足的根基。这是针对具体人、事而发，此类事例有很多，李卫往往因为不拘小节与别人发生争执，雍正就多次批评过他，要他改掉那些小毛病，官员之间只有同舟共济，才能把事情办好。

五、雍正在奏折中表彰或训斥一些官员。雍正在朱批中训斥臣下，非常严厉，他经常借用奏折评论人物，并决定或宣布官员的取舍任用。

有些事有特别的机密性，雍正通过朱批谕旨下达命令，以免走漏风声。查嗣庭案发，雍正在李卫奏折上批示，要他和杭州将军鄂弥达选派心腹，立即去抄查嗣庭的家。这是亟待执行的绝密命令，不走颁布正式公文的渠道，避免被查抄人获知消息，先行准备，破坏抄检，通过奏折就可以保证秘密不至于泄露。

奏折所包含的内容非常广泛，涉及政策的制定和执行、官员的取舍，决定了它的保密性。雍正一再要求保密，如果做不到，就不要上奏折，保密是写作奏折的前提条件。这是要求当事人不得转告他人，更不能交他人观看，只有雍正特别指令时，才能让他人知道，若私相传述，即使保密性较小的内容，也是非法的，对于不遵守奏折机密的人，雍正采取了必要的惩罚措施。雍正初年，封疆大吏多半派亲属或亲信在京，拆看奏折，为的是帮助他们了解朝中情况，看此奏折是否合适，然后再决定上奏与否。对于皇帝的朱批，他们也提前阅读，以便早点儿做出应对。雍正二年，雍正发现了浙闽总督觉罗满保、山西巡抚诺岷、江苏布政使鄂尔泰、云南巡抚杨名时等人存在这种情况，决定停止他们书写奏折的权力，以示惩罚。这样一来，需要同皇帝商酌的事不好办了，杨名时等人只好承认错误，雍正也允许了。没有处分路振声，只是因为他是武人，对这方面的意识不够，对这类奏折人要求低一些。

雍正知道，制裁不能成为主要手段，重要是制定奏折保密制度。他采取了三项措施：一是收回朱批奏折。奏折人在得到朱批谕旨后，要在规定的时间里上交，放在宫中保存。奏折中的朱批，也不能够公开。二是打造专用的匣子和锁。雍正命人特地制作了皮匣，再配上专门的锁和钥匙，一起发给官员，上奏的时候，把奏折装在匣子里，差专人送到京城。钥匙有两份，一份给奏折人，另一份在皇帝手中，这样就只有当事人和皇帝才能够打开匣子，观看奏折，别人不能开更不敢开。匣子一般只发四个，只能用来传递奏折。广州巡抚常赉的奏匣被贼盗去，只得借用广东将军石礼哈的奏匣，不敢仿制。三是奏折不经过通政司，而是直接送到内廷，或者是雍正指定的王公大臣，然后再转交给雍正，这样，别人就不会知道除地方大员以外，还有一些什么人能上折子了。被指定转传奏折的人，有怡亲王允祥、尚书隆科多、大学士张廷玉、蒋廷锡等人。雍正批阅的时候，不会让他人参与。

奏折制度的作用，可以归结成三点：

第一，强化皇帝处理政务的权力。明朝初年，朱元璋废除中书省和丞相，加强皇权。到了雍正，奏折成为官方文书，一切重大的事情都先通过直接请示皇帝，绕过了内阁。所有的事物，皇帝都可以直接做出决策，而不会担心遭到反对，皇权达到无以复加的地步。此外，皇帝通过奏折了解地方上的情况，为制定政策提供了较为可靠的根据。

第二，奏折文书的制度化，成为推行雍正政策的工具。他的政策，通过奏折和大臣进行反复讨论，可以迅速确定下来，又利用这种文书，指导和监督它的实行，从而大大提高行政效率，促进改革政治的实现。

第三，通过奏折，皇帝可以很好地控制官员。秘密奏折制度，使官员互相监督、互相告密，使他们不敢胆大妄为，对雍正更加畏惧，做忠顺的奴才。

雍正喜欢使用耳目来获得真实情况，但也知道耳目有时蒙蔽人，所以也不是对他们绝对信任。四川巡抚宪德上任之初，苦于无耳目，不了解情况，并以此上奏折，雍正说用耳目有利有弊，在利用他们的时候要能够识别真假。使用耳目，但又不完全依赖于耳目，这是他区别于一般平庸君主的地方。

奏折制度是一种文书制度，它的确立，不像某个官衙的设置，看似无形，但它的影响之大，远远超出一般衙门的兴废，它涉及君臣间权力的分配，是官僚政治上的重大变化。

奏折制度，也是一种告密制度。告密使得群臣互相猜忌，是一般人所反对的，因为这是不正当的。雍正死后，谢济世写了一篇《论开言路疏》，提出广开言路，取消奏折制度。据说还得到乾隆的首肯，实际上他并没有取消，而是坚持实行奏折制。

设立军机处与皇帝总理庶务

雍正七年，雍正对西北用兵，征讨策妄阿拉布坦 。为了这场战争的顺利进行，他采取了很多措施，设立军机处，便为其中的一项。

六月，雍正发出上谕："西北两路的军务，朕已经考虑了很多天了。所有的后勤供应事务，都交给怡亲王允祥，大学士张廷玉、蒋廷锡三人秘密办理。"对后世影响深远的军机处，此时正式成立了。

雍正究竟于哪一年设立这个机构，载籍所示不一，有雍正七年、八年、十年各种说法。王昶说军机房设于雍正七年，他在乾隆前期即为军机章京多年，他的说法具有权威性。《清史稿》的记载，在《职官志》和《军机大臣年表》两处自相矛盾，《军机大臣年表》记录雍正七年建立军机处，而《职官志》则说雍正十年，用兵西北，始设军机房，后改军机处，它的失误很大，完全弄错了时间。

雍正十年（1732 年）春，雍正命大学士等议定军机处的印信。三月初三，大学士等拟议印文用"办理军机印信"字样，雍正同意，命交礼部铸造，制得归军机处，派专员管理，并将印文通知各省及西北两路军营。不久，印信改由内奏事处保管，军机处使用时请出。

军机处要办理一些机密和紧急的事务，办公地点就肯定要靠近皇帝的寝宫，而不能像内阁在太和门外，如果设置得太远，皇帝处理事情就要走很长的路，浪费时间。军机处的办公地点叫作军机值房，最初设在乾清门外，之后设在乾清门西边，到后来就直接搬到乾清门里面了，与南书房相邻，再后来又移到隆宗门的西面。不论是在乾清门内或门外，都离雍正的寝宫养心殿很近，联系起来比较便捷。雍正非常节俭，军机处最初设立的时候，也只是用几块木板搭成的房舍，建筑很不讲究，乾隆即位以后，觉得和皇帝的尊贵身份太不协调，才改造成瓦房，稍微正式了一点儿。

军机处设有军机大臣，正式称呼是“军机处大臣上行走”“军机大臣上学习行走”，统称“办理军机大臣”，“军机大臣”则是对它的简称。人数不限，是雍正从大学士、尚书、侍郎等官员中选出来的，主要职责是聆听皇帝的旨意，然后草拟文书。军机大臣下面又设立了军机章京，他们原本都有自己的官职，只是临时来替皇上办事。军机大臣不是一个专门的职位，本职工作仍然要照常办理，军机章京倒是一个专职，只不过他们的编制仍然属于原来的衙门，升职或者调职也在原衙门进行，所以王昶说军机处不是正式的衙门，也没有设置正式的官职。

军机处这样闻名后世的机构，原来是这样子的，所以它问世后的很长一段时间内，都没有被人们承认为正式衙门。最早担任军机大臣的张廷玉，乾隆时期他叙述自己的履历，详细述说了他曾经担任过的各种官职和爵位，甚至临时性的差使，唯独没有说担任过军机大臣。乾隆五十年前后纂修成的《清朝通典》《清朝通志》《清朝文献通考》等官书，也没有把军机处作为正式衙署看待。军机处虽然成立了，但是只有值房，没有正式衙门，所以不被人承认，人们也没有充分意识到它的重要性。

在军机处设立之初，主要是办理战争、军政和八旗事务，而后扩大范围到所有的机要政事。雍正每天召见军机大臣，形成一套制度，每天寅时（3:00—5:00），军机大臣和军机章京来到办公地点，辰时（7:00—9:00），皇帝召见，如果有紧急事务的话就提前召见。每天见面一次，有时几次。退出后，军机大臣书写文件。雍正刚刚即位的时候，办理康熙丧事，又面临着允禩和允禵这些政敌的威胁，可谓是内忧外患，需要处理的事务非常多，所以特地下令让张廷玉协助办理翰林院文章的事情，张廷玉当时的地位还没有那么尊崇，只不过是个吏部左侍郎罢了，那时，只要雍正有旨意了，就召张廷玉。雍正说出大概的意思，有的时候没有桌子，张廷玉就直接跪在地上书写，稿子写完之后就立即拿给雍正看，每日不下十几次。

张廷玉是个非常有才华的人，他虽然没有什么显耀的政绩，但是经他写出来的文章，往往能够非常准确地表达出雍正的意思，所以越来越得到赏识，军机处设立以后，他就当了首任军机大臣。当时西北两路用兵，正是异常紧张忙碌的时刻，经常从早忙到晚，有的时候甚至到凌晨还不能休息。到了后期，雍正身体不好，只要有旨意，都让张廷玉去书写。

经过张廷玉的规划，军机处逐渐形成了一套制度，规定对不同等级的官员，要用不同格式的文书，信函的表面都注明“某处某官开拆”，封口处盖有军机处的大印，显示出保密程度很高。

有时，雍正也会为了一些具体事务向军机大臣征询意见，以备采择。朝内外官员所上奏疏，雍正有的发给军机大臣审议。这样军机大臣可以和皇帝面议政事，有参议的职责和权力。

官员的奏折，皇帝看完以后会写上“该部议奏”或者“该部知道”，没有批阅的，就交给军机处抄成副本，加以保存。

军机处的最后一项任务是保存文件，对决定政事无关紧要。参议政事一项，要由皇帝决定参议某事，不是固定职权，其与闻事务的多少，与皇帝从政能力，兴趣有关，雍正时代，军机大臣不过是承旨办事，只负责转述皇帝的意思，但不可以加入自己的想法。这个结论，用在雍正时代最为确切。军机大臣对皇帝负责，它的下属军机章京因系其他部门官员兼任，所以他们之间虽有上下级关系，但后者不是前者的绝对属吏，很难结成死党，因此军机大臣不能只绝对秉命于君主。

雍正是从九子夺嫡的斗争中冲杀出来的，失败后的兄弟们又一直虎视眈眈。他就更要紧紧地抓住权力不放手了，正是在无专署、无名分的烟幕掩护下，一场无形的夺权斗争在节节推进。军机处的职掌从前线军务逐渐扩大到一切政治事务。雍正利用这个机构，不但亲操军令，而且夺得了内阁的大部分政令权。以往皇帝做出决定以后，还要经过内阁的票拟，有不适当的政策就会被反驳，现在军机大臣直接奉旨撰拟机务和用兵大事，剥夺了内阁的票拟权，使它只能写写一般事务的文件。往日的内阁大学士，倘若不被邀请兼任军机大臣，其职务就形同虚设了。雍正所用的军机章京，大部分都是从议政处调来的满人，这样一来，议政处也形同虚设了。

军机处的性质，还从军机大臣和军机章京的任用显示出来。雍正任命怡亲王允祥，大学士张廷玉、蒋廷锡、鄂尔泰等人为军机大臣，内阁侍读学士舒赫德、蒋炳、庶吉士鄂容安等人为军机章京。想被任命为军机大臣，首要条件是要有官职，但主要取决于他同皇帝的私人关系，雍正只用他的亲信，对于出身倒不是那么在乎。这些亲信入选之后，必定更忠于皇帝，所以军机大臣只能从事撰述传达工作，而不能成为与天子有一定抗衡权的宰相。雍正给军机处书写“一堂和气”的匾额，希望他的亲信们不另立门户，共同为他效力。

归军机处办的事情，不问大小，都在当天完结，决不积压，效率自然就高。寄信方法也是快捷的。张廷玉提出由驿站传送，根据函件内容，决定递送速度，写于函面，凡标“马上飞盛”字样的，日行三百里，紧急事，另写日行里数，或四五百里，或六百里，甚至有八百里的。这就和内阁发出的不同了，内阁的明发上谕，或由六科抄发，或由有关部门行文，要多经手一个衙门，就浪费很多时间，保密也不容易。

军机处是在雍正清理财政之后设立的，当时整个吏治比较好。军机大臣虽然位置很重要，但没有什么特权，只不过是每天能多见皇帝几面而已，自己又没有提意见的权力。雍正允许军机章京和军机处笔帖式挂朝珠，表示宠异。其中编修、检讨、内阁中书均是七品小官，他们破例得同四品以上官员一样挂朝珠，是雍正给的特殊荣誉。然而这种虚荣，并没有实质性的好处。嘉庆五年（1800年），仁宗曾就军机处漏密事件发布上谕，他说：“军机处台阶上下，窗外廊边，拥挤多人，借回事画稿为名，探听消息。”因此规定不许任何闲人到军机处，即使亲王、贝勒也不可以到军机值房同军机大臣议事，违者重处不赦。当时的军机处官员非常注意保密，不跟那些不相干的人来往。这是乾隆后期以后吏治败坏下的情况，雍正年间军机处官员的廉洁，使他们有可能不违法，保守机密，得以忠实地履行职责。

军机处的设立是清代中枢机构的重大变革，标志着清代封建中央集权发展到了顶点。雍正创设军机处，取代了内阁和议政处的作用，是行政制度上的重大改革。军机大臣虽具有一定权力，但主要是秉承皇帝意旨办事。所以行政机构的改革，加强了皇权，军机处设立与奏折制度的确立相辅相成，雍正亲自批阅奏折，天下大事全部由他一个人决定。

改定律令

《大明律》是《大明律集解附例》的简称，是中国法制史上具有划时代意义的法典，由朱元璋建国以后命令编撰。它继承了明代以前中国古代法律文献的历史优点，是中国古代法律编纂的历史总结。清律，订于顺治三年（1646年），大体上沿袭于明律。康熙时有所变化，以《现行则例》颁发执行，对律文未作正式变动。

雍正元年，御史汤之旭上奏称《现行则例》对罪名的判决轻重不一，和事同法异等弊病，建议重新修订律例。雍正采纳他的建议，命吏部尚书朱轼主持这件事，雍正非常重视，重新拟定的条文，一句一字，亲自审阅，还同诸臣讨论。雍正三年书成，雍正五年正式公布。律文四百三十六条，添加典型案件八百二十四条，卷首有《六赃图》《五刑图》《狱具图》《丧服图》《纳赎诸例图》等图。律有正文和注释，在文字上面做了很多更改。有些律例，比如婚姻门的“蒙古，色目人婚姻”，到清朝已经不存在这个问题，就删除了；新律将旧律的一些琐碎的条文加以合并，如将“边远充军”条归入“充军地方”条内，它对旧律的某些条文作了若干变动，又增添了新的条文。这次律文制成之后，后代虽有变化，但只是增加附例，而律文本身没有任何改动。到宣统年间，《现行刑律》制定，才对它作了较大更改。

雍正年间，盗贼蜂起，尤其以直隶、江南盗劫案最多，所以新的律例在有关盗贼方面所作的变动最多。康熙时对窃盗、窝主、逃人，处以割脚筋的处罚。雍正认为这个刑法将受刑者变成残废，使用应当谨慎，又说受刑的人还是太多，没有能区分轻重，起不到警诫的作用，下令将它永远废除。雍正六年十一月，修改奴仆盗窃家长财物例，原例犯此罪者，照平民犯罪减等论处，不用被刺字，最多只会流放，雍正把罪名给拆分了，具体对待：若奴仆自盗，依平民处理，不减等，仍刺字；若勾引他人，按赃数确定罪名等级，在一百二十两以上者判处绞刑，监候处决，三百两以上则判处斩刑，并不准特赦。这个改动，由雍正主动提出，他比照监守自盗例论处，是将这类案情从重处理。

雍正七年四月，刑部奏请制定盗贼家属处分条例，提议只要是盗贼同居的父兄伯叔，明知其为匪，或者还分受财物，如果按照实情自首，均准免罪，连本犯也可以减免，如知情而不自首，即使不分赃，杖一百，若知情又分赃，照本犯罪减一等发落。雍正批准了他们的建议。雍正八年，将盗匪严行惩治，无论是主犯还是从犯，全部正法。三年以后，盗案明显减少，就取消了这个特殊条例，再抓住盗匪的时候，仿照其他省份，按“法无可贷”“情有可原”不同情况结案。

雍正从维护宗族制度出发，改定有关律例。清朝秋审，原将案件分为证据确凿、缓期执行、值得商讨、存在较大疑点四种，判决有死刑立即执行的、缓刑、等待进一步调查处理的。康熙规定：犯了不可饶恕的死罪的，祖父母及父母年在七十岁以上又有疾病，家中又没有其他子女可以赡养老人的，可以根据他的犯罪情节，由皇帝决定是否处以死刑，如果商讨之后可以用流放代替的，就杖一百，余罪收赎，存留养亲。雍正二年，雍正指示要看被害者家中是否有其他子女，否则杀人之人反得留养，死者家中若无其他子女，就不合情理了。同时他严格要求留养者赔偿银两，于雍正三年定出具体数目，若不能赔偿，仍然法办。同年又做出具体的规定。存留养亲，本为养活尊亲，也包含有使尊亲后嗣有人，香火不断之意，雍正定下的有关定例，把这个意思进一步明确了。如有关条例规定：若丈夫打死妻子，但不是故意杀人，而且父母已经去世，家里没有其他香火可以延续，可以把他枷号两月，责四十板，准其存留承祀。设立了这类条例，自雍正起，秋审四类处分外，增加“留养承祀”一类。对于宗族内成员之间的犯罪律例，雍正也有所改动。江西永新县民朱宁三屡次犯窃，迫使哥哥朱伦三典当家产，卖掉子女代为赔偿，可是朱宁三不争气，又偷牛被抓，朱伦三气愤之下和侄子朱三杰淹死了朱宁三，刑部拟朱伦三流徒，朱三杰徒刑，雍正不批准，他认为连累叔伯兄弟的恶人，犯罪可能不至于死，但是族人为了除掉恶人，训诫子弟，以治家法，杀了人，也是为了惩奸除恶，情非得已，不应当按照常规法律来判决，因此将朱伦三、朱三杰二人免罪释放，同时命制定适用于类似事例的法律，经九卿讨论，定出新例，合族公愤，以家法处死不肖子孙，如死者确有应死之罪，将为首者照罪人应死而擅杀律予杖，若罪不至死，将为首者照应得之罪减一等，免其抵偿，雍正批准。他针对原来律例中涉及三纲五常而处刑不合理的问题，重新制定法律，既维护尊长的权力，又不允许他们为非作歹，使刑律更合理一些，使宗族在实际上具有一定的司法权，提升了宗族制度的法律地位。

在司法行政方面，雍正对“决囚”颇为注意。雍正朝以前，秋审人犯，在京城被判定为证据确凿的，要奏报三次，以定“予勾”（死罪立即执行）、“未勾”（死罪暂缓施行），在地方上的，直接判处，也就是没有三复审的可能。雍正表示要“慎重民命”，于雍正二年四月下令，地方上也要实行奏报三次的制度。这是把处决权收归中央，避免权力的滥用，一定程度上加强了司法公正，而最终是加强皇帝的司法权。

雍正不断研究司法中的问题，发现人命案件中，谋杀的少，误杀的多，大多数都是为了一些小事发生口角，打起来的时候就不顾性命了，等到要抵罪了才追悔莫及。他认为这是因为愚民无知，不懂法律。他也知道法律条文太多，一般人都很难知道，为此命令刑部，把有关人命的律例逐条摘出，详细讲解说明，做到家喻户晓，人们都知道奉公守法了，人命案件自然就减少了。

上述雍正的司法活动，可以看出他的主要目的是强化治安，以严刑峻法警告那些触犯刑律的平民和贱民，维护封建社会秩序和地主阶级的私有财产制度，所以他制定司法的地主阶级性质非常清楚。同时也进一步增强皇帝的司法权，如全面实行三复审制度。

这些法制条文贯穿了他的为政务实精神，不拘于成例，从实际出发加以改变，如改定关于宗族成员间犯案处分的律例，既不一味维护尊长利益，又不使卑幼无故遭殃。

有的地方执法从严，十分残酷。雍正三年，雍正决囚时说："人命重案，务使情法得中，严固不可，宽亦不可。从来法宽则愚民易犯，非刑期无刑之意。"司法要合情合理，最终目的是确保社会的稳定。他的遗诏说从前宽厚的律例，经他改严的，是为整饬人心，改变风俗，原来只打算行于一时，等到弊病革除之后，就可酌情恢复旧章。以后遇到这类事情，就要细加考虑，该照旧例实行的就取消新例。说明他定下来的法律法规总体上来说很严格，他在司法上的严，也是他严猛政治的体现。

增设行政机构

雍正大量增设府、直隶州和州、县等地方行政机构，对地方官的任用也作了一些改变。雍正二年，山西巡抚诺岷建议撤销卫所，改归州县管辖。雍正命兵部商议以后回复，兵部不赞成，理由是军、民户役不同，不方便归并；武举人员的出路是卫所的守备和千总等职位，裁撤卫所，就是断了他们的做官之路。雍正与他们的看法截然不同，责备他们目光狭小，指示除边远的卫所以外，内地所有卫所，全部归并进州县的管辖范围。为了把这件事做好，他要求各省督抚详细规划合并事项，吏、兵二部研究武科甲的出路问题。变卫所为州县，他的决心很大，这是地方行政区划改革的内容之一。同时进行的是增置府州，这比卫所改制涉及范围更大。各地督抚见雍正支持诺岷，都不甘落后，纷纷提出申请，雍正一一采纳，在短期间内许多省的行政区做出了变动。据《清史稿·地理志》所载，增设和复置的府有三十三个，直隶州、厅五十八个，州、厅二十八个，县八十五个，共计二百零四个。清代约有一千七百个府厅州县，雍正年间变动的占到总数的百分之十二，可见改动的比较多。这是添设和提格的，还有的县以及村镇改变了归属的省份，如直隶的内黄、滑、濬三县拨归河南，而河南的磁州转属直隶，祥符县的辛安社、仪封县的李家庄改隶山东曹县。所有这些变易，都由雍正批准。他还给新置州县命名，如因太湖古名震泽，就按照这个来命名，吴江县析出之县、山东博山、台湾彰化等都是他定的名称。

在未增置州县以前，福建人兰鼎元写过一篇《论江南应分州县书》，他认为苏州、松江、常州、太仓等府州的属县应当析小，原因是这里赋税多，县官忙不过来，划小了才便于征收。他的分析后来被两江总督查弼纳采纳，查弼纳因之上奏，提出重新划分县域的理由："这些地方所征的赋税款项繁多，要处理的政事太多，地方官就算再有才也治理不过来，只有把这些县的范围划小，才方便办事。"苏州、松江、常州是鱼米之乡，非常富裕，征收的赋税就很重，那些地方的县城征收的钱粮，多的可以达到每年四十多万两，少的也不下二三十万两。一县的钱粮，比有的省份还要多，云南整个省一年的正额钱粮才只有二十万两，贵州全省地税丁银六万六千两，杂税一万三千两，仓粮十一万四千石。苏州、松江、常州、太仓所属的长洲、昆山、吴江、嘉定、常热、华亭、娄县、上海、青浦；武进、无锡、宜兴、太仓，合计正赋银米三百五十五万，比滇黔两省的总和还要多出许多倍。达到全国丁银的百分之十以上。这么多的赋税由极少数人来管，很难征收齐全，需要增添县署。分县之后，松江流传开了一首民谣："百里分城隔浦天，东南半壁又三分。莫看斗大州容易，堂上琴声几处闻。"意思是重新划分之后，这些州县的事务仍然很繁重。江南分县最具代表性，其他地区也有类似的情况发生。升州增县，方便了地方官办事，根本原因是为了征税的顺利进行。

直隶的三个县改归河南，是为了解决河南的漕运问题。河南每年漕粮有二十万石，要在规定期限之前送到通州粮仓，运输由河南负责，运输路线是由卫河进入大运河，转输线上有一段属直隶辖境，有很多沙石浅滩，航行不便，需要经常疏浚，因该地区不属河南管辖，指挥施工时很不方便，因而河道不能畅通，河南漕粮不能及时交仓。田文镜为了解决这个问题，奏请将沿河的内黄、滑、浚等三县改归河南，这几个县比较富庶，直隶总督李维钧不乐意划分，但雍正出于实际需要，还是在雍正三年批准了田文镜的请求，改变该三县的隶属关系。事情马上就变得容易处理了，当年的漕粮就如期交仓。雍正于四年（1726 年）向继任直隶总督的李绂说起此事，李绂和田文镜的关系不好，就把这件事的顺利进行说成这是三年雨水大促成的，而不是行政区划变动造成的。结果当年的漕粮，田文镜上交得更早，雍正又问李绂还有什么话说，李绂哑口无言。事实上，这种改变是取得了预期的效果。

清初，四川人烟稀少，所以就只设置了二十个县，康熙五十年，四川巡抚年羹尧请求复置铜梁、岳池二县，到康熙六十年（1721 年）铜梁才获准复置。雍正七年，川抚宪德上奏说四川人口增长了很多，改变了地广人稀，政事简少的情况，建议恢复双流、崇宁等十四县，雍正全部批准了他的要求。此外，改建宁卫为宁远府，升雅州、嘉定、铜川三州为府，升锦州、茂州、达州、忠州及资县为直隶州。

改变地方政区和行政单位，无论是因为赋多事繁，还是为了方便实行政令，或者是人口增殖，都是雍正为保证清朝政府的赋税征收，适应客观条件的变化而采取的措施。所以说保障赋税，是产生这种变更的首要目的。

除这些外，还有就是原来的辖区太大，地方长官管理起来很不方便，为了加强对地方的治理，才进行地方机构的调整。

这些措施的实行，加强了皇帝和督抚对基层的控制和管理，督抚对州县官的考核和任用权也加大了，有利于吏治的澄清，推行新政。请旨补授，这是雍正把吏部铨选权削弱了，进一步强化了皇权。

CHAPTER

第十章 移风易俗 10

清朝初期，社会秩序很不安定，虽然国力得到一定的恢复，但社会风气没有太大的改观，百姓生活在水深火热之中。雍正帝曾说：“朕之移风易俗为心，凡习俗相沿不能振拔者，咸与自新之路，所以励廉耻而广风化也。”移风易俗，是他行政的重要内容。他采取一系列措施，将封建统治深入民间。

盗案累累

清朝年间，盗窃和抢劫屡禁不止，其中以直隶和江南两省最多。当时苏州人沈德潜写了一首纪实诗:“南方多暴客，杀夺为耕耘。靴刀裹红帕，行劫无昏晨。事主诉县官，县官不愿闻。”这首诗反映了强盗在江南的猖獗，下层统治者对这种情况不闻不问。劫匪中不仅有汉人，也有很多八旗子弟。从暗中贪污、盗窃逐步发展到公开抢劫，给社会风气带来了特别恶劣的影响。雍正为了安定社会，维持其统治，除加强教育外，也采取了一些有效的措施来解决这一问题。

雍正五年正月初一，有四五伙强盗在江宁城里一起抢劫，很多小偷趁着混乱，也加入劫掠中。本来城里到处洋溢着新年的喜气，结果满城风雨，人们连白天上街都不敢了。这件事极大地震动了雍正，也让他开始极端重视盗劫案。在河南，田文镜对匪徒的窝点进行了好几次围剿，杀掉了一些为首的人，使得当地的匪徒难以再形成大的规模。雍正在田文镜的奏折上批道，“朕自从即位以来，曾经日夜思索，却总是没有好的对策，盗窃抢劫，是伤风败俗的事情，必须得严厉打击。朕为了改变匪徒猖獗的现状，不得已才严格要求督抚大吏，使督抚大吏也能严格要求下属的地方官，这样一来，地方官当然就会对捕快衙役施加压力，免得他们玩忽懈怠，放纵贼人”。

雍正初年两江总督查弼纳因盗贼太多，加派了许多守卫四处巡查，又在河道钉木桩，防止贼船的出没。可是尽管他们加强了防范，盗贼肆虐的情况还是没有得到很好的改善，仅仅在一个月中，江南提报的盗劫案件就有一百零九起，没有报的肯定也还有不少。雍正五年，松江府奉贤县发生了黄三圣等人抢劫当铺的事件。第二年，江苏巡抚陈时夏上奏说有四个蟊贼，在半夜里拉着大车，偷了三千多匹绸布。雍正皱着眉头说：“三千多匹布，就算是用大车拉，也不是一时半会就能运走的，更何况是四个人，陈时夏太糊涂，被下属蒙蔽了也不知道，这不是几个小蟊贼能办到的，肯定是一伙强盗抢劫的。”

在雍正的严格要求下，经过一年的时间，直隶一带的强盗遭到了很大的打击，地方官都报告说盗窃抢劫的事情基本上已经没有了，但是实际上偶尔还是会发生的。六月初九，一伙八旗子弟偷偷溜进卢龙县县衙，想要趁夜偷窃。卢龙县的知县卫步青，胆小怕事，早就被盗贼吓破了胆，每天躲在卧房里，一步也不出去，吃饭的时候命人把饭食送到卧房，至于政务就全部交给手下的幕僚。那伙八旗子弟来到县衙的书房，见有人正在写公文，误以为是知县，五花大绑带了回去，之后严刑拷打。根据他提供的线索，他们又返回县衙，把里面的钱财洗劫一空。卫步青怕遭到处分，只报了个失窃，也没见幕僚再回来过。同一天夜里，有个贼进了副将胡杰的内宅，当时胡杰正好在外屋睡觉，听见响动，进来发现有贼，只见那人用黑布蒙着脸，只露出两只眼睛来，看到有人过来，立即就逃走了，胡杰习以为常，也不报案。十一月，有十几个人在大白天抢劫山海关的一家何字号当铺，衙役和捕快就好像不知道一样，不闻不问。直隶总督、提督，还有巡察御史等大臣，也不想去查处盗劫的案子，既不查处，也不奏报，雍正很不满意，责令他们把事情明明白白地全部上报。

其他地区也是经常发生盗劫案，情节特别严重。雍正六年（1728 年），山东济宁州城内，一伙人冲进监狱，放出了之前被抓的同伙，然后又抢了仓库，接着持执兵器，突然袭击正在聚会的文武官员，把游击、守备、州同、闸官等官员砍伤。雍正为此命给地方官配备雇佣的仆役，以保护他们。沈二、杨二等人进入南昌知府和盐驿道两个衙门盗窃，被发现以后逃往河南，被田文镜抓住了，田文镜把他们发回原籍江西审判，结果他们在押送的过程中间又跑掉了。

有的盗窃案只是个别人的小偷小摸，也有几百人成群结伙，组成山贼，他们抢劫官衙和府库，闹得官府不得安宁。有的土匪不分对象，乱抢乱杀，危害性极大。尽管雍正下发了命令，但是情况仍然得不到改善，因为地方多盗贼，说明了地方官没有才能，政绩差，不如瞒着不报，或者是以多报少，潦草结案。

雍正知道这种情况，力图改变，采取了多种措施。

雍正元年十二月，他说："有的地方官害怕盗案遭到参奏，所以不往上报，有的把抢劫说成偷窃，有的把多报成少，有的贿赂被抢的人，让他们帮忙隐瞒，以至于盗贼越来越猖狂。"为此他命九卿重新制定处治隐瞒案件的办法，加重对盗案的治理。次年二月，刑部回复了对于隐瞒案件的处分：讳盗不报的官员，根据具体情况，分别降级，最重的降四级。对于那些偷盗的人，如果被抓住三次，就处绞刑，抢劫或偷窃的数量达到一百二十两以上的也处绞刑。雍正把它全部批准了。此后，注意对它的实行。

雍正五年，河南总兵纪成斌在奏折中讲到一起盗案，说案犯不过是个游手好闲的无赖罢了，只想着抢劫有钱人，倒不是什么图谋不轨的人。雍正对他的看法大不以为然，把他狠狠地教训了。雍正是居安思危，以小事为大事，从盗贼掠富，想到群众武力反抗他的国家，所以才让大臣们严肃对待。

为了整顿京城治安，雍正下令，把京城中的无业人员全部当作恶棍，赶出京城，又把京城中自称神仙的和尚和那些聚众做法事的人押回原籍，永远不许他们离开家乡，若有再来而被查获的，就把当地官员一起治罪。对于屡教不改的八旗子弟，尤其是宗室子弟，把他们赶回东北长期定居。清政府将不安守本分的人撵出京师，减轻京师治安压力。这一做法确实对加强宗室教育，改变风气起到了一定的作用。

但是在地方上，考核地方官政绩的方法没有变，人们的生活水平没有得到实质性的提升，所以盗贼屡禁不止，地方官也仍然讳盗。事实表明，雍正的努力没有取得太大的成果。

推行“教化”

雍正七年，雍正命令在乡村里设立乡约，每个村子里都派遣一个人当约正。他们主要负责记载村里人做的好事和坏事，然后对百姓进行表扬和规教。同时，他们还需要负责宣讲《圣谕广训》。

《圣谕广训》是雍正二年出版的，当时是国家推行的教材。它源自康熙皇帝的《圣谕十六条》，雍正即位后加以解释。主要是告诫世人要遵守法律和应有的德行、道理。雍正在各地推行宣讲，并定为考试内容。这十六条是：

敦孝悌以重人伦，笃宗族以昭雍睦，

和乡党以息争讼，重农桑以足衣食，

尚节俭以惜财用，隆学校以端士习，

黜异端以崇正学，讲法律以儆愚顽，

明礼让以厚风俗，务本业以定民志，

训子弟以禁非为，息诬告以全良善，

戒匿匪以免株连，完钱粮以省催科，

联保甲以弭盗贼，解仇忿以重生命。

它全面系统地解释和宣扬了封建社会的三纲五常，让人民安分守法。雍正深知它的作用，说它民间的一切问题都讲到了。他为了使人明了这十六条，写了一万多字来解释它，希望人民不要把它当成空虚的教条，而是要仔细体会其中的道理，并用来约束自己，改掉不好的习惯。

雍正要求各个地方都要宣传《圣谕广训》，每月初一、十五宣讲两次，宣读是一个非常严肃的过程。曾静写的《大义觉迷录》，也由地方官和乡约宣讲。

有的地方官考虑到宣讲时由于犯罪的人不在，所以不能对他们进行教育，就建议在聚会的地方做一个木牌，上面写上那些犯罪人的名字，以便于人们帮助他，监督他，等一年后他改正了，再把名字从榜上去掉。雍正说太过于残暴的人，乡约会害怕他们，所以不敢写上他们的名字，可能反而会把那些犯了小错的老百姓给写上去，他怕这个方法没有什么实际意义。不过他又认为没什么损害，可以试行，只是注意办好，不要弄成民间的笑料。

《圣谕广训》也就一万多字，每月宣讲两次，用不了多久也就读完了，老是讲相同的东西，也没人愿意听。所以尽管雍正管得很严，听众和宣讲人都只把它当作一篇文章，随便读一读就过去了。

北京广渠门内原来有一个育婴堂，雍正把它扩建了，交给顺天府尹管理，除政府会专门拨钱外，还要那些贵族和有钱人加以资助，主要用途是收养弃婴。雍正说："孔子讲在大同社会里，人们不会只奉养自己的父母，也不会只顾着抚育自己的儿女，'人不独亲其亲，不独子其子'，所以建立这些善堂，要向着孔子的目标去做。"雍正二年，雍正号召各地兴办普济堂和育婴堂。他在北京彰义门外又建了一个普济堂，专门收养无依无靠的老人和无以为生的病人，由国库拨款作为每年的经费，每个月派大臣去稽查。他希望京城做出榜样，地方来学习。在雍正的指导下，人们纷纷效仿，建立了各种善堂。例如，江苏扬州的贡生耿兆组捐出了三百亩田地，另外每年还捐二千两银子，建了一座瓜洲普济堂。河南确山县的官员拨出公田，然后有钱的绅士和商人买下田地，所得到的收入给贫民置办衣服和食物。

官僚、地主、大商人们拿出一小部分钱财，解决了少数人的生存问题，能够缓和贫富对立，有利于社会的稳定和政府的统治。它帮助政府赈济贫乏，政府也给予一定的报答。富人用钱财稳定它的统治，政府就用议叙作为与富人的交换条件。议叙是对优异官员的晋升、嘉奖等奖励，实际上也具有卖官的性质。后来雍正也在一定程度上承认了这一点。雍正十三年（1735 年）春天，山西巡抚石麟奏报曲阳、汾阳两个地方的绅衿愿意捐钱存放在公家，留着救济贫民。

原来“乐善好施”都是有事的时候才捐，现在却是无事备用，分明是为了议叙，所以雍正没有答应。

捐助本来是靠自愿的，然而因为雍正的提倡，视作移风易俗的一种标志，在具体实行时，甚至产生了强迫交纳的现象，背离了捐助的原则。

后来见事情的发展逐步偏离了自己的预想，雍正就对大臣们说：“养育弃婴，救济老人虽然是好事，但也并不是急事，不要操之过急。”

雍正六年六月，田文镜上奏说，河南孟津县农民翟世有下地干活的时候，捡到了商人秦泰的一百七十两银子，后来他把钱交给原主，秦泰要分出一半给他，但是被拒绝了，他的妻子徐氏也支持他这样做。田文镜就给他五十两银子作为奖赏，送了一块“士女淳良”的匾额给他妻子，又在县里给他立碑，教育百姓都要向他学习。

雍正觉得这些奖赏还不够，推行教化必须要有好的榜样，于是封给翟世有七品的官位，另外又赏银一百两，以表彰他的善行。雍正还要人们都要向他学习，说那些贪污腐败，品行不端的人，怎么能不惭愧呢？一个月后，田文镜又报告说商丘的贫民陈怀金捡到银子二十四两八钱，交还给失主，不肯接受失主的谢礼，和翟世有的善行很像，可以看见圣上推广教化的作用。雍正也大为感动，回复田文镜说：“朕教导臣民，想他们能够把做好事当作首要目标，希望天底下的人都能够改掉坏习惯，促进仁爱谦让的风气。从这两件事可以看出，民心淳朴，这是改良社会风俗的好机会，希望今后人们都有一颗乐善好施的心。”于是封给陈怀金九品官位，赏银五十两。自此之后，各地的人们相继效仿，纷纷呈报路不拾遗的事情。

路不拾遗，表明民风淳美，世道清明，自古以来作为盛世的标志。史书中偶尔也会有记载，但像贞观之治的时代，很少会有。雍正旌表拾金不昧，用以教育人民，方便政府的治理。他要人人讲礼义，人人做好事，社会就易于治理，奖励拾金不昧也是推行教化的一种手段。

用重赏来奖励路不拾遗的人，不可避免地会出现作弊现象。官员为表示他教导有方，劝奖有功，也常常会作假。乾隆即位后就规定：要是真有拾金不昧的事情，地方官可以适当给予奖励，但不许申报上司，督抚大吏亦不得以此陈奏。由此可见，雍正朝的路不拾遗，大多数只是雍正君臣的宣传罢了。

雍正之所以推行教化，一个重要原因就是由当时的历史背景决定的。清入关统治中原之后，逐渐接受了中国传统的儒家文化，推崇儒家礼治精神，将其视为立国固本的根本大计。清朝的所有帝王，都再三强调施行教化的重要性，声嘶力竭地要求大小官僚实力推行。另一个重要原因就是民间教门的泛滥成灾。清代下层社会民间教门组织多，活动频繁，影响巨大。这些教门不仅有结社性从而直接危害社会秩序、危害现行政权的一面，也有信仰性因而难以治理的一面，禁治民间教门逐渐成为清朝推行教化的重要目的之一。

推行保甲和宗族制

雍正二年二月，雍正颁布《圣谕广训》，第十五条是“联保甲以弭盗贼”，意思就是说要想人民安居乐业就必须要消除盗贼，而治贼的最有效的办法就是实行保甲制，让民众互相监视，让盗贼无处藏身。但是当时的保甲法实行得不是很好，虽然建立了保甲制度，但盗匪还是不能肃清。他希望改变这种状况，要求城市和乡村都要严格执行保甲制度。历代封建政府对民众的日常统辖最主要的是户口编审，保甲制只是一种辅助法规，只在少数情况下推行得比较彻底一些。雍正也是在户口编审为主要制度的前提下，谈保甲制的推行和作用。然而事情很快就起了变化，雍正四年，雍正再次强调实行保甲法就有了新的内容和意义。

直隶最早实现摊丁入粮，在实行两三年后，总督李绂就发现了新问题，那就是丁银摊入田亩，和人口不再有关系，政府要了解具体的人口数量，也就不能从收钱粮上面看出来了，这样编审制度就成为多余的了。他在四年五月的密折中说，保甲法既能清查户口，又能稽查游民，比原来使用的编审效果更好，所以建议在地方大力推行保甲法。当见到李绂奏折后，雍正仔仔细细地读了好几遍，认为他所说的非常有道理，只不过摊丁入粮才进行了没多长时间，如果突然取消编审制度，会不会产生别的问题，他对这些还不太确定，因此要李绂正式题本，发给大臣们，广泛征求意见。

雍正早就已经在考虑用保甲代替编审，在李绂上奏的前半个月，他再次发布实行保甲法的上谕。他指责地方官把保甲当作陈规故套，没有很好地去实行，也没有稽查那些偷盗的现象。针对人口稀少地区和少数民族地区不宜实行的观点，他指出在实行保甲法的时候，不用把规定看得太死，几家也能编为一甲，汉化程度较高的苗族人或者是壮族人都可编进齐民的行列中。他怕地方官听了这些话以后，依然不肯尽力去实行，就命人制定了相应的奖惩条令。

七月，吏部遵照雍正的指示，商议制定了保甲法的具体条例：（1）十户为一牌，设一牌头，十牌为一甲，设甲长，十甲为一保，设保长。（2）在偏远的村庄里，把汉化程度较高的苗族人和壮族人也编入保甲。（3）地方官不实力奉行的，按情节严重程度分别处罚。（4）建立民间的奖惩办法，按照揭发的人数给予奖励，如果藏匿盗贼，就处杖责。

雍正批准了这一条例，命各省通行，限他们在一年以内全部执行。这时虽然没有发布通告，但是事实上已经停止了编审的制度，直到乾隆三十七年（1772）才正式取消。

编审停止后的保甲法，与从前的不同，它包含调查户口与维持治安两项内容，并且突出了它维持治安的功能。从此以后，封建政府日常治理国家的政策，主要就是保甲法。

从那以后，雍正就把推行保甲制当作考核地方官吏的内容之一。在这方面，田文镜也是一个模范疆吏。他是雍正的心腹大臣，自从保甲制确定以后，他就在治下严格推行，要求州县官选择值得信赖的捕快，严厉查处窝藏盗贼的行为，平时训练民兵，还要注意查看寺庙、饭店等人流量较大的地方。同时，他也以保甲推行的状况来衡量属员的政绩，有些地方官推行得好，田文镜就嘉奖他们，给他们升职，那些做得不好甚至拒绝执行的，田文镜就惩罚他们，并在皇上面前告他们的状。李卫当时正在做浙江总督，他见田文镜的这个捕务、民壮、保甲相结合的办法有很好的效果，就向他学习。

在编排保甲的同时，雍正也解决了对棚民的控制问题。有一部分农民在当地没有田种，也没有人雇佣，只好到异地谋生，开山种地，或者是当雇工，因为他们大部分都住在棚子里，所以也被称作“棚民”。他们大多数生活在丘陵地带，尤其是江西、安徽、浙江、福建、湖北、陕西、四川等省的山区里面就更多了。他们没有固定的资产，只是替人工作，所以生活没有保障，经常到处迁徙，甚至还曾发生过暴乱，不利于社会的安定，这也引起了统治者的注意。雍正二年，户部尚书张廷玉说浙江和江西的一些抢掠事件，都是棚民煽动、带头的，应该想办法安置他们，让他们有安定的生活，不用再到处迁徙流动，请下令让督抚大人派遣能干的州县官去当地，把他们编入当地的户籍，让他们读书学习，并按照保甲法进行管制。除张廷玉之外，还有其他的官员也上奏请求处理棚民的问题，雍正就命令他们按照保甲的法规，将棚民编入当地的户籍当中。雍正在位的时候，始终大力推行保甲法，希望用这个方式来确保社会的安定，消除不利于人民生活的不稳定因素。

除了保甲制，雍正治理乡民的另一个方法就是用宗族制。

实行孝道，历来被封建统治者视为做人的根本。雍正自己对康熙和养母就很孝顺，等到他即位以后，更是强调“孝为百行之首”，《圣谕广训》的第一条就是重视孝悌和人伦。从他登基后的第一场会试开始，就用《孝经》来出题。令人懂得孝道，在家做孝子，人们相信这样的人到了社会上，无论是当官还是做平民百姓，都一定会非常本分，忠实于朝廷，早在东汉时期，就有人说要想找忠诚的人，就一定要先看他是不是孝顺。雍正把这些观念概括为“移孝作忠”，更说明统治者提倡孝道，最终目的是要忠于君主和国家。雍正大力倡导孝道和与它相联系的宗族制度，实行以孝治天下的方针。

孝道是相对于家庭成员，家庭又是宗族的成员，所以重视孝道的人，也一定会重视宗族。雍正在《圣谕广训》第一条讲解了敦孝悌之后，就在第二条说明“笃宗族以昭雍睦”，他首先分析宗族内部发生不和睦的原因，大多都是因为宗族里的人不互相包容体谅别人，接着要求族人要念在同宗共祖的分上相亲相爱：凡属一家一姓，当念乃祖乃宗，宁厚毋薄，宁亲毋疏。为了加强人们对宗族的概念和感情，他把兴建祠堂、设立宗族学校、添置家族财产、编修族谱这四件事，当作维持宗族制度的四项基本政策。

宗祠是汉民族供奉祖先和祭祀的场所，是宗族的象征，也是族权与神权交织的中心。在清代，有的大族还另立支祠。祠堂中的主祭——称为宗子，管理全族事务称宗长，还有宗正、宗直等职位，一般祠堂越大，职位就越齐全。宗祠体现宗法制家国一体的特征，是凝聚民族团结的场所，它往往是城乡中规模最宏伟、装饰最华丽的建筑群体。宗祠记录着家族的辉煌与传统，是家族的圣殿。作为汉民族悠久历史和传统文化的象征与标志，具有无与伦比的影响力和历史价值。雍正为了强化它的职权，下令在宗族设立族正，负责考察族人的行为是否符合道德标准。族长的选择，是宗族内自主的事情，他主持家族事务，政府一般给予支持。族正，由政府指定，代表官方，加重了宗祠的权力。他还准许祠堂告官，可以把那些不遵守宗族规矩的人流放到远方，要是按照族规处治，导致人死亡的时候，可以免除对执行人的责罚。

雍正十年，内阁学士兼礼部侍郎张照上奏说：“《圣谕广训》里有‘置义田以赡贫乏’的句子，他的祖上张淇用自己的一千亩田地作为义田，来帮助同族的贫民，如今请求皇上允许立案，在政府注册，并写进县志，这一片土地不允许别人侵占，就算是张淇的子孙也不能把它卖掉，别人也不可以私下去买，违者照律治罪。”这样的话这块田产就可以长久保持下去，能够解决宗族内贫穷人的生活问题。雍正见是响应他的号召，高兴地允许立册存案，经过张照的登记，义田可以长久地保留下。雍正希望有大量的义田和义庄出现，以实现他倡导义行的主张。义田、义庄的地租，一部分用来救济宗族内的贫困成员。雍正号召置立义田，是利用宗族的力量互帮互助，减少政府的压力，使那些不稳定的因素暂时稳定下来。

雍正表彰义庄的建立者，只是他旌表义行的一个内容。另一个举措，则是兴建牌坊。以往地方大臣把这件事当作形式，没有认真执行，只表扬那些富人，对穷苦人家不闻不问，雍正告诉督抚和学政，要他们扩大表扬的对象，发挥出牌坊的作用。后来确立了两种牌坊，一种是忠义孝悌，另一种是节孝妇女，建造牌坊的钱由政府出。

雍正实现行政机构改革，加强了皇权，加上这些地方组织的强化，增强了政府的统治力。

更定服色婚丧议制

即位以后，雍正告诉百官："国家要想让百姓安定，必须要先确立好的风俗，要确立好的风俗，就一定要重视节俭才行。上下有等级之分，要防止僭越，禁止奢侈的风气。"他认为崇尚节俭，没有僭越，才能使社会安定，要做到节俭，就一定要采取必要的措施，以帮助形成良好的社会风气。根据这套理论，他倡导改变风俗。

雍正元年五月，雍正下令，文武百官要按品级规定穿戴朝珠、穿马褂。他说大小官员有一定的品级，就会有一定的服饰，要重视名号和车服礼仪的制度，但近来大臣们大多数都不按品级，随便使用物品，这都是不应该有的僭越，所以下令让八旗大臣、步军统领和都察院严加查处，举报那些违犯的人。大臣们散漫惯了，对这个规定感到不太适应，但是为了不得罪皇帝，还是尽力遵守。福建巡抚黄国材就上奏，请求把那些穿违反制度衣服的人全都抓起来，然后告他们超越本分，冒用衣物。雍正知道要人们在短时间内改换风俗，不是那么容易的事，只能慢慢来，对违犯的人先好好劝导，向他们说明这样做的必要性，然后制定法规，如果再犯，就用法律制裁他们。

五爪龙图案

同年八月，禁止官民服用有五爪龙图案的纱缎衣物，五爪龙图案是帝王的象征，只有帝王才能使用。到了第二年二月，左都御史尹泰更进一步请求禁止普通官员和平民使用玄狐、黄色、米色、香色，如果有违犯的，罪加一等，雍正批准了。雍正五年，雍正谕诸王大臣：关于王公百官的朝服和顶戴早就有了规矩，但平时穿的衣服的颜色没有区别，要按官员职位的等级分别确定下来。经过讨论，确定了一些具体的规矩。雍正八年十月，又因为一品以下官员帽顶区分不够细致，做了进一步的详细规定。

雍正元年，监察御史向日正给雍正写了一封奏折，上面说直隶有些地方的风俗不好，男女婚嫁讲究钱财，说是聘礼，实际上就是借机发财，多的能到二三百两银子，少的也有四五十两。这些钱就算是要士大夫来筹措都不是件容易的事，更何况是平民百姓呢。他的话引起了雍正帝的重视。为了扭转民风，树立节俭婚姻的风尚，雍正帝先让九卿讨论，并针对官员和百姓分别制定了婚嫁的礼仪，地位低的人不可以使用地位高的礼仪和服饰。接着，又在雍正元年五月，对官民婚嫁的彩礼、鼓乐数目作出了具体规定：汉人成婚，四品以上官员的家属，绸缎、首饰最多不超过八件，食物限十样， 五品以下官员分别递减，平民之家只准送绸绢，果品限于四种。举行婚礼这一天，品官用本官执事，限用六盏灯、十二个吹鼓手，平民限四盏灯、八名鼓乐人。

中国历史上，许多人都喜欢用金银殉葬，在雍正看来这完全是件蠢事，死去的人不能享用这些祭品，反倒引来了贪心的盗墓贼，所以一直劝阻别人，主张在丧事上也节俭一点儿。他规定，普通民人入葬的时候陪葬衣服五件，鞍马一具，棺罩用粗布，若是秀才、监生可用丝绢。鉴于有的地方在送葬的前一天，大摆筵席，出殡时还演戏，雍正二年又对出殡做出补充规定，严厉禁止这些铺张行为。

满洲入关之前的习俗是火葬，入关之后，效仿汉人，从康熙中叶渐渐实行土葬，汉人以金银等贵重物品殉葬，旗人也跟着学。特别是八旗官员，只要是红白喜事，全部铺张浪费，导致士兵和平民也跟着学。对此，雍正帝极力反对，命九卿分别为满汉官员和兵民也制定了具体的制度。雍正五年，雍正说用金银殉葬，对死者丝毫没有好处，是非常愚昧的行为，应当加以劝阻。

雍正帝提倡婚丧节俭，确实表现了他贤明的一面，但他把婚丧礼仪分为三六九等，官贵民轻，这是一个封建皇帝的倡导，有着很浓的封建等级色彩。他对自己的丧事倒是一点儿也没有节俭，执政不久， 就为自己寻找风水宝地，大兴土木建造陵墓了。

雍正不厌其烦地劝人节俭，除了针对官员和兵民，对商人更加注意，雍正元年八月，通告各个地方的盐官，指责盐商过于奢靡：他们穿的衣服、住的房子、用的东西，太过于奢侈华丽，甚至连仆役们用的东西都和官员一样了，他们已经越过礼节了，形成骄奢淫逸的坏风气，却还不知道检点。要求对他们严加管束，让他们痛心悔改，遵守礼节，不要僭越。

民间在春秋祭天的时候，会举办宴会酬谢神灵，除此以外，也是普通人难得的娱乐机会。雍正元年，鸿胪寺卿李凤翥认为迎神演戏，男女混杂在一起，耗费了太多钱，要求加以禁止。雍正表示同感，以为集会可以招来盗贼，妨碍治安，而且男女混杂在一起，有伤风化，演戏又太费钱，影响生活，同意禁止。但是这些活动都与农业收成有关，人们早已经形成了根深蒂固的习惯。雍正在几年后，发觉自己做错了。雍正五年四月，田文镜奏折中讲他在禁止迎神赛会，雍正就说酬神祭饷是庆祝丰收的意思，不要简单地禁绝，只需要惩治那些地痞流氓就可以了。雍正六年三月，安徽巡抚魏廷珍上奏说，他把违抗禁令，私自演戏的歙县保长打了八十板，雍正说演戏要区别情况，给以不同的对待：有能力的家庭举办祭祀神明的宴会，歌颂太平，在民间肯定有不得已的苦衷，但是在国法上没有一概禁止的道理。你只说他违例演戏，却没有分析他这么做的原因，法律并没有说只要是演戏的，就都犯法。

在戏禁中，雍正对官员自己搭设戏班感到很不满意。雍正二年十二月，他说地方官私人设剧团，要用到二三十人，每年要花掉几千两银子。官员以此为乐，耽误了公事，如广西的按察使白洵整天拿看戏当正事办，公事却全都没做，他养的那些戏子，有的仗势欺人，有的给人送礼或是接受贿赂，惹出很多事来。于是雍正下令禁止官员在家中设立戏班。

在这些活动中，雍正大讲移风易俗，要百姓都要遵循规矩，安分守己，以免引起暴乱。所以说，维护封建的等级制度，巩固清朝统治，才是雍正的根本目的。

豁除贱民

雍正一方面采取严苛的政治手段，制定了许多的规矩，让百姓遵守；另一方面他也推行了一些仁政，其中包括了本节所要讲述的豁除贱籍。贱籍就是不属士、农、工、商的“贱民”，是封建社会等级的一种，贱籍世代相传，不得改变。属贱籍的贱民不能读书科举，也不能做官。

雍正元年三月，年熙上奏请求皇帝除去山西、陕西两地乐户的贱籍，豁免他们，把他们编入正户。乐户是那些以音乐歌舞为职业的贱民，山、陕乐户的祖先，是明朝永乐皇帝朱棣夺天下时，帮助建文帝和他对抗的人，永乐当上皇帝以后，不仅加害这些人，还把他们的妻子和女儿都抓进教坊司，充当官妓，世代相传。

他们很想脱离这种身份，但是政府不允许，就算是地方上的绅衿恶霸蹂躏他们，也不容许他们跳出火坑。年熙说他们是忠义之士的后代，沦落到这种地步，没有自新的机会，请求雍正开豁他们的贱籍，准许他们改业从良。

年熙是年羹尧的长子，就是雍正赐给隆科多为子的“得柱”，外公是大名鼎鼎的才子纳兰性德，年熙的身体不好，但他是天才儿童，康熙年间，十三四岁的年熙就高中举人，所以家人直接替他捐官。雍正登基时，年羹尧是他的得力助手，所以年熙就当上了浙江道监察御史。他的条议上呈之后，雍正说：“年熙说得很好，这种逼良为娼的事，都是明朝人喜欢干的。大清朝民风淳朴，看重礼义廉耻，像这种有伤风化的事情，应该尽早废除。朕把移风易俗当作自己的职责，凡是这种情况的贱民，都应当给他们重新选择的机会，让贱民从良，是传播风化的好事。”

雍正就批准了年熙的请求，同时命令各省检查，如果发现有类似情况，一律准许出贱为良。于是其他地区的贱民也纷纷被赦免了。乐户们听到了这个消息以后，全都激动地流下了泪水，削除乐籍，是一项仁政。

山、陕乐户削籍的同时，雍正也赦免了京城教坊司里的乐户，然后又选了一些精通音乐的清白人家的妇女，充当教坊司的乐工，在重大聚会的时候演奏。尽管教坊司乐工改用了良人，由于人们的习惯观念，认为它名实不一，于是雍正又把教坊司改为和声署，由京城官员负责管理，这样一来，人们对教坊司的看法就慢慢改变了。

七月，两浙巡盐御史葛尔泰看到乐户被削籍，做回良人，于是也上奏折，请求除豁浙江绍兴府惰民的乞丐身份。他说他曾经问过当地人，也查绍兴的地方志，据讲惰民的祖先是宋代的罪人，已经有数百年的历史。惰民的身份属于乞丐，他们的职业，是士农工商所不屑于干的，男子只被允许做小手艺和小买卖，捏土牛、刻木偶、捕蛙、抓龟，或者是卖饧、卖大饼，女子只能当媒婆、卖珍珠，或者做接生婆。他们从事的是服务性的、被当时人看不起的工作。政府不许他们读书考试，更不能做官，甚至连吏员、里长都不给当，也不准与良人通婚，得不到平等对待。

葛尔泰认为应该给惰民自新之路，请求和乐户一样从良，雍正就让礼部商议。礼部认为捕龟、卖饼、穿珠、做媒是他们原来的职业，如果除去他们的身份，也就是不许他们再干这些事，他们反倒很可能没办法谋生了，所以不同意削籍。雍正说除籍也是一件好事，礼部不要反对了。于是令惰民放弃原来的职业，转为民户，按照良民纳税服役。

雍正五年，雍正亲自提出了安徽宁国府“世仆”、徽州府“伴当”的问题。世仆大部分是因先代即服役于主家，世代相沿，存在主仆关系。世仆不可离主为民，与主家不可平等相称，更不准与良家联姻及读书入仕。和乐户没什么区别，甚至比乐户还要悲惨，当主家要举办婚礼或者丧礼的时候，世仆就要去服役，就好像奴隶一样，如果做的事情不符合主家的心意，每个人都能处罚他。他让安徽巡抚魏廷珍查实核准，然后提出处理意见。魏廷珍请雍正区别对待：如果有文契能够证明是绅衿买来的奴仆，而且还没有赎身的，那这些人还是应该听从主人的使唤；如果年代久远，没有文契，主人也不养他们，就一概不许把他们当作伴当和世仆。雍正认为他的提议十分妥当，批准执行。

广东沿江沿海有一种旦民，早在宋元时期，就采集珍珠，向政府纳贡，在广州，他们每年按户按船交纳渔税，少数人已略通文字，上岸居住。雍正于二年下旨，命将旦民编入正户，加以约束。他说：“既然旦户交纳渔税，就应该被当作平民百姓，再把他们看作贱民就不合理了。如果没有能力上岸谋生的，就还是让他们自己待在船上，不必勉强他们上岸。如果有能力建造房屋或者搭棚栖身的，准许他们在靠近水边的村庄居住，与齐民一同编进保甲，方便管理，地方豪强不许欺负他们。地方上的相关人员还应该去教导他们开垦荒地，让他们能够生活。”

江南苏州府常熟、昭文二县有一种丐户，社会地位和浙江的惰民完全一样。雍正八年，江苏巡抚尹继善说他们已经知道羞耻，想要改过自新，上奏请求豁除他们的丐籍，列入编户。雍正答应了他的请求。

雍正在短短的几年中，试图解决数百年来存在的问题，削除贱籍，让他们做回良人，获得和平民百姓一样的权利。他这样做是有自己原因的。

第一，进行政治改革的需要。康熙在位时虽然取得了很大的成就，但是晚年由于“宽仁”的政策，留下了很多弊病。雍正把清除政治上的弊端当作自己的政治纲领，在宋朝有罪的人，到清朝并没有罪，如果还要他们承担处罚，就不合道理了，所以压抑贱民是错误的。开豁贱民，和摊丁入粮、耗羡归公一样，是改革政治的一部分。

第二，树立威望。释放贱民作为一种仁政，可以提高皇帝的威望。在雍正初年，统治还不太稳固，特别需要民众的支持，施行仁政，可以很好地为他树立明君的形象。

第三，移风易俗的需要。一个人犯错以后，就算被罚，也不应该涉及他的子女，所以削除贱籍就是改变不良风俗，是为了维护统治阶级的封建道德。

第四，平衡社会矛盾的一个措施。满族入主中原，和汉人之间产生了巨大的民族矛盾，虽然康熙发布了一些政策，缓和一下这种矛盾，但是满汉之间的对立情绪还是很大的。废除这种由汉人创立的制度，会让人民加大对统治者的好感，消弭他们的反抗情绪，巩固统治基础。另外，贱民主要受绅衿控制，为他们服务，贱民要脱籍，会触犯绅衿的利益，所以他们不乐意，雍正要豁除贱民，就必须禁止绅衿阻拦，释放贱民，也是同不法绅衿的斗争，剥除了他们的一些特权。

削除贱籍以后，有一些人改业从良，摆脱了屈辱的地位，但是大多数还是像以前一样，没有太大的改变。绅衿顽固地控制着世仆，不许他们改业。如安徽祈门县，周姓给李姓当世仆，嘉庆十四年（1809 年）按雍正定下的法例削除贱籍，让他们从良，但周姓害怕李姓不答应，只好照旧服役。

清朝政府对从良的贱民也非常严厉苛刻，想要实现他们真正意义上的解放，取决于当时的社会状况。要改业从良，就必须要有新的就业机会，可是当时并没有这个条件。如果没有新的谋生道路，就不可能真正改变社会地位，做到削籍从良。

尽管如此，雍正的开豁令仍具有一定意义。它提供了法律支持，是贱民解放的开始。只要依照政府的条件申请改业从良，就可以按照齐民的方式进行生活，一定时期之后可以应试出仕，如果同平民发生纠纷，还可以用良人的身份出现在公堂上，不会像过去那样遭受歧视和打击。贱民的除籍，也是对生产力的解放，让他们可以投入农业耕种上，提高生活水平。

贱民的问题持续了几百年，一直有人对这种残酷而不合理的惩罚提出异议，明朝人沈德符曾经就非常不明白："从宋代到现在都已经过了六百年了，朝代都换了，为什么这些人还是得不到宽恕？"也曾经有君主释放一部分乐户，但是雍正大刀阔斧，不仅削去全部乐户的乐籍，取消教坊司，同时也豁除了其他贱籍，从法律上彻底废除了贱籍，使得社会风气焕然一新。同以往的帝王相比，雍正很有政治魄力，敢于革除旧弊，大刀阔斧地进行改革。

CHAPTER

第十一章 改革赋役制度 11

清王朝的兴起和康乾盛世的出现，得益于较为得当的政治、经济和民族政策，其中政治的清正廉明也是不可或缺的关键因素。雍正帝在藩邸时，就已体会到其父宽容政策所带来的弊病，即吏治废弛。因此，登基伊始即着手整顿吏治。雍正所处的独特社会环境和他独特的吏治革新措施，给后人留下了不少值得回味和借鉴的篇章。

清查亏空，设立会考馆

官员贪污导致国库空虚的情况，历年以来，户部的亏空已经达到了好几百万两，这种情况雍正即位前就知道了。要想国家强盛，就不能不解决这些问题。

雍正登基以前，内阁官员按照惯例，写了一条豁免官员的诏书，雍正看到以后表示不准开载，他认为这样做会助长贪污的风气。就在他登基一个月后，他就发布命令，决定清查钱粮亏空。

只要有亏空的，无论是查出来还是没查出来，三年之内一定要全部补齐，要是期限到了却还没有补完的话，一定从重治罪。要是还有敢侵吞钱粮的，一定不会被宽恕。那些亏空的钱粮，贿赂上司和用在公事上的，特殊对待，确确实实自己贪污了的，只要证据确凿，就马上制裁他。要是督抚在办案的过程中徇私舞弊的话，一经证实，就一起从重治罪。

与此同时，雍正还明确规定了在地方上清理钱粮的方针、政策。一个月后，他发布通告在中央成立会考府。他说钱粮奏销的过程中存在很大的漏洞，以后所有钱粮奏销的事情，都由新设立的会考府清算出数目，负责人是怡亲王允祥、隆科多、大学士白潢和尚书朱轼，清算过程中由他们几个人一起办理。原来各个部门使用公款的时候，都是自己申报使用的数目，现在由会考府来稽核，官员们就不能在数目上动手脚了。在清查过程中也涉及了贵族和高级官僚，对待他们雍正同样不手软。康熙第十二子履郡王允祹曾经管理过内务府，向他追索亏空的时候，他把家里用的器皿摆在大街上出卖，以便赔偿。因为追索的过程实在太严厉，人们都责怪主持清查的允祥过于苛刻，雍正说这不是允祥的事，他是为了清除吏治上的弊端，奉朕的命令去做的。

在地方上的清查亏空，雍正元年普遍开展起来。当年被革职查封家产的大臣有湖广布政使张圣弼、粮储道许大完等人。

以往贪官被人告发的时候，都会继续担任原来的职位继续贪污，以弥补亏空，最终受苦的还是老百姓，现在只要被告发，雍正就把他们革职离任，使得他们没有了继续贪污的机会。要是有还能继续当官的，由他的上司向皇帝呈奏折申请，皇帝批准了才可以继续留任。由于他的严厉打击，很多贪官都被罢官了。湖南省的官员有一大半都被罢官了，湖南巡抚表示如果还有贪污的，一定会继续清查。直隶总督李卫说，由于被撤职的人太多，官员更换得十分频繁，当官三年以上的已经没有多少个了，其余的全都被罢官了。

为了让贪官退出赃银，保证归还国库，采取的手段主要是抄家，在官员任职的官衙和他家乡同时抄检，避免隐藏或者是他家人变卖家产，于是人们都说雍正喜欢抄家，甚至把打牌称作“抄家胡”，这虽然表现了一部分人对雍正的不满，但是也表明用它作为对付赃官的手段是很有效果的。对人们的攻击，雍正也作了辩解，说明抄家的必要：“要是听任他们把贪污来的钱财都留给家人和子孙了，那还要法律干什么呢？况且以前就有抄家的例子，所以在朕把那些大贪官们的家财都给抄检了，当作公用的。”

与此同时，雍正还采取了许多措施，确保亏空都能够归还国库，赃官也不会从中得到好处。

第一，让赃官的亲戚帮助他赔偿。有的犯官把赃银寄藏在亲戚家，这些人也有平时分用赃物的，这时要帮他清偿，所以就把他的亲戚一起抄家。可是这样一来涉及的人太多，影响很不好，所以在雍正四年以后就停止了。

第二，禁止官员和百姓代赔。以前追赃的时候，有的地方官和百姓替贪官弥补亏空，到了雍正这里，一概不批准，雍正说就算有钱，也只能给当地兴修水利，决不允许给别人弥补亏空。

第三，先治挪移公款，再治欺瞒侵吞。挪移公款大部分因为公事，常常有不得已的情况；欺瞒侵吞是贪污，是官员将公款装进了自己的口袋。虽然都是亏空，但是性质不一样，相应的处分也不一样。一般都是先抓贪污，然后才来治挪移公款的。官僚就利用这个空子投机取巧，把贪污说成是挪移，希望能够减轻罪名。雍正对这种情况了解得十分透彻，为了改变这种现状，雍正改变以往的习惯，让大臣把挪移等比较轻的罪名先审查完毕，然后才来查贪污重罪，让那些把侵吞说成是挪移的人不能再使用这个伎俩。这种办法虽然不合常理，但是对惩治贪官确有好处。雍正是个不墨守成规的人。这种办法和第一条一样，只能在特殊情况下使用，等到打击贪污取得效果的时候，就慢慢恢复以往的做法了。

第四，对那些自杀的官员从重处理。有些官员在被查处的时候，知道自己的官职和财物都保不住了，与其这样，还不如死无对证，至少能够把钱财都留给子孙后代。为了使他们的计划落空，雍正令督抚把犯官的家人抓起来严加审讯，一定要追出所有赃款。

雍正用这些办法，在全国清查了三年，也取得了一定效果。每个省都清偿了一部分亏空，有的省做得比较彻底。如直隶总督李维钧向雍正报告说，直隶地区总共亏欠四十一万两银子，到当年六月已经填补了二十万两的亏空，剩下的那些来年就可以还清。雍正对这个情形并不满足，他知道一些封疆大吏没有很好地执行他的政策，一开始参奏举报下面的官吏时会很严厉，等到真正审理案件的时候又放得很松，用这样的办法让下属官员对他们感恩戴德，所以到了三年的期限以后，清查亏空的事情没有能够做完。雍正的决心很大，一定要彻底清查，所以他又下令延期三年，要求一定要完成，如果到时候还没有做完的话，就把当地的督抚和官员一起治罪。

在清查亏空的人中，最为突出的是田文镜，雍正二年，田文镜就任河南布政使，后来又升官当了巡抚，两年以内，被他参奏的人达到了二十二个。经过田文镜和石文焯的努力，雍正二年就把河南的亏空填补了。到雍正十年，河南的布政司库存有七十万两银子，表明河南绝对没有亏空现象。雍正对田文镜的雷厉风行很赞赏，说“田文镜参奏的人最多，鄂尔泰从来不会轻易参奏，但是他们两人都有自己的方法”。田文镜因此与推行改土归流的鄂尔泰成为“模范督抚”。

雍正四年，大规模清查江西钱粮。江西各个地方的亏空很多，巡抚裴律度明明知道这些却故意隐瞒，这样一来亏空局面过了许多年都得不到改善。雍正命令把裴律度拘禁在家里，又说现任巡抚伊都立为人软弱，完成不了清查亏空的大事，所以特地派吏部侍郎迈柱来到江西，清查江西的亏空情况，同时派了数十人来到江西，准备用他们来顶替被查处的官员。迈柱认真清查，却遭到江西按察使积善的反对，雍正支持迈柱，赞扬他自从到任以后，不怕得罪人，为老百姓认真办事。查出了具体的亏空数目之后，雍正就让裴律度和之前的那些藩司一起补偿亏空。

雍正五年，福建布政司沈廷正报告说该省仓谷亏空，雍正就认为福建巡抚毛文铨有意欺瞒当地的实际情况，于是派钦差大臣前往福建清查，后来果然取得一定成效。

在整个清查过程中，有的督抚积极开展，有的由雍正派员前往审理，都反映了地方清查的进行情况。遇到新的贪赃案件，雍正也决不留情。

实行耗羡归公和养廉银制

雍正清理亏空的一种手段，是抄没贪官及其亲友的家产，另一种手段，是用“耗羡银”来弥补。火耗税征收太多，在康熙年间就已经是突出的社会问题了，现在还要用来弥补亏空，雍正就更加重视它了，迫切需要解决它的弊端。

“火耗”指的是碎银重新铸造时产生的损耗。明朝规定赋税全部用银子的形式上交国库，把民间的碎银重新铸造就有了损耗。但是加征的钱大于实际产生的损耗，差额就归官员了。清朝沿用了这种做法。而且，“火耗”不断加重，有些偏远地方，征收的火耗甚至比正赋高出好几倍。

当时的火耗越加越重，一两银子要加收四五钱，严重的课税让百姓的负担越来越重，官员们巧立名目，征收各种苛捐杂税，所得的钱全部划归到自己的腰包里。对这种情况，雍正早就已经看在眼里。

康熙在位的时候就有人提出，从耗羡银中抽出部分当作公费，但是康熙没有批准。到了雍正元年五月，湖广总督杨宗仁再次上奏说："不如让州县官在原有耗羡银内节省出二成，交到布政司库房，当作公费，除此以外一丝一毫也不许再征收。"雍正对他的建议表示支持，在他的奏折上写下批语："你说的完全没错，要好好实行。"也是在这一年，山西巡抚诺岷因当地耗羡问题比较严重，要求将山西省全年征收到的耗羡银全部上交，一部分用作弥补财政上的亏空，另一部分给各级官员当作养廉银。这是全面实行火耗归公的办法，雍正高兴地批准了。在雍正的支持下，山西、河南首先推行改革。

雍正想把耗羡归公的办法在全国推行，在雍正二年让九卿开会讨论。清朝的九卿制度，沿袭自明朝，参与者有六部尚书、大理寺卿、都察院长官（左都御史）、通政司通政使等高官。在会议上大多数官员都不赞成，他们说，耗羡本来就是州县等下层官员应该得到的东西；把火耗当作正税，会让人感到赋税加重；如果火耗合法的话，就相当于允许官员贪污了，所以不能推行。山西布政使高成龄表示不同意他们的看法，和他们一一辩论。他根据实际情况，讲解了耗羡归公的好处，反驳九卿的说法，他们表现得光明正大，其实是对下层官员的私自征收不管不问，不顾百姓的死活。

见九卿会议没达到自己想要的效果，雍正就把高成龄的意见交给各级官员一起讨论，并要求他们"平心静气，虚公执正"，确保会议能收到实质性的效果，如果有人为了自己的利益乱说的话，就一定会被治罪的。雍正说出这些话，就是摆明了支持高成龄。即使是这样，反对的人仍然很多，雍正看到讨论不能取得统一意见，就把一些故意捣乱的人革去官爵，免得他们扰乱耗羡归公的实行，并在七月作了实行政策的乾断。他严厉批评官员见识短浅，不懂得耗羡归公对于国家财政的必要和好处——下层官员用火耗养上司，上司就不得不庇护他们，贪污腐败也就产生了，把钱交上去，再由省里根据实际需要发下来，这样做是麻烦，但可以防止州县官多扣留，州县官知道多征没有好处，也就不会再那样做了。

因为是首次实行，所以具体的细则还不完善，但是这次讨论使得官员们看清了雍正的态度，于是在河南和山西之后，迅速开办起来，并在实践中解决耗羡重和养廉银等问题。

耗羡充入公费，雍正规定了具体的用途：一是弥补地方上的亏空，二是留给地方公用，三是当作养廉银发放给官员。等到亏空的事情解决了以后，耗羡的主要用途就转用到官员的养廉上。

“养廉银”是给官员的各种补助费，确保他们在日常生活和工作中有足够的资金，用这种方法让他们保持廉洁奉公。宋代官员的俸禄丰厚，名目繁多，做官就意味着发财，明朝官员的俸禄最少，只够养家糊口，清朝也好不到哪去。最底层的小吏和杂役的俸禄就更少了，靠这一点儿薪俸，甚至连自身的家人也养活不了，州县官也就不能聘请必须具备的幕客了。出仕的官员，赚钱是重要目的之一，当然更不会贴钱做官。在这种制度下，官员们被迫贪赃营私，耗羡私征是官吏的一项重要的经济来源，君主们都对这件事情睁一只眼闭一只眼。耗羡归公后，官员们就少了一条财路，肯定还会在其他名目下继续压榨老百姓，为了防止这种情况，雍正就从耗羡里抽出一部分来补贴官员，提高他们的收入，这就是养廉银的来源。

养廉银的数目大小，主要是根据官职的高低来确定的，同时，由于每个地方的政务繁简及赋税多少都不一样，所以地方之间也有一些区别。随着亏空问题的解决，国库充足了，养廉银也不断增加。各官养廉银同他们的俸禄相比，高出十几倍、几十倍甚至上百倍，养廉银比原本的俸禄优厚得多。

耗羡银也用作地方上的办公费，一开始在山西实行的时候就已经提出来了，把地方政府的办公费列为重要开支。各地政府也是这样实践的。

耗羡银的征收是按照地丁税的比例来的，地丁银基本上是固定的，所以耗羡银也是固定的。官员的养廉银和衙门的办公用银，是依照需要确定的，一般也不会有大的变化。这就是说，地方政府基本上可以保持收支平衡。日本学者佐伯富认为耗羡归公，使地方经费明确化、预算化，对地方行政的实施是一大进步，含有近代政府财政预算、决算的味道。

养廉银制度实行之前，下级官员按照规定送礼金给上司，若上司身兼数任，还会奉送几份礼物，所以贪污腐败的情形非常严重。雍正即位后就马上发出通告，禁止钦差收地方官的钱，督抚也不得以此向州县摊派。在雍正下旨实行养廉银制度以后，就更加严厉打击这些了，其中河南巡抚石文焯做得比较彻底，他在考虑耗羡归公的时候，想到如果送礼的习惯不改掉，那些下层官员还是会继续加收苛捐杂税，然后拿得来的钱去供养上司，为了杜绝这种情况，石文焯就把巡抚衙门的所有节礼全部废除掉了。在他之后的田文镜，以身作则，对人和杂役都约束得很严，门包小费一概不收。河南有的官员命令地方官上交地方特产，这一点田文镜上台之后也废除掉了。

在这种情况下，仍然有人对收受贿赂存有贪恋，不舍得放弃。雍正五年（1727年），巡察御史博济到江南，刚一下马就向驿站的馆丞索要贿赂，正好被经过的江南总督时绎听见，他立即写了一本奏折，把这件事报告给了雍正，雍正看了之后，下令把博济革去职位，命令当地的大臣对他严格审查，然后再细细汇报。

田文镜是汉军正黄旗人，字抑光，曾经在国子监里读书，在康熙末年的时候担任侍读学士。雍正即位以后，封他做兵部尚书，兼任河南、山东的总督。田文镜性情耿直，铁面无私，为官也很清廉，他的幕僚邬思道更是学富五车、非常善于谋划，所以他和李卫等人成了雍正信赖的官员。

山东蒲台知县朱成元在当地做了很多年的官，一直都给上级送礼，还在一本册子上登记下来，雍正就让田文镜去查这件事。当时山东官员给上司送礼的现象仍然很严重，田文镜深知要想禁止下层官员加耗加派的话，必须得先禁止上司收礼，改革陈旧的规矩，于是他采取了一系列的严厉措施。雍正对他的强硬手段很满意，命他好好实行，又发布通告全国如果还有私自接受贿赂的，不但贿赂的官员要被治重罪，他的上司督抚，也一起治罪。

在整治地方上陋规的时候，雍正也加强了对中央官员的管理和约束。其他部门也有部费，会考府本来负责是清算钱粮数目的，竟然也有地方上的大官用钱来贿赂，雍正就发布告示，严加禁止。

雍正推行养廉银制度，是为了在官员们满足了基本的生存和办公需求后，让他们放弃随意征收钱粮，会损害到贪腐官僚的利益，他们并不想放弃这项财源，力图维持它，所以反对陋规是一场持久的斗争。

对于耗羡及耗羡率，雍正要求只许减少，不许增加："如果有地方官员敢私自多收的话，朕一定会查出来，把他重重治罪的。"自从耗羡提解，各省耗羡率均有所变动，有的一变再变。各省内的州县耗羡率也不相同。在多数地区，耗羡率随着时间的推移在递减，如山西；有的地方原来耗羡太高，所以自从政策实施以后，降低幅度较大，如河南、山东；也有个别地区耗羡率不降反升，江苏是个富裕的地方，虽然征收得多，但是相对于整体的经济实力来说，耗羡率还是比较低的，这时该地官员大约看到别的地区耗羡率总在一成以上，于是也悄悄增上去。从总体上来说耗羡率是降低了，成功改变了康熙后期地方官疯狂压榨百姓的现象。

雍正推行的耗羡归公政策和养廉银制度，使得原本亏空的国库，得到了地方官私自征收的耗羡的补充，缓解了国库空虚的压力；耗羡归公后，作为政府正常税收，统一征收，改变了地方官随意征收的乱象，也保障了百姓完纳正税；确定了养廉银制度，解决官员的生活问题，提高他们的生活水平，借此防止以后再发生侵吞，保证国库的充盈。所以这项制度的最终目的是保证清朝政府的赋税收入。清查亏空、耗羡归公、养廉银三事同时进行，使得吏治得以澄清。

从表面上来看，雍正实行耗羡归公和养廉银制度，是肯定了地方官员对百姓的多重剥削，但是实际上有益于整顿吏治，反而降低了火耗的征收，减轻了人民的负担。

由于没有明确的标准，地方官员在征收火耗时完全不顾及百姓，征收了巨额的财富，一部分用来奉养上司，另一部分中饱私囊。经过几百年的发展，它的弊端已充分暴露出来，引起了巨大的社会矛盾，雍正把它纳入国家的监管之下，并使它与养廉银制度相辅相成，使得它更加稳定。从此以后，这项政策就变成了清朝的基本政策，一直实施下去。由此可知，耗羡归公的实现，有其历史的必然性和合理性。从执政效果上来说，雍正是一代明君，他能够力排众议，坚决实行这项改革，是需要极高的眼光和远见的。

但是这项政策也使得加赋、贪污的丑行合法化，而州县官除超额征火耗之外，又暗中加派，不能从根本上改善吏治。所以既要看到这些措施在当时的积极意义，也要看到改革的不彻底性。

士民一体当差

耗羡归公不但使地方官在征收时更加公正，同时也解决了士大夫与平民负担不合理的问题，以往县官在征收的时候，平民往往因为没有知识负担得更多，士大夫却和官员勾结在一起，负担得较少。有一次，田文镜在朝堂上公开指责某些地方官说："有些人征收钱粮，随意加收火耗，却对绅衿网开一面，任由他们减轻自己的赋税，然后从平民身上压榨出来。"地方官不按田粮向绅衿征收火耗，把他们的税收转摊到贫民身上，这是官吏在施政过程中给予绅衿的不成文的一种特权。他们还享有法定的免役权，和其他不成文的特殊权利。

绅衿还和地方上的官吏勾结，欺压百姓，而从中渔利，以至于平民更加惧怕他们。绅衿的行为同清朝政府的权利发生了冲突，他们腐蚀了官僚队伍，是造成吏治败坏的一个重要因素。

雍正想要让国家的秩序恢复正常，就必须与他们做斗争。绅衿应有的徭役负担落在平民肩上，如果政府维护绅衿的话，贫民就会与政府对立。

雍正认为那些不法绅衿是吏治腐败的一个重要源头，就把矛头指向他们，对他们采取了一系列打击，使他们同平民承担同样的义务。雍正二年二月，雍正下令革除儒户、宦户等各种绅衿的名号，不许生监包揽本家族的税收，不准他们拖欠本身应该缴纳的钱粮，对于敢于顽抗的，进行严厉的处罚。为了促进这项方针的落实，雍正还实行了一些具体政策。

一、士民一体当差。雍正元年，河南巩县知县张可标发出告示，令“生员与百姓一体当差”，引起了当地绅衿的不满。当地有个人叫杨倬生，跟张可标的关系很不好，于是他就煽动当地人控告张可标，一直闹到内阁学士班第面前，班第就把这件事情报告给雍正，雍正心里很清楚，这些人并不是真的和张可标有过节，之所以状告他，实际上是向自己的“一体当差”政策发出挑战，于是他立即下令，让河南巡抚石文焯调查实情，同时将闹事的那些人全部抓起来，治以重罪。

二、严禁绅衿包粮、抗粮。雍正四年，贡生张鹏生将民人郑廷桂等应纳钱粮私吞了，刑部判处他重打四十大板，然后戴三个月枷锁，雍正拿他作典型，加重处理，除去这些处罚，还把他发配到黑龙江，又命令大臣重新议定包揽钱粮的治罪法律。第二年，法律制定出来了：贡生和监生包揽钱粮，导致国库亏欠的，无论多少，一律革去功名；数量达到八十两的，按照贪赃枉法来治罪，并且把他贪污的钱全部充公；失查的地方官员，罚去一年的俸禄。

三、加强管理绅衿本身的纳粮。只要是绅衿缴纳的钱粮，在税收印簿和串票内都要注明绅衿的姓名，按照限期来催促缴纳，报告征收实数的时候，把还欠税的人一户一户地列出来，另外写在一个册子上面，详细禀报，按照绅衿抗粮的律例来治罪，如果州县隐瞒不报的话，就按照徇私庇护的律例来治罪。雍正还规定，每年年底，生监要五人互相保证没有抗粮的事情，并且已经缴纳完税赋以后，才能参加应试。雍正从多个方面促使绅衿交纳税赋。对于那些拖欠粮赋的绅衿，雍正严惩不贷，还督促官员，在平时多查访。对于那些催征不力的官员，雍正也把他们一起治罪。

四、严禁包揽词讼。秀才作为读书阶层中的最低一阶，在各村镇为所欲为，替人揽讼、跟官府抗衡，使基层工作越来越难做。浙江富阳县的一个绅衿杨六先，与历任知县的关系都很好，每年都给他们送去好几千两银子，他私自收取平民的赋税，还霸占别人的妻子、女儿当小老婆，后来被人举报，雍正派张坦熊暂时接替富阳知县，把杨六先抓了起来，提审的那天，雇船来县城观看他受审的村民有上千人。为了防止不法的绅衿干涉政治，雍正下令不许当地士民上奏保留地方官。很多人对这一条感到不理解，他们都建议说，当地人举荐保留的官员，应该是有政绩的，或者是被冤枉的，百姓怀念他，或为他鸣不平而要求他留任。但雍正说："你们说的这种情况当然存在，但是朕也看到这中间有人花钱买通别人，让他们上奏的，也有一些不遵守法律的绅衿，为讨好地方官采取了这种方式，这里面存在扰乱朝政的可能性，况且朝廷派遣官员，升斗小民哪有权力来评判？这是一种刁风恶习，应该严行禁止。"

五、制定主佃关系法令。绅衿们不遵守法律，虐待佃户的情形更加恶劣，在处理主人和佃户之间的关系时，雍正特别注意打击不法绅衿。只要是不遵守法律的绅衿，设置私刑，擅自处罚佃户的，一经核实，乡绅按照违制律处罚，监管绅衿的地方官革去官位，按照律例和他们一起治罪。明知绅衿犯法，却不去追查的，经过上司题参，按照徇私庇护罪处罚；监管不严存在漏洞的，罚去一年的俸禄。霸占佃户的妻子儿女的，全部革去职位，按律治罪。如果有狡猾的佃户拖欠租课，欺负怠慢田主的，也按照律例治罪，所欠的田租，照数全部追回还给田主。将擅自责罚佃户的地主按照法律处置，表明了严厉禁止绅衿欺压佃户的态度，它还表明了佃户和地主在法律上的地位是平等的。

六、镇压罢考。针对士绅的政策实施，损害了他们的切身利益，所以引起他们的不满。雍正二年五月，封丘生员王逊、武生范瑚等人拦截知县唐绥祖，不许他实行一体当差的办法，他们说："征收钱粮应该把平民和儒户、宦户分开对待，你怎么可以把我们和平民当成是一样的呢？我们强烈要求维护绅衿的特权。"不久，河南学政张廷璐到开封府监考，当时正好赶上河南封丘一带兴修水利，需要当地百姓出钱出力。秀才们抗议“一体当差”。他们把意见书送到巡抚和学政那里。两人都有点儿无所适从，朝廷历来对读书人很客气，若是惹怒他们，会不会丢了乌纱？秀才们见地方官模棱两可，以为有机可乘，开始东奔西走地闹罢考。考生们堵在门口不让其他人进考场，开考之后，还有几个武生冲进去抢试卷。在古代，罢考是很严重的事情，田文镜、石文焯感到事情重大，立即报告，雍正接到报告以后大为震怒，认为地方上出了这样的事情，应该好好整治一下，这种风气绝对不可以助长，要把为首的拿禁开封，惩办一两个人，警示其他人。于是他特地派了吏部侍郎沈近思、刑部侍郎阿尔松阿前往河南，最后把为首的王逊、范瑚等人迅速处死。在审理过程中，学政张廷璐、开归道陈时夏、钦差沈近思不敢惹怒士子，尤其是陈时夏，竟然央求学生去考试，称他们为“年兄”。但是田文镜不讲情面，所以考生们都说“宗师甚宽”，“陈时夏是好人”，田文镜则是人见人恨。雍正对此非常不满，说这是大笑话，“儒生们都喜欢做出这种愚昧呆傻的举动，用这种方法沽名钓誉，只能说明他们胸襟狭隘”。他支持田文镜，把张廷璐、陈时夏革职留任。在对待考生闹事时，雍正采取坚决打击的方针，以后坚持了这一政策。他命令，只要有联合在一起罢考的，就永远取消他们的考试资格，如果全县罢试，也照样办理，决不姑容。

除这些措施外，雍正还加强对监生的管理。当时不按规定缴纳赋税的绅衿有很多，而清朝政府原来规定革去监生的资格要由礼部批准，这些规则助长了监生们的气焰，不利于地方官和学政加强对他们的管理和约束。田文镜想改变这些情况，就让学政去革除那些犯罪的监生的功名，然后报给礼部备案，但礼部驳回他的意见，让他照着以往的规矩办事，田文镜就向雍正申请，请求让学政同时约束贡监与生员，雍正批准了他的建议，于是形成了这样的规定：只要有绅衿涉及诉讼，就马上革去功名，听候审理。雍正还规定，生监被革除功名以后，不许出境，免得他们闹事。

雍正用这些办法来平衡绅衿、平民和政府之间的关系。他加强了对绅衿的管理和约束，但也反对对绅衿的故意迫害，总的来说，他的态度是区别对待：

对于那些品行好的，应当尊敬并表彰他们，让他们成为普通民众的表率；犯了小错的，劝诫他们，让他们改正；对那些行为恶劣，冥顽不灵的，就照着律法去惩处。从这些可以看出他的立场，他作为地主阶级的最高代表，反对的是绅衿侵犯政府权力，过分危害平民，不利于社会稳定的行为。他使三者间的矛盾得到一定程度的解决，有效维护了清朝的统治。

摊丁入粮制度的实施

徭役和赋税，是封建社会中，人们对政府最基本的义务，历来分别征收。徭役很重，加上绅衿勾结官员，逃避丁役或是推给贫民，就迫使劳动者逃避差役。康熙年间，贫民更是斗争不辍，封建政府的根基没有保障，这种不合理的制度迫切需要解决。

一些官僚认识到问题的严重性，主张改变役法。曾王孙提出丁随粮行的好处，他说富人买田的时候会承担更多的丁银税收，那么卖田的也就相应地少了税收，没有包赔的痛苦；根据收成多少来确定丁役，官吏们就不能偏袒富人了，有利于吏治的澄清；收成少的人不用再担心服徭役了，可以安心在乡劳动。他认为实行这样的政策，对富人来说并不是什么大的负担，但是穷人就有了安身立命的机会，是对现实的变通，有利于社会的稳定。但同时也有人站在富人的立场上，对此持反对意见。

康熙在五十年实行滋生人丁永不加赋的政策以后，这个问题就更突出了。康熙把人口税固定下来，对于不断增加的人口数来讲，减少了个人的负担，有利于劳动力的增长。但是丁役分配不合理的弊端依旧没变，而且出现征收方法的新问题。人口总在不断变化，给计算带来了困难。因此这时迫切需要找到一个落实丁银的具体办法。两年以后就有大臣觉察到这个问题，建议把丁银总数统计清楚，平均分摊到田亩中，按亩征收。户部讨论了他的建议，认为变化太大，有很大的风险，不能够立即实行，就让广东和四川两省试行。于是在四川按照收成多少收丁银，广东则按照按地亩大小分摊，渐渐地缓解了百姓的压力。

即使到了这个时候，仍然有很多人持反对意见，福州人李光坡是其中的代表。他极其不赞成这个方法，认为永不加赋让丁银的总数固定下来了，田亩大小和田粮多少都难以做到平均，如果实行久了，可能会有人认为没有征收丁银，造成重复征收的局面。康熙在位的时候，改变役法与维持旧法的两种主张争执不下，把事情拖了下来，雍正即位就面临着这个必须解决的问题。

首先提起的是山东巡抚黄炳。他在雍正元年六月上奏请求按照地亩大小规定丁银。雍正认为这件事情非常重要，不是可以轻率决定的，于是不但没有接受他的建议，反而把他狠狠地责备了一番。一个月后，直隶巡抚李维钧也上奏，请求摊丁入粮。这一次，雍正觉得时机已经成熟，于是让户部讨论他的奏章，对他们说："这件事情还可以缓一缓，可能要等到收成好的时候再推行，希望能够达到最好的效果。"九月，户部大臣们商讨完毕，都同意李维钧的意见。

雍正还不放心，又让九卿詹事科道再一次商讨新政，大臣们提出几个问题，雍正让李维钧就这些问题仔细规划，一定做到让人挑不出毛病来。李维钧回称准备提出把地亩分为上中下三等，收税的时候按田地的等级来划分，这样就不会分摊得不平均了。雍正听了以后，高兴地称赞他做得很好，批准他开始实行。

但是李维钧害怕雍正反悔，于是又上奏说他实行新政的时候别人不支持，感到孤立。雍正知道他这些话是对自己说的，告诉他："只管去做，不要有那么多的顾虑，你要是不自信，那就是信不过朕，朕哪里会有那么糊涂听信别人的谗言！"

重新分配丁银的问题，从提出到实行，经历了半年时间。这一场讨论，是康熙年间争论的继续，只是之前一直没有结果，现在有了结果。就雍正本着为政务实的精神，听取正确意见，果断做出决定，起到了积极的作用。

后来雍正让黄炳去找李维钧了解具体的实施情况，黄炳表示第二年春天就申请实行，次年果真实现了他的愿望。雍正二年十二月，云南巡抚杨名时奏报他的辖区“子孙丁”的严重情况：有的人户早就没有田地了，人丁也不兴旺，却承担了许多的丁役，杨名时表示要改变这种不合理状况，向直隶学习。雍正批准了他的要求。

新政得到了贫苦百姓的支持，也遭到了富人的仇恨和阻拦。浙江官员准备在省内全面推行摊丁入亩，田多的富人不同意，聚集在巡抚衙门喊叫阻拦，担任浙江巡抚的法海只是一介书生，哪里见过这种阵势，惊恐地表示暂不实行。但是这样一来没田的穷人又不高兴了，也聚集起来到衙门请愿，两种势力在衙门口对峙，互相喊叫辱骂，谁也不肯相让。雍正四年七月，乡试的时候，有绅衿聚集了一千多人到钱塘县衙抗议示威，不许推行摊丁入亩，还逼着商人罢市。巡抚李卫采取强硬手段，制服了闹事者，使争执不定的摊丁入粮制度在全省推行。雍正四年四月，田文镜在河南进行编审，部分贯彻摊丁入粮精神，把没有土地的少壮农民应该缴纳的丁银，分配给地多粮多的人。八月，请求推行把丁银并入粮税，雍正批准他于下年实行。在此后的两年内，福建、陕西、甘肃、江西、湖北、江苏、安徽等省陆续实行丁归粮办的政策。只有山西一直没有推行，等到雍正九年（1731 年）才开始试行，到乾隆中期终于完全实现。除此以外，奉天府由于户籍变动得很频繁，所以仍旧按照丁、粮分征的老办法。

并丁于粮的方法，大体上是以州县为单位，把康熙五十年该地区的丁银数作为应征额，平均摊入田亩中随土地税征收。在具体做法上也有两种情形：一种是把丁银平均摊入粮税里，也就是说原本应该缴纳的粮税，再加上丁银，然后一起缴纳，如河南确山县，按粮税银一两，摊派丁银一分八厘，这种办法是根据粮税来的，粮食收得多，摊入的丁银就多；另一种是把丁银平均摊入田亩中，如安徽祁门县每亩土地摊入丁银一分六厘多，这种办法是根据田亩大小来分配的，土地多的，摊入的就多。之所以这么做，是因为地方和地方之间的田亩大小有不一样的，土地有的肥沃，有的贫瘠，田粮是根据土地的肥沃等级确定的，所以摊入田粮更加合理，大多数地区也是采用了这种方法。

摊丁入粮，使有土地的富人增加了赋税，贫苦人则免去了赋税，这是利贫损富的办法。雍正对这一点很清楚，他说“这件事对穷人有利，但会损害富人的一些利益”。大臣们也明白，实行摊丁入粮，是有意识地压抑富户，扶植贫民，改变过去丁役不均的情况。

更重要的是丁粮合并征收，富人缴纳丁银的能力远远超过无地的农民，所以清朝政府的丁银收入有了保证。保障丁银的征收，这才是雍正的根本目的。

摊丁入粮，虽然损害了富人的利益，但是对贫民和国家有利。这是具有进步意义的事情。摊丁入粮制度的确定，是中国赋役制度史上的一次重大改革，是值得重视的历史事件。

汇追首隐与清丈土地

清理积欠，是雍正的一项政策，主要在民间实行。

当时全国的赋税，是按经济情况来算的，江苏名列前茅，其中赋额最多的是苏州、松江、常州三府。因为赋税高，所以拖欠的也多，很久都没有收上来。在雍正六年雍正就派户部侍郎王玑，刑部侍郎彭维新带了四十多个候选、候补的州县官前往江苏。这些官员到地方上，就一面清查，一面追欠款。因为是拖欠了许多年的赋税，要在短期内一并征收，所

清朝监狱

以叫作“汇追”，“汇”就是汇总、一并的意思。凡是积欠交完的人家，官吏就在他们的大门上用红笔写明“清查”二字。不能补齐欠款的就抓到监狱里面去，一时之间，“狴犴累累，无容囚处”，监狱里面塞满了犯人，一个苏州府就关押了一千多人。那些田地多，钱粮多的绅衿，欠得就更多了，他们也饱尝了蹲监狱的滋味儿。由于抓的人太多，造成人心惶恐和社会的不安定。

雍正听说了这种情形以后，知道追得太急了，就下令暂时停止追索欠款，要求先查明哪些是官员侵占的，哪些是绅衿侵蚀的，哪些是百姓拖欠的，然后分别处理。两三年后，清查完毕，雍正命令那些绅衿侵蚀的分作十年带征，百姓拖欠的分作二十年带征，表示开恩。带征就是把之前所欠的分成数份，然后和当年的钱粮赋税一起征收。如果民户把当年应该缴纳的带征之数全部交完的话，就按照他完成的数目捐免下年的数目。雍正吸取之前清查亏空的经验，规定官吏贪污的，只向他一个人追索，不再像之前那样株连到他的亲戚，百姓拖欠的，也只由本人缴纳，不可以波及亲戚。

从实际情形来看，追索积欠的对象主要包括官员、绅衿和有田的农民。雍正指示要分清侵欺、包揽、民欠三种类型，以便分别对待。他严厉打击贪官和顽劣的绅衿，对平民却不那么严厉，其实他是故意这么做的。大部分的积欠都是平民，雍正抓得那么紧，就是为追索民间欠粮。

雍正派性桂为钦差大臣前往浙江，协助督抚李卫清查钱粮，等到查核清楚了，将拖欠的赋税分年带征。后来李卫上奏说，浙江情况良好，可在规定期间内完成任务。雍正表示满意，特地下令减免下一年的赋税。

山东拖欠的就很多了，雍正七年，河东总督田文镜上奏说，总共拖欠了三百万两白银，一直到乾隆元年（1736年），积欠还是那么多，这是因为一面带征，一面继续拖欠，所以情况总是得不到改善。

在福建，经过钦差大臣杨文乾、许容等查核，积欠四十四万余两白银，其中属于民欠的占了大多数，有三十三万两。但是因为当年福建收成不好，雍正就没有征收。

雍正在实行分年带征的时候，搞了一些捐免，用带征来的税银减免当年应征的一部分款项，表示他清欠不是为了增加财政收入，而是要扫除不法行为，希望形成优良的社会风气。但是实际上，清理积欠和移风易俗的效果都达到了。他强调清理积欠有重要意义，可以避免以后再犯。

清理拖欠的税赋，使一部分富人和官员受到政治上和经济上的双重打击，有的人为了还款只好卖田，但是之后要按时交纳新的赋税，还要承担丁银，田地的负担就变得更重了，买田出租也并不那么划算，所以不再那么热衷于土地兼并。在清欠进行得最激烈的江南地区，人们抛售土地，土地的价格下降很多。清代的田价之所以没有直线上升，就是因为土地兼并没有那么激烈，这同雍正的赋税政策有很大关系。

逃避赋税的办法除积欠，赖着不还外，还有一种方法，就是隐瞒田产。雍正对这种情况也了如指掌。田文镜率先提出的自首隐田的方法，在河南推行。他的办法是允许人们自首，只要交代清楚隐瞒的田产，从当年开始交纳钱粮，那么之前通过隐瞒少缴纳的税赋，全部不再追究，对于失职的官员，也既往不咎，以便他们安心办公。隐瞒田产的人和官员们本来还在担心，这个政策的出现给他们吃了一粒安心丸，所以当年就见成效，清算出隐田二千多顷，多收了四千多两的钱粮。既往不咎的同时，田文镜对执行不力的官员严厉惩处，唐县有人隐瞒田地五百顷，县令却不举报他，田文镜就上表，告诉了雍正。

作为“模范督抚”的田文镜认真实行，但是其他的地方做得就没这么好了。雍正于是多次下令，规定期限，允许人们自首隐田，以免因为隐匿被治罪。同时，在一些地区采行清丈土地的方法，重点抓的是四川省。清朝初年，四川地广人稀，赋税较少，但是后来垦田随着人口增多，隐瞒的田产也就变得越来越多，而且民间因为田地没有固定，引起了很多纠纷，当地的官员就要求清丈。但是在清丈的过程中，有的官员乘机勒索农户，接受贿赂。很多地主本来不乐意清丈，于是借机反对，在万县有一千多人拉起旗帜，对抗政府，不许丈量。后来雍正考虑到清丈中的问题，采取了补救措施，命减少一些州县的田赋。

因为牵扯太多人的利益，尤其是那些与土地所有权有关系的人，清丈的事情触犯的人太多，所以很难实行，一般情况下没有人敢去做，除非是在进行大的变法的时候，如王安石变法、商鞅变法，清丈得到了有力支持，才会取得很好的效果。雍正对这件事也没有太大的信心，一开始的时候他说："清丈这个主意太难实行，要根据当地的具体情况，仔细商议，等到问题都解决了以后，才能在局部试验。"贵州布政使鄂弥达请求清丈，雍正告诉他，千万不要草率地去清丈土地，指责他提出的要求太过于激进，等到四川收到良好的效果以后，才告诉他说："重新丈量土地这件事，朕是说关系重大，所以不要轻易去做，但也不是说一定就行不通，现在四川省不是也做得不错吗？说明它并不会有多大的坏处，可以试着去做。"看到后来四川清丈中出现的社会动荡不安的问题，所以他并没有在全国普遍实行。

汇追和清丈的根本目的是保证政府税收，维护清朝的统治，在实行的过程中，虽然造成了一些社会问题，但总体上来说还是取得了很大的成效的。

钱法与铜禁

明清时期，商品经济发展得很快，对于货币的数量要求较多，但是黄铜生产得很少，生产不了足够的铜钱，所以出现了钱贵银贱的现象。按照清朝政府规定，每两银子换一千文铜钱，但在大多数地区换不到这么多，如雍正九年，因京城缺少铜钱，大臣们建议以九百五十文换一两银子，这就表明钱价高于银价。雍正为了保护钱法，维持社会稳定，费了很大精力，实行禁用铜器的政策，试图改变这种情况。

铜钱是古代铜质辅币，中国历代古钱币大多数是以铜合金形式铸造的，方孔钱是最常见的一种。铸造铜钱，铜和铅要有适合的比例，以保证质量。铜少了，质量差，铸字模糊。有的人就私自铸造出一些质量差的铜钱，以次充好，从中渔利，其中包括“沙板钱”“锤扁钱”等类型的劣质钱。由于铸造假钱可以赚取巨额利润，所以私铸案不断出现。

私铸破坏制钱的信誉，侵犯政府利益，也不利于民间经济的发展。雍正为制止私铸，采取了一些相应的措施。

严禁私铸。雍正三年，雍正下令，要严厉打击私铸铜钱的人，不要有漏网之鱼，如果官员没有尽心尽力去办这件事的话，也一定会被从重治罪。随后他亲自制定惩治条例：

私自铸造铜钱的犯人，一旦被抓住，地方官和附近的人们一律连坐，都按照私铸例治罪，如果有人融化政府发行的钱币，如果地方官知情的话，就与犯人同罪，不知情的也按照私铸罪连降三级，房主和邻居无论知不知情，一律按照私铸例抓起来，戴枷锁一个月，打一百大板，或判处奴役一年。

另外，雍正还命令大力收集铸钱的原料，禁止使用铜器。雍正四年正月，户部建议：除祭祀等必须使用到铜器的场合以外，一律不许再铸造铜器，已经铸造好的，当作废铜交给官府，按照市场价值付给相等的赔偿；如果再有制造的，就以造禁物律来治罪；那些失职的官员和买卖铜器的人，也按照这个方法来处理。雍正看了之后，批准实行。九月，他再次下发禁令，要求除准三品以上的官员可以使用黄铜器具以外，其他一概禁止，已经制造的铜器，一律要在三年内交清。他还亲自带头，要求宫中不用黄铜。

雍正七年，私铸铜钱的郭二等人被抓住，均被砍头；雍正十年有人密报安徽亳州、寿州两个地方有人私铸铜钱，雍正就命令步军统领负责，抓住了案犯以后，交给本地的官员审判。

雍正的禁用铜器命令在京城有所实现，但是在地方上的效果却很小，于是他在五年命令各省，动用国库里面的银子，专门派人设立收买铜器的场所，大力开展收购。他又考虑到住在边远地区的百姓离交铜器处所太远，数量也不会多，往城里交纳不方便，命户部大臣讨论能不能用交纳铜器的方式来当作赋税。

田文镜更是别出心裁，提出奖励奴仆告发私自收藏黄铜的主人，允许他们恢复自由身，并治主人之罪，迫使人们不敢私藏。

民间的黄铜器皿本来就不多，况且已经做好的东西，人们也不愿意当作废铜卖了。有些富贵人家爱讲排场，明知故犯，暗地里铸造。所以禁止使用黄铜虽然也收到一些成效，但不是很大。

为了维护统治，雍正采取了一系列的制度改革，改变了康熙末年遗留下来的一些问题，取得了一定的成效。

第一，他在一定程度上整顿了吏治。整肃吏治的一个重要途径，是压抑豪绅，不许他们结交官员，以免造成贪污腐败和把持政权。清查亏空、耗羡归公和养廉银制度，都是整治贪官比较有效的办法，所以雍正年间官吏的贪赃枉法，比康熙末年有明显的好转。直到乾隆年间，那些被打击的贪官也没有缓过气来。

第二，政府财政状况根本好转。雍正的各项理财措施，在不增加贫民负担的条件下，治理贪官和顽劣的士绅，催征税收，充实国库。康熙死的那一年（1722年），国库存银只有八百万两，雍正即位的前一年就有了好转，到雍正五年（1727年），国库的存银已经高达五千万两。正是由于国库里有钱，他才敢花费巨额的钱粮，在西北用兵。

第三，他的政策缓和了阶级矛盾。

他所推行的政策，对于富人的利益有所损害，但是平均赋役，却或多或少地减轻了贫穷农民的负担，缓和了农民与国家的矛盾。这些政策的实行，自然不利于清朝政府与地主阶级中一部分人关系的融洽，但是雍正政府所打击的是豪绅劣衿，剥夺他们的非法特权，加重地主的经济负担，这是要地主阶级从经济上支持它自身的政权，以便强化它，使它更有力地代表它那个阶级。换句话说，雍正政府作为强有力的政权，可以很好地代表地主阶级的整体利益和长远利益。

雍正令出必行，对于私铸的案子，雍正总是抓住不放。但是尽管实行了严厉的法令，仍然无法完全禁止私铸铜钱。这个失败也是必然的。一个事情的顺利解决，要抓住根源，私铸问题的产生，根源在铜的原料不足，所以造不了足够的钱。关键要抓铜的生产，这个问题不解决，私铸就不可能减少。雍正注意到铜的生产，但是铜的产量仍然提不上来，所以他尽管大力开展铜禁活动和严厉私铸处分，仍不能达到预期效果。

在推行这些政策的时候，有人讽刺雍正，说他太严苛了。他确实是抱着严厉的态度，惩治贪官污吏，清算各种账目和消耗，遇到知法犯法的，决不留情。官员贪污的部分，他要求严厉执行追赃，对私铸铜钱的处罚也非常严厉，认真实行耗羡归公、养廉银、摊丁入粮、士民一体当差政策，在那个时代是比较好的选择，他在一定程度上清理了以往的弊端。他的摊丁入粮、耗羡归公是中国赋役制度史上的重大改革，是他革新思想的产物和体现。

CHAPTER 第十二章 改革旗务和处理满汉矛盾 12

在清代二百六十八年的历史进程中，满汉关系始终是影响社会发展的一条重要线索。这一关系的演变，不仅在很大程度上决定了清王朝的兴衰，且对中国近代的走向产生了深远影响。雍正反对华夷之辨，但又声称以八旗满洲为根本，为了稳定统治，他努力解决满汉之间的矛盾。

清初满汉关系

汉族是中国最大的民族，在我国历史上，大部分的帝王都出身汉族或者有汉族的血统，可以说是汉人之国。但是到了明朝后期，大明帝国的统治者破坏了女真内部的团结统一，杀害了努尔哈赤的家人。从此努尔哈赤向明朝宣战，联合了蒙古各部落，将明朝朝廷当作共同的敌人。努尔哈赤也和成吉思汗一样，被外国人称作中国历史上杰出的少数民族英雄。他足智多谋、英勇过人，最终在他的带领和谋略下，铸就了大清朝的兴起和兴旺。

清朝是以满洲贵族为首的地主阶级统治王朝。在康熙统治前，满洲社会也有了巨大的变化。世世代代居住在我国东北的女真族（满族前身），特别是其中的建州女真，在明代开始进入阶级社会，明朝中央地区的封建制不断加深对它的影响。因此，建州女真进入奴隶制后，也就存在着一些封建制的因素。在努尔哈赤统治时，被统治的汉族人民“叛变者层出不穷”，有的“杀女真而去”，有的乘统治者“出猎出征之际”“被备棍棒”进行战斗。到皇太极时，更是“盗贼蜂起，乘马助杀”。清朝统治初期的中国，正是明末农民战争刚刚结束，由于阶级力量的变化，在国内形成了地主阶级统治的相对稳定期。各族人民虽然仍受着地主阶级的剥削和压迫，但封建生产关系毕竟是在农民革命的打击下有所松弛。

满人入关以后，实行薙发易服的政策。薙发易服是满洲战争中征服其他民族的主要标志之一。皇太极即位后，清军每征服一处汉族的土地，就要求当地人不分老幼一律剃发。

康熙在位时比较妥善地处理了国内各民族的关系，缓和了阶级矛盾，有利于经济、文化的交流、发展和繁荣。清初满汉民族矛盾十分尖锐，“留发不留头，留头不留发”的民族高压政策和野蛮的掠夺，曾引起汉人的强烈反抗。康熙执政后，团结汉人官僚、地主、士人，继承中原地区的传统思想、文化、典章、制度，尊儒崇道，使满族向汉族看齐，有利于民族融合和进步。他还发展封建文化，促进科技进步。因此，清初的相对稳定的局面有利于加强各民族之间的团结，有利于社会经济尤其是资本主义萌芽的恢复和增长，特别是有利于国家的统一和独立。

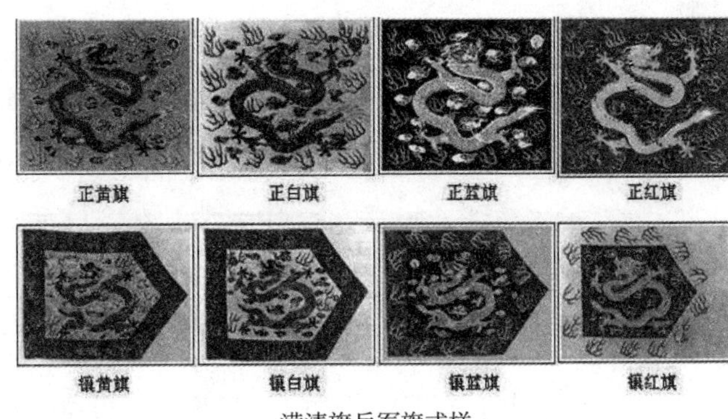

满清旗兵军旗式样

满人不断汉化，与此同时，汉人也逐渐融入满人的制度中。通过增加包衣、收养嗣子和汉军、外戚的抬旗，大量汉人进入了满洲八旗，还形成了由汉人组成的汉军八旗。清初，满洲八旗内的汉人，和进入汉军八旗内的汉人，人口之多已经远远超过了满洲八旗的人丁。虽然如此，但在清初数十年，总的趋势却是旗内汉人在满化。这和当时的历史条件与清廷的政策是分不开的，清初的满族处于鼎盛时期，八旗王公贵族掌握大权，竭力强制旗内汉人遵从满族制度。满汉两族尽管都是中华民族大家庭的成员，但彼此生活习惯和习俗都不一样。清廷对待编入八旗的汉人，实行强制满化的政策。

旗内汉人的日益满化，还表现在他们将原有的汉人姓名改用满族的称呼。如汉军旗人李永芳之子取名为刚阿泰，佟养性之子取名普汉，正白旗包衣人原姓魏，后改名绶恩。崇敬满俗的“旗内汉人”，渐渐都用满语命名。

满洲贵族进入中原以后，遇到的难题是满人人口少，地理生疏，不了解当地情况，无法强行改变汉人的生产方式、政治制度和生活习惯，这就是说，他们可以“马上得天下”，却不可能“马上治天下”，必须适应新的形势。但又不能完全汉化。所以，清朝的基本国策是“满洲根本”，辅之以“满汉一家”，就是既仿效明制，任用汉人，又反对八旗人员完全汉化。满族是清朝的统治民族，清政府一贯强调“满洲为国家之根本”。顺治帝几次下谕，赞扬满洲官兵打江山的功劳。康熙、雍正帝也一再强调“满洲系国家根本，八旗满洲乃我朝之根本”。在基本国策的指导之下，清廷扩大满洲八旗的编队，提高八旗人员的政治地位。

为了保证“满洲根本”，清朝统治者又实行了“旗民有别”的政策，让满人和汉人分开居住，但歧视政策的实行，容易引起汉人的反感，为了安抚这种情绪，统治者又提出了“满汉一家”。清军入关以后，为了缓和满汉之间的矛盾，稳固统治，多尔衮提出 “救民于水火”。后因满洲滥杀汉民，清帝提出“满汉一家”，不可歧视汉人的说法，同时严惩欺压汉民的满洲人。顺治、康熙、雍正都曾经多次宣称“满汉一家”的口号。

从清朝入关开始，满汉之间的关系经历了由紧张对立，逐步趋于缓和的态势，虽然清政府制定了“满人为本”的政策，企图阻碍民族融合，让满人的习惯永远保持下去，但这种做法是违背历史潮流的，不可能长期持续下去。

整改八旗

八旗军在为满洲统治者打天下的过程中立下了汗马功劳，入关后，顺治帝对旗人实行“恩养”政策，宣布永远免征八旗人的赋税和徭役，只承担兵役，给予八旗人种种特权，让他们享受衣食无忧的生活。可是随着朝廷事务的增多，八旗旗主对权力的追逐，八旗军成了皇权管辖不到的地方，骄纵、腐败恶习日益滋生。雍正即位后就开始整顿旗务，削弱旗主特权。

八旗制度是清王朝的重要政治制度。八旗制度最初具有军事、生产和行政三方面的职能，由努尔哈赤于 1601 年正式创立，当时只有四旗：黄旗、白旗、红旗、蓝旗。1614 年因“归服益广”将四旗改为正黄、正白、正红、正蓝，并增设镶黄、镶白、镶红、镶蓝四旗，合称八旗，统率满、蒙古、汉族军队。

旗主是一个旗的首领，拥有很高的权力，旗下隶属于旗主，与皇帝是间接关系。即使是皇帝要调兵，也必须通过旗主。这种制度和传统的封建中央集权相冲突，皇帝要直接掌管旗民，加强皇权，就必须对它进行整改。

自清太宗皇太极即位，旗主的权力就不断受到抑制。皇太极将八旗分为两等：上三旗有镶黄旗、正黄旗、正白旗，归皇帝亲自掌管，剩下的五个旗定为下五旗。康熙时，皇子逐渐开始管理旗务，进一步削弱了旗主的权力。

雍正帝即位后，进行了大刀阔斧的改革。为了彻底削弱八旗旗主的权力，他采取了一系列的措施：

第一，改变制度，从法律上削弱旗主的痕迹。八旗都统，清文为“固山额真”，“额真”满语意为“主”。雍正下令将“固山额真”改为“固山昂邦”。“昂邦”是满语“臣”的意思，“固山昂邦”即“旗的大臣”，这样一改，就明确了君臣之间的名分，只有皇帝一人可以称为“主”，即使是一旗之主，和皇帝的关系也是臣子和君王的关系。各旗虽各有旗主，各旗之人只知有君上，不知有旗主。

旗主虽然被削弱，但是监管旗务的诸王权力仍然很大，再加上旗内管主与都统等官员职权难分，容易耽误公事，雍正决心要进一步削夺旗主的权力。雍正七年，雍正帝命庄亲王允禄管理镶白旗满洲都统。雍正九年，改命庄亲王允禄管理正红旗满洲都统事务。允禄身为亲王，被任命管理都统事务，也就是说，允禄现在已不是管主，而是被降为一旗长官了，旗主的权力被大大削弱，表明亲王地位的降低，八旗已经直接为皇帝控制。

第二，改革选官制度，加强对旗主的控制。在清朝，官员的缺额分为旗缺、翼缺和公缺多种。旗缺、翼缺有一定的检选限制，只能在某旗某翼内进行拣选，旗主、管主可以借机发展自己的势力。雍正帝即位后，将原为旗缺、翼缺的各堂主事、郎中、员外郎、内阁中书、监察御史、给事中、工部造库郎中等都改为公缺，由皇帝任免。这样一来，管旗诸主对旗内官员的部分任免权就消失了，雍正帝进一步弱化了八旗旗主的政治权力。

第三，改革八旗的机构，创设八旗衙门。规定各旗都统、副都统必须到衙门办事，并严格登记、管理。随后，雍正帝又相继设立了步军统领、两翼前锋统领、各旗护军统领衙门。规定他们必须要像一般官员一样，到衙门办公，不得旷工误事，否则严厉惩处。可以看出，雍正帝在这件事上，要求是非常严格的。

第四，编写律法，用法律约束旗人。雍正帝即位后，虽然进行了很多改革，但没有编写配套的法律条文，就算犯错也不会被惩处，所以执行情况并不好。针对这种情况，雍正下令在原来的法律基础上，根据现实情形，命允禄、鄂尔泰等人分别编写上奏，后编成了《八旗则例》《绿营则例》及《世宗宪皇帝上谕八旗》十三卷、《世宗宪皇帝上谕旗务议复》十二卷、《世宗宪皇帝谕行旗务奏议》十三卷。新例中的条款对旗民要求非常严格，甚至具体到服饰、用具的使用。

第五，开设宗学。宗学是宗族为教育子孙后代而设立的学校。雍正帝下令设立宗学，招收八旗子弟入学学习，主要学习内容有满文、汉文和骑射。每年还要派大臣进行考核，按成绩优劣给以奖惩。开设宗学体现的是雍正以满人为根本的思想，他想确保满人的统治能够延续下去，就必须要提高八旗子弟的知识水平。

清政府把八旗兵视为“国之根本”，但入关以后，八旗人口繁殖迅速，但旗人因为长期脱离生产，生活却逐步恶化，雍正削弱了旗主的权力，也要考虑下层旗民的生存问题。

雍正帝即位后，采取了种种措施维持旗人的生活。他的第一个措施告诫旗人“量入为出，谋百年之生计”，同时还对旗人采取了必要的体恤政策。他下令严禁旗人酗酒、斗鸡，戒掉奢靡的风气，养成节约的习惯，然后对一些社会下层的旗人发放补贴。到雍正十二年，他说“近闻八旗人等仍有未改陋习，以多斗奢靡相尚者”，主要还是对下级进行说服教育，但效果不大。有的旗员仍然变卖家产，继续玩乐。

这些措施，只能缓解一时的矛盾，并不能解决根本问题。雍正帝又探索了解决八旗军民生计的新途径，主要有试行井田、增设养育兵、清理开户人及出旗为民等项措施。

西周时期，道路和渠道纵横交错，把土地分隔成方块，形状像“井”字，因此称作“井田”。井田属周王所有，分配给庶民使用。领主不得买卖和转让井田，还要交一定的贡赋。到春秋时期，由于铁制农具和牛耕的普及，生产力发展，井田制就逐渐瓦解了。雍正帝下令从京城附近拨出官田，作为井田，把京城中的无业八旗人员派去耕种，同时派发农具和种子给他们。私田收入全部归耕种者所有，公田三年内不缴粮，三年后收入全部归公。雍正帝推行井田制，让旗人学会生存技能，改变长期脱离生产的现象。

方法是很好，实际应用起来却困难重重。满人的传统是以放牧、打猎为生，后来又击败了汉人的政权，就更看不起农业耕作，去的人很少。井田划出之后，迟迟没有人去耕作，全都荒废了，以至于最后雍正拿这种方式来当作惩罚，让那些犯了罪的八旗官兵来劳作。雍正帝实行井田制十年，最后以失败而告终。

失败的原因，概括起来主要有三个方面：

第一，旗人因长期脱离生产，早已成为四体不勤的寄生虫，要他们改变习性和生活习惯，不是一般的行政命令所能做到的，所以用他们耕种井田，只能劳而无功。

第二，雍正帝把井田务农看成是一种惩罚，被派遣者以耕作为耻，当然就更不会主动去做了。

第三，井田制之所以被废除，是有历史原因的。清朝以封建土地私有制为基础，雍正不顾现实一意执行，只能是他不切实际的空想罢了。

增设养育兵是雍正帝解决八旗生计的第二个措施。养育兵相当于今天的预备役兵种。雍正帝于二年正月向八旗都统发布设立养育兵的谕旨，命“从八旗满洲、蒙古、汉军内，共选取四千八百人为教养兵，训练艺业，所选人等，每月给予钱粮三两”……

八旗都统遵旨议定后，即着手选拔、组织训练。他们在选拔时，优先考虑有一定骑射功底，又十分贫困的旗人。训练任务由八旗都统派员管理，五日之内要练习步射一次，十日之内要举行骑射一次。训练情况分别记录在案，以待有兵员缺出，由教养兵补充。增设教养兵有一定的积极作用，既能解决一部分旗人的生计问题，又能源源不断地为国家提供训练有素的士兵。

雍正帝认为八旗生计问题主要是满洲人的生计问题，而开户人绝大多数原本是汉人，因原是满人奴仆，载入满洲册内以后，开始和满人竞争，占据为数不多的政府职位。于是，雍正下令将开户人从旗籍户口中清查出去，由旗人来充当他们的空缺，雍正帝认为，这是解决八旗生计的好措施。雍正死后，他的儿子乾隆采取了更为极端的措施，乾隆采取“出旗为民”措施，将八旗内的开户人、另记档案人和八旗汉军等非满洲成分全部排除出旗，这些人的出旗，使八旗驻防丧失了一支最有生气的力量，直接导致了八旗驻防武力的衰退，出现了很难填补的空缺，是八旗驻防由盛而衰的转折点。

雍正削弱了八旗旗主的权力，进一步巩固了皇权，在满洲八旗逐渐衰落的时候，也试图挽救危机，采取了重重措施，却没有触动到根本原因，他的种种努力，没有阻止得了大清王朝的腐化趋势。

为明朝皇帝立嗣

自清朝入关后，反清复明的思想，就在一部分汉人中流行着。清军对汉人采取了高压政策，汉人为了恢复自己的政权，而为对抗清政府的高压统治，自发展开运动。有的人积极实践，因而“朱三太子”事件不断出现。雍正反对华夷之辨，强调满族统治的合理性，至于满汉关系，他还有具体的处理办法。

崇祯有七个儿子，活下来三个，长子朱慈烺立为皇太子，三子朱慈炯封为定王，四子朱慈炤封为永王，后来下落不明。李自成退出北京以后，朱慈烺和朱慈炯兄弟也不知去向。这时，崇祯皇帝的儿子最尊贵的就剩下第三子朱慈炯了，因为没人知道他去了哪儿，汉人正好利用他的名号反清。康熙十二年，杨起隆在京城自称是朱三太子，十二月与黄吉、陈益和北京一些汉族和八旗家奴密谋反清复明，联系郑成功部下降清将领，组织“中兴官兵”，私造年号“广德”。随后明珠、图海等率兵镇压，失败逃走，黄吉与陈益被杀。此后，有人诈称杨起隆，也即诈称“朱三太子”，在陕西造反，被抚远大将军图海拿获，送回北京处斩。与杨起隆活动的同时，蔡寅在福建称“朱三太子”，组织了好几万人，与在台湾的郑经联合，攻打福建漳州，被清朝海澄公黄芳世打败。又有记载说在江南有个金和尚，自称是“朱三太子”，得到很多人的拥护，他们聚集在太湖上，准备在康熙南巡时起事，活捉康熙，可是当时大炮的药引灭了，没能引爆，于是被清军抓住了。

康熙一方面严厉镇压反清复明活动，另一方面又做出对前朝并不讨厌的姿态，他南巡到江宁的时候，亲自到朱元璋的明孝陵去祭奠，有的时候也派官员去祭祀，用这种方式表达他对朱元璋的尊敬。他保护明十三陵，派皇子巡查、扫祭，用来笼络汉人，希望可以消除满汉之间的对立，消除反清复明的情绪。雍正也参加过祭扫明十三陵，他深知“朱三太子”这个称号的能量，反清复明，他不仅知道，而且还采取了一些对策。

朱之琏画像

雍正也对明朝皇帝表示尊敬，同时还厚待明朝皇帝的后裔。雍正元年九月，雍正说他发现康熙的未发谕旨，称赞朱元璋统一华夏的功绩，文治武功样样皆能，就算是汉高祖、唐太宗和宋太祖这几个皇帝也比不上他，所以命令他们寻找明太祖的后裔，方便对他进行祭祀。次年，找到了正定知府朱之琏，让他的家族世袭一等侯，承担祭祀明朝诸陵的任务，同时还把他的族人全部编入正白旗。朱之琏的祖先朱文元，是明朝宗室的后人，在松山战役中被俘，投降了清朝，后来被编入八旗，是早已满化了的明朝后人。雍正利用这类旗人，完全不用担心他们会和拥护朱明的汉人搅在一起，却可当作招牌，用作缓和满汉矛盾的工具。

经过多年的打击，一直到雍正年间，假借明朝的名号反清的仍然有很多人。随着众多“朱三太子”的一一失败，再简单地诈称朱三太子，已经很难使群众相信了，不便于首领的活动，于是慢慢有人说他去了海外，或去了琉球，或去了南洋。反清的人把他树立成一个偶像，可以用它继续组织号召群众，另外，随着清朝入关时间的增长，清政府逐步加强了对北方和江南的控制，反清力量不易在这些地方集聚，而两广、福建处于边远地区，又有反清传统，因此反清复明的活动中心就南移了。

除“朱三太子”以外，康熙年间的朱慈焕的余众也仍然在活动。案内人甘凤池，当日也被抓了起来，受过两次夹刑，被放出来以后继续秘密地进行反清活动。甘凤池是位名震四方的江湖大侠，吴敬梓所著《儒林外史》中的义士凤老爹写的就是他。他原来是南京人，自小父母双亡，不喜读书，却爱好武功，结交江湖侠客，十几岁时，就名扬江南。他被人称为“炼气粗劲，武艺高强”“各处闻名，声气颇广”，传说他曾协助女侠吕四娘闯入清宫行刺雍正，所以他就成为江南反清复明活动的领袖人物。有个和他一起活动的人叫周昆来，原籍河南商丘，久居江宁，有人说他原来姓朱，是明朝封在河南的周王的后人，曾经去苏州见过朱慈焕，还把朱慈焕认作侄子。他们联络各阶层人士，因为名气大，和地方上的大官都有往来。江苏按察使马世烙命其子向张云如学习，称张为师。

他们联络各地人士，其中有蔡胡子，浙江人，在安庆算命，算定日期说雍正八年（1730 年）的秋天要举事，会改朝换代。有常州人陆剑门，会天文六壬奇门，又懂得兵法，在松江水师提督柏之藩手下做事，他的足迹遍布南北十省，认识、交往的人甚多。还有江宁人夏林生，假装在河南固始县卖花树，联络该县武生周图廉，纠集了很多人，组织了一个小车会，他常对结盟弟兄说："虽然我们现在很穷，但是一定会出人头地的。" 雍正七年，甘凤池邀他到镇江相会。

浙江总督李卫了解了甘凤池、张云如等人的活动以后，觉得甘凤池影响力大，应该从他下手突破才行，于是假意把他请来，当作上宾，让三子李星灿拜他为师学武艺，甘凤池父子见是李卫的请帖，心里暗暗高兴，他们也想和李卫这样的朝廷重臣交往，就愉快地答应了，到了那一天，穿上华丽的衣服，来到衙门，没想到刚刚进门，就被抓住了。虽是受骗上当，但从中也能看到他们有较高的地位，且自视不凡。周图廉虽然开心，也想巴结大人物，但是没有路费，所以去得晚了，没能见到甘凤池。

这些人有的有交往，有的没有，但是众人都认为甘凤池是个很有能力的人，认为他通晓天文兵书，将来肯定能够当大元帅，所以都喜欢和他往来。这些人均以反清复明为目标，陆剑门劝陆同庵入伙，说吕宋岛上面住着朱家的后代，在给他的委任状上写着东明龙飞六年。反清的人总宣传朱家后人在海上，有寄托，是进行政治斗争。甘凤池等的活动，被李卫派人打入内部，暴露了秘密，一个个都被抓了起来。

范时绎、马世烆因为和张云如有交往，为了掩盖这些，就和李卫唱反调，雍正深知反清复明活动对清朝统治的不利，对这个案子极为注意，他全力支持李卫，他说："这些贼人，行踪不定，鬼鬼祟祟的，看到百姓受苦，总是一副幸灾乐祸的心态，居然敢做大逆不道的事，会危害到国家。他们对百姓的危害比那些普通的盗贼大得多了。李卫很清楚这些道理，所以坚定地打击贼人，是督抚的模范。"

在他认为，盗窃犯只是单个人的行动，政治犯则可以影响到一群人。雍正镇压汉人的反清势力，又对明朝后裔优厚对待，希望能够感化汉人，缓和矛盾。

调处直隶旗、汉矛盾

因为靠近京城，清朝皇帝在直隶省给旗人封了很多的地，那里有许多旗人，他们享有特权，汉人要交税，服徭役，但是旗人不用，旗人唯一要做的就是训练、打仗。旗人犯了法，州府衙门也不能管，得交给都察院。在量刑的时候，旗人也有一些优待。旗人欺压汉民，造成严重的满汉矛盾。

雍正元年，担任直隶巡抚的李维钧秘密地向雍正写了一道奏折，他说房山县庄头李信等人独霸房山县的石行，把附近居民的牲口都抢走了，霸占许多民间妇女当小老婆，还打死了几个敢于反抗的人。他们的行为造成严重的后果，宣化府士民义愤填膺，纷纷罢市表示抗议。

庄头是田庄的管理人，相当于村长，虽然职位不大，但是依仗着自己是旗人，所以敢随意欺压汉人。雍正痛恨庄头作恶，见奏即指示李维钧严格按照律法来审理，要惩罚他们，让百姓们的怨气得以舒畅。但是庄头有内廷的人做靠山，想要惩办他们不是一件容易的事，李维钧遇到了很大的阻力，所以一直都没能办好。雍正就公开向李维钧发出谕旨：

“京城附件，旗人、汉人混杂着住在一起，之前有旗人欺压汉人，百姓受到牵连，地方官虽然知道这些，但拿他们没办法，朕告诉你，你不必顾忌旗、汉之间的区别，也不要害怕有权贵会阻拦你，就算是在皇宫里，发生了这样的事，只管写密奏告诉我。”

李维钧是汉人，若对旗人据法惩治，肯定会遭到王公大臣的反对，会被安上汉人反对旗人的罪名，雍正公开下旨，就是在给李维钧撑腰，警告贵胄不得对他陷害，让他能顺利处置不法的旗人。

雍正元年十月，雍正告诉内务府，要加强对庄头的管理，对那些屡次作恶，不知悔改的要立即革去功名，庄头不能够过奢侈的日子，住房、用品都不能越过规矩，否则坚决处罚。经过一番整饬，取得了良好的效果，大部分庄头都有所收敛，有的还自动将地租和当铺利息减去一分。李维钧因他们已经知道过错，并且在改正了，就请求皇帝不再治罪。雍正回答说："恶人秉性难移，虽然他们现在表现得很好，但还是要对他们仔细观察，如果还敢再犯，立即处罚，不能够姑息纵容，朕一定要把这种事情永远禁止。"正是在雍正的支持下，李维钧继续打击作恶的庄头，雍正二年正月又将静海县镶黄旗恶霸庄头李大权捉拿归案。

对于其他凶横的旗人，雍正也从严治理。康熙末，许二仗着自己是旗人，就带着很多人打死了平民刘国玉，雍正即位，大赦天下，有赦免恩诏，刑部想用这个诏书来为他减刑，雍正说许二犯罪，实属可恶，罪大恶极，不可以赦免，应该按照他犯的罪公正判刑，秋后处决。旗人拥有很大的特权，严重欺压汉民，雍正加倍严惩的态度，才能打击不法旗人的嚣张气焰。

雍正五年，顺义县张四在酒馆中见到旗人方冬魁，因为没有让座，方冬魁对他又是打又是骂，张四赔礼道歉，他却不依不饶，最后激怒了张四将其杀死，署理直隶总督宜兆熊负责审理，决定将张四定为绞刑，雍正不以为然，他说："旗人一向依仗着自己的出身，老是欺负汉人，从方冬魁这件事上就能看得出来了。"因此对张四从宽发落，免去了他的死刑，只判处他枷号两个月，打四十板完结，雍正拿这件事给那些恃强凌弱欺压百姓的旗人当作警诫，并且把这件事告诉了八旗及各屯庄居住的旗人，以引起警惕。从轻处理张四，于法律不合，但在纠正旗人的恶行上起到了很好的效果。

旗、汉之间的纠纷案件，地方官是没有权力审理旗人的，雍正六年，良乡县知县冉裕棐杖责旗人乌云珠，担任直隶总督的宜兆熊用"违例虐待旗人"参奏他。雍正说："旗、汉都是大清的子民，地方官审理事务，只应该按照法律，分别赏罚，不应该对旗人和汉人分别对待。"冉裕棐奉公守法，不应当革职听审，所以就把宜兆熊的奏折退了回去。他还说不知道有不许地方官审理旗人的规矩，要刑部调查禀报。刑部查出果有这种案例，雍正命把它废掉，依他的指示执行，同时指责宜兆熊那样对待属员，过于苛刻。

雍正打击不法旗人，尤其是作恶多端的庄头，一定程度上缓和了旗、汉矛盾，他维护旗人的特权，但又不使它过分，这同他对待汉人中的绅衿是一样的，也就是承认他们的法定权利，而不允许非法虐待平民，也保护了平民的合法权益。只有这样，才能巩固清朝的统治。

雍正即位不久，召见八旗大臣，对他们说："八旗满洲是我大清朝的根本，根本必须要牢固，所以要根据满洲的现状和问题，逐一解决，诸位大臣必须在三年之内，整顿内务，废除陋习，能够用心办实事，教给他们生活的方法，有违抗的，就按照法律来惩罚。"解决八旗的生计问题，是他巩固满洲根基的一项措施。

满洲八旗军事训练在较长和平时期之后逐渐废弛。雍正在藩邸就知道，八旗训练不过是应付上级罢了，到了检阅的时间，管旗大臣只不过是到校场喝喝茶，然后闲聊一会儿就都散伙回去了，有人担任领侍卫内大臣三年，竟都没有看过侍卫训练骑射。军械损坏，官员也不修理，而是将修理费，添置费落入私囊，到了检验的时候，从其他的地方借来，进行欺蔽。雍正说此种情况，先帝没有怪罪，他却绝对不会宽恕，定行整顿。他立限一年，要将器械全部修好，检阅完一旗之后，就马上封起来存好，防止又来租借。训练也要加强，命令他们挑选士兵练习长枪、挑刀等各种兵器，八旗前锋营每月习射六次，马甲春秋两季合操。他希望通过训练和扩大防区，维持和增强八旗军的战斗力。

雍正重视汉人的文化，但是为了维持满人的统治，也非常注意防止满人的汉化，在语言上颇为留意。他曾经下令，凡是侍卫护军，只许说满语，不许讲汉话。八旗训练时，也只许讲满语，如果有人违反规定，就把该管大臣、官员严肃治罪。语言与文字紧密相联，雍正办宗学、觉罗学和八旗官学，也把教授满文作为主要课程，教育旗人不要忘记民族文字。雍正注意满文翻译的准确性，提升满文的内涵，他讲求修辞和文意兼到之法。他曾经让顾八代用满文翻译过很多汉人的文章，然后印刷颁布。他还下令把《孝经》译成满文出版，并亲自作序。

满人散处各地，尽管驻防的旗人有固定居住地区，即一般所说的满城，但总是和汉人杂处，满汉通婚的也越来越多。对于满汉通婚，雍正采取禁止的政策。蔡良将军去福州上任前，雍正对他说："驻防的兵丁都是旗人，竟然有跟汉人联姻的，你到任后要严厉禁止。"蔡良到福建以后，查明旗人娶汉人为妻的二百一十四人，嫁出者二人。雍正说人数不会这么少的，不过以往的就不再追究了，之后决不可以再次发生。汉化是不可避免的事，禁止满汉通婚，不利于民族融合，违背历史的潮流。他之所以这么做，是要保持满族的血统纯净，维持对全国的统治。

雍正处理满汉关系的原则，可以归结为两条：一是维护满人的既得利益，防止满人汉化；二是适当调节满汉矛盾，打击不法旗人，重用汉人。这些政策在一定程度上缓和了满汉矛盾，同时也有利于他选拔优秀人才。他为了维护清政府的统治，禁止满汉通婚，也表现了他顽固的一面。

镇压人民运动

雍正推行保甲、宗法、礼法等一系列制度，希望借助宣传三纲五常，缓和社会矛盾，消除人民的反抗思想。但还是出现了多种形式的斗争。人民运动危害到清朝统治，所以雍正一概镇压。

康熙年间，台湾朱一贵的起义虽然当年就失败了，逃脱的那些人却在大陆继续活动。福建上杭人温上贵曾经被朱一贵封为元帅，返回家乡组织群众，朱一贵牺牲后，他转移到江西万载，联系了很多生活艰难的棚民，准备攻打县城，可惜还没开始，就被知县施昭庭发现了，清兵调来军队镇压，起义就这样失败了，三百余人英勇就义，温上贵被俘遇害，温上贵的同伴裘永锡等人幸免于难，继续逃亡，清政府对他们全力缉捕。因为发现得早，没有造成更加恶劣的影响，雍正对施昭庭加以封赏，又在万载、瑞州一带添设同知、游击，加强对该地区的统治。温上贵的族弟温廷瑞继续进行反抗活动，任命沈子荣为大将军，温淘滨、温庭奉为军师。对现实生活的不满，加上亲人遇害，更加坚定了他们反抗的决心，夜晚他们聚集在一起，白天就分散离去，达到掩人耳目的效果，操练武艺，打造兵器。雍正十一年（1733年）九月，赵弘恩担任两江总督，再次发出对温廷瑞等人的通缉令，次年二月，被温廷瑞委任为千总的温坤生向清朝政府自首，温廷瑞等人于是遭到逮捕。雍正考虑到温上贵党众活动的长久性，要求赵弘恩继续搜捕，不要让一个贼人逃脱。

温上贵组织了一部分群众，准备武装起义，在发展的过程中就被镇压，但是他们代表了一些人的反抗意愿，从满清入关，统治汉人以后，起义就没有停止过，以后也还会继续。

江西兴国县的佃农于康熙五十二年间组织会馆，反对地主撤佃转佃，取得了一定的成功。会馆活动就一直保持下来，每到交租的季节，就借口说收成只有七八成，不许地主按原额取租，地主如果不答应，就拆了他家的房子，抢夺他的财产。这种情况一直延续到雍正初年。举人曾霖是江西的地主，佃农林其昌反对他退佃，曾霖就去告官，在半路上被佃农们痛打了一顿。江西巡抚迈柱获知后，抓住带头闹事的林其昌，接着拆毁会馆，解散农民组织，地主分子因而庆幸自己的合法利益可以保住了。

山西万泉县的知县瞿某，横征暴敛，压迫贫苦百姓。雍正元年的冬天，县城周边的几千个农民聚在一起，手拿锄头、镰刀等农具，冲进县城，烧了衙门，瞿某及其幕客、家奴跳墙逃跑，没有被抓住。巡抚诺岷一面参奏瞿某，一面令平阳知府董绅去抓群众首领。董绅调绿营兵和民壮二百人到了农村，和农民对峙起来，遇到阻拦便强行抓捕，结果引发了一场战斗。愤怒的群众拿起弓箭和大刀，把官兵几乎全部杀死。之后董绅亲自前来，发誓不伤害群众，只要他们交出三个人来，给官府一个面子，就可以完结，对交出的人，董绅写了文书，保证不加杀害，这样才把事情了结。

雍正五年七月，河道总督手下的一个参将兴王政克扣兵饷，激起兵丁的愤怒，纷纷交还铠甲，要求退伍。雍正命将兴王政革职处罚，同时也严惩闹事的兵士：“如果该营的兵丁真的是冤屈的，就应该去上司的衙门控告，怎么可以目无法纪，聚众闹事？带头闹事的人要按律治罪，想要退伍的，就让他们退伍，同时把他们押回家乡，令当地好好管教约束，不许再生事端，如果还敢闹事，从重惩治。”

雍正六年，户部宝泉局的官员克扣工钱，铸钱工匠潘士花等人集合抗议，雍正说：“如果工匠们禀报过监督，那么这件事就是监督的责任，如果没有经过禀报，就胆敢聚集群众，大喊大叫，这种事情绝对不能容忍，应该将这些工匠们全部抓起来。”

内务府佐领每年所需要的花费，到雍正即位时增长了一倍多，为了减少开支，雍正命令削减内务府佐领人数。好几百个佐领下人们，到参与此事的廉亲王允禩、内务府总管李延禧家中吵闹。雍正说这件事是办事人做得不好，于是把管理这件事的允禄罚去三年俸禄，革去常明、来保内务府总管的职务，还把来保枷号三月，鞭打一百，来平息众怒，同时也对闹事的佐领下人进行惩罚，把其中一部分人发配到边远地区当苦差，如果原来就是奴仆的，就给当地的兵丁为奴。这是八旗下层的反抗活动。

江苏崇明县地主为富不仁，变着法地剥削佃农，除了征收每年夏、秋两季地租，还要轿钱、折饭、家人杂费等附加费用。雍正八年五月，地主施大受派人下乡催收麦租，态度恶劣，引起了佃户们的反抗，商人罢市支持佃户。夏君钦等人撰写了传单，贴满大街小巷，揭露大地主施大受贿赂总兵施廷专，送给他金帛美女，然后仗着势力逼佃户交租。浙江总督李卫当时正在兼管江苏的盗劫案，他认为这是佃户们想要聚众抗议，不交正租，虽然情有可原，但是这种行为会造成很坏的影响，绝对不可以继续下去，所以就下令捉拿带头的人。雍正说：“崇明是海边的重要地域，这种风气一定要禁止。”他支持李卫的行动，同时把施廷专调离崇明，免得他和那些大地主勾结，使事态扩大。佃农和地主的对立，是构成封建社会基本矛盾的要素，兴国、崇明农民反对撤佃和抗租，反映了农民要求耕地和反对地主剥削的愿望。

以上这些事变，规模不大，但涉及各种职业的人，可以说社会下层中对政府不满的势力，以一定的方式表达了他们的态度。遭受冤屈的人，雍正要求他们按照规定，向官员上报，通过和平的方式来争取权利，但是对待暴力反抗和反对政府统治的人，雍正采取了打压的手段，或处理带头的人，或连根拔起。

历史上，为了反抗封建政府的统治和地主阶级的剥削，平民往往通过秘密结社的方式进行思想动员，组织起来，等到条件成熟的时候，再打出旗号，进行武装斗争。清朝以前的有些农民起义就是这样发生的。秘密宗教的生命力很强，一次起义失败了，只需要换个名称，或者干脆继续用以前的名字，继续活动。雍正时期，民间有许多秘密宗教，它们的名目很多，最有名的是白莲教、三元会、祖师教等。活动地区广泛，各省都有它们的组织，其中河北、山东、河南这三个地方最活跃。活动方式一般都采取隐蔽的方式，夜间聚会，教主对前来参加的信徒发表演说，信徒烧香求福，到了白天就都离开了，首领解说内容，有的散布流言说天灾、瘟疫要流行，指导消灾解难的方法，有的为人治病除祟，有的教导人们如何争取幸福世道的来临。首领成立组织，设立名号，设立各种规矩，信徒缴纳一定的费用来维持组织的运转。

秘密宗教的活动，使雍正如芒在背，非禁绝而后快。他登基以后就向各地的封疆大吏下达破坏结社的任务。雍正元年春，命石文焯为河南巡抚，雍正要他秘密清除白莲教，一年后，看他没有反应，雍正又特别指示他："处处留心，秘密查探。不惜一切代价，除掉为首的人，这才是釜底抽薪的好办法。但是处理得不好的话，反倒会惹出大麻烦来，那就不好了。不要因为朕让你秘密查办，你就不敢放开手脚去做，只是要特别注意查办的方法。"石文焯随即向雍正禀报了查处白莲教的事情，雍正又指示他："圣人说要防微杜渐，如果一开始的时候不制止，危害肯定会蔓延开来，一定不要小看了这件事。第一，可以整齐风俗，清理地方；第二，可以抑邪扶正，消弭祸患。”

雍正对待秘密结社的方针：一是高度重视，把它看作隐患，不要因为它正处于萌芽状态就不去管；二是秘密进行，以密对密，不动声色，企图抓住首领，一网打尽；三是稳妥，不要贪功冒进，秘密宗教的形成不是一天两天的事情，所以要讲究方法。

雍正在后来的几年实践中，更加知道破坏秘密结社的困难，并想出打入团体内部进行破坏。根据他的指示，田文镜就让有才能的州县官选择几个心腹，改变妆容和姓名，混进教内。

在严密搜查下，发生了两起秘密结社的较大案件。一起是雍正五年发生的“泽州匪类妖言聚众”案。案中主要人物是翟斌如，又称翟神仙，河南济源县人，曾经在陕西郃阳县活动，跟着“妖道”潘风池学习符术和看风水，平时就以行医为掩护。因为这件事，雍正令怡亲王允祥和大学士转告各省的督抚大臣们，一定要将民间的秘密结社全部铲除。

另一起有较大影响的是山东三元会案。山东东平州人牛三花拉（又名牛三花子，真名牛见德），组织建立了三元会，也叫空宗教，打着做生意的旗号，在莱州、青州等地区进行传教活动，自称能超度人的祖宗，用这个方式来欺骗群众，广收信徒。雍正六年七月，被人告密，高密知县首先抓人，牛三花拉逃亡。雍正得到山东总兵万际瑞的报告，指示他说：“既然是邪教，那就一定要查清是什么样的邪教，创立的原因是什么，参加的都是什么人，要分清到底是想造反的，还是只想骗钱的，区别对待。但是为首的人，一定要抓住，不可以让他跑了。”山东、河南官员追查了一年，结果连牛三花拉的影子也没看到，管理山东的总督田文镜上奏将空宗教徒判处枷号三个月，重责四十板的刑罚，雍正同意了。

在清代，社会矛盾比较尖锐，人民要求找到出口，排解内心的苦闷。秘密结社，大多借用宗教，形式上是落后的，内容上有许多荒诞无稽的东西，但是在文化很低的平民中很容易取得成功，很容易让他们把希望寄托于神明，想靠天神和自己力量的结合，赢得幸福生活，这就是它存在的根本原因。另外，首领们借助宗教的形式，聚揽群众，或是反抗清朝政府，或是聚敛钱财，以达到自己的目的。

雍正时期，封建社会秩序比较稳定，没有爆发大规模的农民战争，但上述从群众性的秘密组织活动到小规模的农民暴动的出现，说明人民的反抗斗争始终在进行着，社会并不安定。推行“教化”，设立保甲，雍正采取了许多措施加强统治，起到了控制人民的一定作用，力图在源头上消灭斗争的种子，所以各种结社和反抗斗争都被平息了。但是这些斗争的不断出现，也表明了社会矛盾依然存在。

在封建社会里，土地占有的不平均，人民承担着地租和兵役的重担，生活水平低下，生活没有着落的时候，就只好铤而走险，甚至对抗政府。雍正的改革一定程度上减轻了人民的负担，但他又极力保护地主阶级的法定利益，使得一部分贫苦农民在剥削下无法生活。雍正朝满汉矛盾依然存在，农民与地主的矛盾也没有得到根本解决。这些矛盾，自然会引发人民的反抗运动。

雍正代表地主阶级政治利益，对待人民斗争以镇压为基本方针，只要对抗官府，就从重处理，对待首领严厉打击。他的另一方针是在平息斗争的同时，改革弊政，以减少日后可能发生的反抗运动。

CHAPTER

第十三章 守土安边有功勋 13

清朝前期，在中国西部的新疆、青海、西藏等地，清朝政府与厄鲁特蒙古之间围绕着统一与分裂展开了激烈斗争。继康熙皇帝平定准噶尔部噶尔丹叛乱之后，雍正初年又出现了和硕特部的罗卜藏丹津叛乱。天下虽然太平，但在辽阔的边疆仍有战事发生。随着政治改革的实现，政局稳定，财力充足，雍正便腾出手来，采取措施，加强对边疆的控制。

平定青海叛乱

青海和硕特蒙古人，原来是居住在新疆的厄鲁特四部之一，明朝末年的时候进入青海和西藏，并各自称王，主要有西藏的拉藏汗、在青海的鄂齐图汗、在河西的阿拉山王。后来，准噶尔王国兴起，灭掉了其中之一的鄂齐图汗，阿拉山王则投降了清朝。至此，青海和硕特受清朝的管辖。

雍正元年六月，罗卜藏丹津乘驻西宁的大将军王允禵回京，抓住机会，公开正式宣布重建和硕特先人的霸业，暗约伊犁策旺阿拉布坦应援，胁迫当地的首领在察罕托罗海会盟，让他们放弃清廷的封爵，恢复以前的称号。罗卜藏丹津自称“达赖浑台吉”，成为青海和硕特各部的首领。

雍正因即位不久，需要处理的事情很多，不希望开战，就派在西宁的侍郎常寿去说服罗卜藏丹津，让他罢兵，另外却还是任命年羹尧为抚远大将军，做好开战准备。

罗卜藏丹津哪里听得进劝告，就把常寿给扣押了，又鼓动塔尔寺的大喇嘛察罕诺们汗，得到他的支援，挑唆远近喇嘛及百姓二十余万人，掠夺牲口，焚烧草谷，进攻西宁，青海大乱。

罗卜藏丹津叛乱

反叛的消息传到京城，雍正立即展开部署，命年羹尧、岳钟琪等率军镇压。十月，年羹尧指挥军队从甘州赶赴西宁，派兵驻守永昌和布隆吉河，防止敌军进一步深入，同时分兵把守里塘、巴塘、黄胜关，截断叛军的退路，又请雍正下令，让富宁安驻兵吐鲁番和噶斯口，防止准噶尔军乘乱偷袭。当时各路清军尚未聚齐，罗卜藏丹津攻破附近几处要点，进攻西宁。年羹尧凭城固守，指挥部下用大炮将叛军击退。

罗卜藏丹津被切断了同外界的联系，正面战场又不是年羹尧的对手，心里开始发慌，送还了常寿，请求谈判。雍正不许，坚持武力平叛，他对年羹尧说："你面对的这个人是个叛国贼，辜负国家对他的恩典，这样的人坚决不可以原谅。和他共谋的那些王公贝勒，只要参与了叛乱，就革掉爵位，不管是投降的还是被抓的，都不许给他们封爵，但可以根据罪行的轻重，分别对待。"雍正下了很大的决心，要么就不打，要打就彻底击败，不存在讲和，他是要做给天下人看的。

经过一个冬天的征战，敌军有十万余人投降，罗卜藏丹津逃亡柴达木，西北的形势基本上稳定了下来。年羹尧奏请选陕西、甘肃、四川、大同、榆林绿旗兵及蒙古兵共二万人，分别由西宁、松潘、甘州和布隆吉尔四路进剿；另请太仆寺拨给战马三千，以巴里坤屯田军选骆驼两千，调青海备用；储备军粮，请拨发优质火药一百骆。以上计划，得到雍正帝的批准，并加拨战马一千匹，增发火药一倍。雍正二年正月，雍正帝授四川提督岳钟琪为奋威将军，命其随抚远大将军年羹尧进兵平叛。

岳钟琪提议用精兵五千，直捣黄龙，得到年羹尧的赞同。各路兵马于是顶风冒雪、昼夜兼进，横扫敌军残部。岳钟琪率五千骑兵，冒着风雪发动突袭，从西宁城向西急行军，终于发现罗卜藏丹津的主力。罗卜藏丹津未想到清兵会突然出现在面前，根本来不及备战，瞬间全军崩溃，四散逃命，罗卜藏丹津换上女人衣服才得以溜掉。岳钟琪穷追不舍，直至桑骆海才凯旋。

接着年羹尧收到报告，说郭隆寺附近有贼军在演练。郭隆寺是西北边陲名刹，被誉为"湟北诸寺院之母"，这里地势险峻，易守难攻。年羹尧命岳钟琪率军两千前往征讨。

当时千余名叛军躲在后山洞中，负隅顽抗。但岳部已有准备，击溃伏兵，攻占了三座堡垒。清军施放枪炮，堆柴焚烧，挥刀肉搏，将叛军六千余人全部消灭。

青海塔尔寺

至此，青海之战基本平定，年、岳二人名声显赫，威震西北。

战斗到二十二日结束，总共进行了十五天，是草原大战少有的速度。罗卜藏丹津虽然想叛乱，但是不得人心，开战没多久，就有一半人投降。年羹尧采取了岳钟琪的建议，趁着冬天草原上的草还没长出来，地方没有补给的情况下，迅速出兵，立即就把叛军击败了。

年、岳平定青海叛乱后，清政府吸取了经验教训，采取了一系列措施，加强了对青海地区各族的统治。首先重新划分青海的政治版图，后废除青海蒙古部落联盟，将其收为内藩，把青海蒙古划编为二十九旗，授原各部台吉担任札萨克，治理一旗事务，为了控制和笼络王公贵族，规定了严格的会盟制度和朝贡制度。会盟制度规定：各旗每年会盟一次，在钦差大臣或办事大臣监督下选举盟长。同时还规定互市制度，在那拉萨拉与内地和藏族进行互市，由官兵督守，禁止私入“边墙”。划定各旗游牧地界，不得互相统属，不得私自往来。在蒙古各旗与西宁府辖地之间划定界线，增设与加固隘口，整顿青海喇嘛寺，自西宁之北川口外至大通河、野马河，修筑土墙、堡垒，禁止蒙古人入内地游牧。另外，在西宁等地增添驻军数千。

康熙虽然封了固始汗的子孙，但仍然属于间接管理通过平定青海叛乱以及善后处置，清政府加强了对青海地区的统治。在青海的迅速胜利，出乎雍正的预料，他在年羹尧的奏折上写道：“之前青海局势很不好，朕原来还在想，要是这件事没办好的话，朕也不会怪自己没做好，为什么呢？因为这是圣祖时代遗留下来的问题，可是成功之后，朕反而把它当作自己的功劳了，实在是惭愧。”

西北两路用兵

清朝初年，康熙帝为消除噶尔丹之患，曾多次御驾亲征，虽平息了噶尔丹之乱，但是仍然没能遏制住准噶尔部的野心。噶尔丹被平叛后，准噶尔部实际上被策妄阿拉布坦掌握。

策妄阿拉布坦的权力欲不次于其叔噶尔丹，他无视清廷的存在，侵袭邻境，吞并弱小，祸乱西域，使准噶尔部成为西域安定的最大威胁。允禵自担任抚远大将军以来，对准噶尔采取进攻的态势，但康熙实行的是防御性的措施，没有彻底消灭对方的打算。

雍正即位以后，着重于处理国内的政事，不想在边境发动战争，就以对峙时间太长，耗费太多为理由，把军队撤回了内地。策妄阿拉布坦也表示出了一点儿诚意，并且派遣使者来讲和，形势就稍微缓和了一点儿。

雍正二年，罗卜藏丹津兵败以后逃往准噶尔，为策妄阿拉布坦所接纳。清政府遣使索取罗卜藏丹津，策妄阿拉布坦拒不交出，但也不敢侵犯边境，呈对峙状态。因为这件事，清政府和准噶尔王国的谈判很不顺利，没有谈出结果，继续对峙。

随着政治改革的进行，中央和地方上的亏空渐渐被弥补，国库充盈，允禩、允禵等敌对党人也被雍正一一清理，政局稳定下来，雍正就有机会腾出手来，专注于解决边境问题了。经过两年的准备，雍正五年初，雍正帝命领侍卫内大臣傅尔丹为靖边大将军，率兵三万二千余人进军阿尔泰，出师北路；命川陕总督岳钟琪为宁远大将军，率兵三万六千余人进军巴里坤，出师西路。西北两路大军于五月分途起程，雍正帝再征准噶尔部自此拉开了序幕。

西北用兵，长途运输，对于后勤保障是个巨大的考验。雍正命田文镜购买三千匹骆驼和骡子，交付给岳钟琪。田文镜在河南买足数额以后，按照期限送到指定地点，又怕赶不上应用，就在陕西继续购买。准噶尔是游牧民族，擅长骑马打仗，想要对付他们，就必须要有强大的骑兵，深入敌人后方作战，但是用驼队和马队运输补给的时候，容易遭到对方的袭击，损失惨重，岳钟琪就提出了车战的建议。他提出建造宽二尺、长五尺的战车，一个人推，四个人保护，行军的时候，车上装满补给，驻防的时候，就把车摆在一起当作屏障。雍正采纳了他的意见，对他们的准备很满意。

准备完毕，雍正认为可以宣誓出兵了，就在雍正七年二月发布上谕，指责准噶尔首领的罪恶，说噶尔丹策凌没有悔改之心，出兵征伐他是为了完成圣祖的事业。如果不迅速扑灭，将来必为蒙古之巨害，也会成为中国的隐患。

噶尔丹策凌闻讯十分惊恐。这时，叛逃来的罗卜藏丹津想谋杀噶尔丹策凌，但是被识破，噶尔丹策凌就利用这件事，派遣特使赴京，声称已将罗卜藏丹津捉住，要献给天朝，希望天朝不要发兵。岳钟琪对他的诚意表示怀疑，但雍正认为事情可能会有转机，就下令暂缓进军。准噶尔人乘机派兵两万，进攻驻于科舍图的清军，夺走牲畜十几万头，清军主帅查廪没有防备，仓皇逃遁。这一战，清兵损失严重。前来支援的纪成斌嘲笑查廪：“都说满人勇武，不过如此。”把查廪绑了起来，准备斩首，岳钟琪见状大惊，说纪成斌要被灭族了，立即给查廪松绑。岳钟琪在此之前刚刚经历过曾静投书案，尽管没有被查处，但几乎成了惊弓之鸟。

科舍图遭袭，雍正帝对西路军很不信任，开始怀疑岳钟琪。雍正九年三月，命都统伊理布为副将军，开始对岳钟琪实行监视；五月，再派石云倬为西路军副将军，进一步牵制岳钟琪；又派满人查郎阿取代岳钟琪川陕总督的职位，又专理西路后方军需供应。

六月，噶尔丹策凌探知西路军缺乏牲畜，不能出击，于是率兵三万进犯北路军营。北路军主帅傅尔丹听信了敌方间谍的假情报，以为来人只有一千老弱残兵，仓促出战，被围困在和通绰尔，在准噶尔军的攻击下大败，只逃出四千清兵，回到了科布多。这时，岳钟琪请求趁敌人大军未回，进攻乌鲁木齐，以分敌势。经雍正帝批准后，岳钟琪由巴里坤出发，越木垒，渡阿察，直抵额尔穆克河，分兵三路，进攻乌鲁木齐。大获全胜，杀敌甚众，乌鲁木齐附近敌人纷纷溃逃。

雍正十年二月，噶尔丹策凌进攻哈密。当时岳钟琪屯兵巴里坤，因积雪未化，一直按兵未动。得知准噶尔进攻哈密后，便分兵截击，并命令石云倬赶赴南山口等处，切断敌人后路。石云倬对岳钟琪的军令不以为意，行军迟缓，到达南山口时，被击败的准噶尔军早已脱逃而去。

雍正十二年，雍正帝改组西路军营统帅部，并命鄂尔泰处理甘陕地区的军务。

此时，准噶尔军越过杭爱山，攻占喀尔喀等地，抢掠了喀尔喀策凌的子女及牲畜。喀尔喀和硕亲王额驸策凌，听到消息之后割去头发，发誓报仇。策凌亲率二万蒙古兵悄悄进军，在半夜包围了准噶尔军营，并会同顺承郡王锡保夹攻敌人，准噶尔军溃败，四处逃窜，被击杀万余人。噶尔丹残部拼命逃跑，策凌紧追不放，并命人报知驻守拜达里克城的绥远将军马尔赛出兵截杀，没想到马尔赛竟不出战，擒获噶尔丹策凌的机会就这样失去了。

战争胜利后，雍正帝大赏喀尔喀策凌，赐号超勇亲王，授定边左副将军，屯兵科布多，经理军务。马尔赛、李轶以贻误军机罪被处斩，傅尔丹被削夺爵位，留军营效力。

喀尔喀策凌

噶尔丹策凌大败后，无力发动进攻，于是派人请和。雍正帝深感财政耗竭过甚，再打下去恐怕也无济于事，于是决意议和。到乾隆四年（1739年），双方达成协议，以阿尔泰山为界，准噶尔人不得过界东，喀尔喀人也不得过界西，并答应双方互市。

雍正从七年主动进军准噶尔，十二年自动停止用兵，要求议和，看似掌握主动权，但是六年的战争下来，打了个两败俱伤，并没有完全击败敌人，从结果上来说是失败了。失败的主要原因在于雍正，他不明敌情，贸然出击，他以为噶尔丹策凌会投降，结果中了缓兵之计。在实际作战中又瞎指挥，用人不当。这次战争反映出八旗军的战斗力已经远远不如从前了，说明满洲统治正在腐化。

用兵尽管失败了，却仍有一定的积极意义。首先，削弱了准噶尔的力量，遏制了其发展壮大的态势；其次，战争中喀尔喀人与准噶尔人之间产生了对立，使喀尔喀人更加依赖于清朝政府；最后，为乾隆时期最终解决准噶尔问题奠定了基础。

西南地区改土归流

土司是官名，元朝开始设置。土司用于封授给西北、西南地区的少数民族部族首领，土司的职位可以世袭，但是袭官需要获得朝廷的批准。土司对朝廷承担一定的赋役，并按照朝廷的征发令提供军队，对内维持其作为部族首领的统治权力。为了加强对地区的控制，中央王朝规定，土司应定期朝贡。向中央王朝进贡，是保持中央王朝与土司的联系，维持君臣关系的一种特定方式。与土司相对应的是流官，是封建王朝派遣的不能世袭的官员或统治者。流官有一定任期，期满调任。明王朝在汉族与少数民族杂居之地，往往采用流、土分治的方法，而在民族聚居之地，则是一概“统以土司”。

在土司制度下，土司属下的百姓就是农奴，他们没有土地，除为土司提供繁重的无偿劳役和当土兵外，还要向土司缴纳或进贡各种实物，这种封建农奴制，是其经济基础。有些土官因为是世袭的原因，就随意虐待和杀害百姓，扰乱边境，甚至家族内部发生战争，康熙三十八年，东川彝族禄氏家族因争夺土府继承权，互相残杀。

因为土司拥有自己的武装力量，所以是地方上的割据者，成了不听号令的独立王国。明代土司还发动过对中央的战争，清代虽然没有发生过这样的事，但是抢劫邻县、屠杀汉人的事经常发生。这就削弱了中央对地方的控制，也破坏了地方经济文化的发展，是阻碍社会进步的因素。废除土司制度，是历史发展的需要。

到了康熙朝，土民和土司之间的矛盾已经渐渐达到不可调和的程度了，他们强烈要求离开土司，申请划归中央政府管辖，汉人也关心这样的事。雍正二年幕客兰鼎元提出削夺土司的办法：根据犯罪的轻重，削减土司的管辖范围，如果情节严重，就剥夺土司的头衔，并派遣流官去管理地方。对于这个问题，大臣们的看法也不一样。广西巡抚李绂认为，土司虽然也作恶，但是还没有到必须改土归流的地步，而贵州巡抚石礼哈则认为应该迅速出兵，剿灭那些敢于反抗的土司。雍正虽然想改土归流，但是也没有什么太好的办法。

改土归流的首次举措发生在雍正四年春天。当时，贵州的土舍发生了暴乱，为了抵御清军，他们用大石堵住路口，又放火烧毁了清军营房，这样大规模的冲突在清代尚属首次。担任云贵总督的鄂尔泰看到事态严重，必须用兵，就正式向朝廷递交了一份要求改土归流的奏疏：一、将原属四川的川东、乌蒙、镇雄三大土府划归为云南管辖，并在云南、四川、贵州、广西、湖广的广大区域中实行改土归流。二、对于那些抵抗政府的，必须追究到底，杀一儆百，让他们不敢再犯。鄂尔泰提出这么激进的方案，甚至让朝廷大臣们都为他感到担心，但是没想到雍正很赞赏他的观点，欣赏鄂尔泰的才能，认为他是才德兼优的督抚大臣，一定可以办好这件事，同意他进兵。在用兵过程中，鄂尔泰深深地感到土司的难以治理，清军打过去的时候他们就逃跑或者假装投降，等到清军一走，继续作威作福。

鄂尔泰出兵，成为雍正时期大规模改土归流的开端。他的方针是，以军队为保障，剿灭那些敢于反抗的人，但是又尽量不用兵，争取让土司自己投降，厚待他们，除了发给赏银，还封官位，让他们明白反抗不如投降。在广西、四川和湖广地区多采用招抚手段，而在云南、贵州，则大规模用兵。为了便于鄂尔泰开展工作，雍正把广西从两广总督辖下划归云贵总督管理。雍正给予鄂尔泰充分的信赖，鄂尔泰也以改土归流为己任，在君臣的强力配合下，改革势如破竹。雍正四年六月，鄂尔泰发兵捉住了镇沅土知府刀瀚，在当地设立镇沅州。雍正五年，广西泗城的土知府岑映宸拥兵四千，鄂尔泰发兵将他剿灭，推动了广西的改土归流和设官建制。雍正六年，在镇压顽抗土舍势力的基础上，清理了黔东南土民问题。

湖南、湖北、四川等省的土司、土舍，在云贵、广西改流建制的浩大声势冲击下，相继呈交出世袭印信，让出领地。雍正六年，湖南桑植、保靖两地的土民控告土司向国栋和彭御彬，湖南巡抚王国栋兴师问罪，这时处在两地之间的永顺土司鼓肇槐自动申请改土归流，雍正接受他的请求，授他为参将，赐拖沙喇哈番世职，赏银一万两。

在改流地区，雍正将当地原有的赋役方法全部废除，变成和内地一样，按亩征税，土民所受的剥削比以前减轻了。清政府还在当地设立了学校，举行科举，促进了当地的文化教育事业的发展。改土归流使得落后的农奴制地区和内地之间的联系大大加强了，政治、经济之间的交往密切了，文化也相应地发展了。雍正八年，鄂尔泰在云贵边界筑桥，雍正为之命名为“庚戌桥”，以纪念鄂尔泰推行改土归流政策的功绩。后来，鄂尔泰因贵州古州地区的土司残存势力发生叛乱、以对改土归流“布置未妥，筹虑未周”请罪，雍正宣布削其伯爵，给假养病，实际上是把他保护了起来。

涉及土司的根本利益，意味着他们的特权被剥夺，必然会引起他们的强烈反抗，所以这是一场长久的斗争。纵观整个过程，雍正发挥了主宰性的作用，他毫不动摇地推行改革，坚定地支持鄂尔泰，让赞成改流的疆吏顺利地推行政策。鄂尔泰既是提倡者，又是实行人，是改流的最大功臣，从此以后，深受看重，渐渐成为雍正最宠信的大臣之一。

CHAPTER

第十四章 对外政策与措施 14

公元 13 世纪的威尼斯，有人写了一本书，书中的一切仿佛离奇古怪，言过其实，因此，人们给他起了个别号叫“百万先生”，因为他开口闭口总是说百万这个、百万那个。他只是记录下了在中国的见闻，结果激起了欧洲人对东方的热烈向往，他们不辞辛劳，历经千辛万苦终于来到传说中的中国。

开放闽粤洋禁

明末清初，西方天主教在中国的活动非常频繁。康熙对来华的传教士分别对待，一方面，向他们学习先进的科学知识，另一方面，对他们传播天主教，对于教皇干涉中国内政的行为则坚决禁止。到康熙末年，各省教徒已达三十多万人，拥有教堂三百多座。

雍正即位以后，基本继承了康熙制定的政策，后来稍微有所变动。康熙年间禁止天主教徒的法令实行得不彻底，到了雍正年间实行得也很缓慢。

雍正元年，福建省福安县的一个生员教徒宣布弃教，向官府指控教士敛聚财产，修建教堂，并且男女混杂，败坏风气，此事引起了雍正的高度重视，并最终诏令全国驱逐西方传教士，他和康熙一样禁止洋人传教，并把他们都驱逐到澳门或广东。

雍正下达谕旨后，在京传教士上奏，请求缓行驱逐教士行动，但雍正驳斥了他们的请求。这一次的驱逐，对天主教是一个很大的打击，一时间，各地掀起了拆毁教堂的热潮，未被拆除的，也改成了仓库或书院。罗马教廷了解了情况之后，派遣使者来朝见雍正，祝贺他的登基。雍正这时才感到一丝的满足，表示只要传教士们遵守中国的礼仪和制度，朝廷就不会为难他们，同时也释放了一些早期被关押的传教士。

对待西欧国家派来的使臣，雍正以礼相待，除了召见他们，还赏赐给他们一些物品。雍正只是反对他们试图在传教的时候对中国的传统思想提出挑战，并借以干涉中国内政，除此之外，对他们没有表现出特别的讨厌。他对西洋的小玩意儿感到好奇，视力不好，就配上了眼镜，他还有一幅西洋发式的肖像画，也可以作为明证。

雍正年间，西洋和南洋的商人来到中国，都停留在广州，数量不多，但比康熙朝要多。在对外政策上，雍正的改革是谨慎的。对于封建帝王来说，工作的重中之重是保证江山的稳固和人民的安定。“寸板不许下海”，是明朝制定的一项基本国策，主要目的是防止沿海人民入海通商，和抵制倭寇的进入，是一项遏制中国人对外交往的海禁政策。清朝建国以后，也延续了明朝的这一制度。雍正帝审时度势，在一定范围内解除了海禁，使得沿海民众摆脱了流离失所的境遇，同时也增加了税收，充盈了国库。

在开放海禁的同时，雍正还注意加强对贸易的管理。广东历来是外贸中心，明万历年间，代市舶司经营进出口贸易的即有“广东三十六行”之称。三十六行被外国商人称为清政府经营对外贸易的广州制度。为使税制规范化，雍正十三年，清政府制定关税税则《比例税册》，将货物分成四大类：布匹织品、食物、器皿和杂货。进出口关税大体和前代类同，属低税政策。这些政策虽然很粗糙，但大致勾画了关税税则的轮廓，这也是超过历代市舶管理的地方。

管理外商的官员往往大肆贪污，雍正三年，两广总督孔毓珣、广东藩司常赉珣揭露杨文乾贪赃，雍正帝很不以为然。可是，后来的结果表明，杨文乾的确有贪污的行为。对待贪官，雍正帝一向从严治罪，但这一次没有处理杨文乾，他以为这些事不关国计民生，贪一点儿也没多大关系。雍正帝在管理外商上，处处以国体为重，在处理这件事上，是有失考虑的。

雍正帝严格外商管理，最具代表性的事件就是禁止鸦片贸易。鸦片在明末就已传入我国，但价格昂贵，吸食的人很少。18世纪20年代，英国殖民主义者找到了一条发财之路，那就是向中国走私鸦片。虽然当时进口的数量还很少，但雍正敏锐地意识到鸦片的侵入祸国殃民，下令禁止贩卖鸦片烟，对于违反的人进行严厉处罚，处罚包括一百大板、三个月戴枷囚禁、流放边疆甚至处死。雍正帝禁止鸦片贸易，官员们都能较认真地执行。福建陈远被查出私藏鸦片三十三斤，被定罪充军，陈远申冤，说这是药用鸦片，不是鸦片烟，后经调查确实是医药用品，因此将陈远释放，但是没收所有鸦片。通过这个案子，也可看出当时吸食者极少，所以连巡抚等人也无法识别鸦片烟为何物。

在清政府实行第二次海禁之后，使一部分人失业，无法生存。对于这一点，广东、福建官员看得很清楚。雍正帝刚刚登基不久，就有人上奏建议取消禁令，允许商人出海贸易。雍正帝交廷臣讨论，隆科多坚决反对更改祖制。雍正帝认为双方的观点都有道理，没有决定。雍正二年，再次讨论，雍正帝从“重农抑末”的思想出发，更加倾向于海禁。雍正三年，福建秋季遭遇大灾，四年春天时青黄不接，各地出现抢劫米店等民众运动。此时要求解放海禁的呼声高涨起来，在沿海官员的一再请求之下，在沿海各地民变动乱的形势下，雍正帝经过反复权衡，同意解除海禁，但必须严格执行出海贸易规则。

在雍正帝正式同意开放海禁之后，福建第一个取消了禁令，允许人们出海进行贸易。随后，广东也宣布开禁。从雍正五年冬到六年秋，从厦门出口的福建商船共有二十一只，雍正六年七月底以前返回的商船有十二只，载回大米一万一千多石，还载回燕窝、海参、苏木、牛皮等物。雍正七年，浙江总督李卫也申请浙江按照闽粤解除海禁。李卫的请求也得到了雍正帝的批准。自此，东南广东、福建、浙江各省开禁，民人可以出海进行贸易了。尽管在废弛海禁上有严格的限制条件，但毕竟是开了海禁，在对外关系和对外贸易上前进了一步，是一项有利于国计民生的明智行动。

中俄交涉，促进贸易

清政府与俄罗斯最早的接触，应该是康熙年间的“雅克萨之战”，这场战争最终以签订中俄《尼布楚条约》告终。中俄《尼布楚条约》是中俄双方通过和平谈判而签订的边界条约。

康熙二十八年，索额图作为清政府代表与沙俄代表戈洛文在尼布楚城进行了正式谈判，签订了中俄《尼布楚条约》。条约划定了中俄两国的边界，并且准许贸易往来。

在中俄之间的贸易中，沙皇和他的宠臣们获得了巨额利润。康熙三十八年，由沙皇直接组织的一个庞大的商队，在北京以价值一千卢布的俄国货物换来中国货物，回到莫斯科以后售得六千卢布，获得丰厚的利润。康熙敦促沙俄派使谈判，指责沙皇不肯议定边界。俄国一方面积极通商，另一方面对中国提出的划定两国北部边界的建议却迟迟不予答复。在此期间，沙俄不断蚕食中国领土，引诱中国边民，同时支持准噶尔部叛乱。鉴于此，清政府决定：自康熙五十七年（1718 年）起，拒绝俄国商队入境，断绝中俄贸易。

在康熙帝拒绝贸易后，沙皇在经济上遭受了巨大的损失。为了恢复中俄贸易，沙皇只好派遣特使来北京洽谈。康熙五十九年，伊兹玛依洛夫抵达北京，在北京的三个月期间，康熙帝先后接见他十余次，康熙帝进一步提出了中俄边界谈判、交还逃到俄国的蒙古叛逃人员等事情。伊兹玛依洛夫答应回国与沙皇禀报中俄边界谈判事宜，把追索逃犯的问题通知了俄国边境长官，康熙帝也同意了恢复中俄贸易。事隔不久，康熙帝得知沙俄与准噶尔部往来密切，质问来华的商队头目郎克，郎克拒不答复，康熙帝再次中断了双方的贸易关系。

雍正帝即位后，继续执行康熙帝拒绝对俄贸易的政策，拒绝同沙俄进行贸易往来。雍正元年，有一部分被清军追剿的准噶尔叛乱分子逃亡俄国，清朝政府要求俄国交回叛乱分子，未获结果。

雍正二年，中俄会谈再次开启。雍正帝派一等公、都统鄂伦岱、理藩院侍郎特古忒前往中俄边界，会见俄国官员郎克，中方代表再次要求俄国政府交回逃人，俄方代表不允，结果中方代表也拒绝了中俄贸易开通的请求。

雍正三年，沙皇彼得一世病死，他的妻子叶卡捷林娜一世即位，叶卡捷琳娜一世认为清政府在对准噶尔的战争中有求于俄国，此时划分边界可以谋取更大利益，因此她于 8 月 11 日派遣萨瓦·弗拉季斯拉维奇·卢古辛斯基为“特遣驻中国全权大臣”，来华谈判商务和边界问题。

萨瓦是俄国外交界和商界老手，在他出发之前，俄国外交部交给他四十五条训令，商业部给他二十条训令，还有一些“秘密条款”。俄方的谈判要点有以下四点：

1. 与中国缔结商约；

2. 划分边界应以俄方绘制的西伯利亚地图为依据，俄国不能放弃贝加尔湖、乌丁斯克、色楞格河下游以及尼布楚等地，不能让中国在额尔齐斯河取得据点；

3. 答应送回中国私逃者及非法逃离中国的人；

4. 要求东正教传教士在北京的居住权。

雍正命原理藩院尚书隆科多在察视阿尔泰山后，往喀尔喀蒙古边境等候俄国使臣。雍正四年夏，双方代表在恰克图会面，俄方代表萨瓦提出有祝贺清朝皇帝登基的使命，要求前往北京，中国代表允行。同年十月初八，萨瓦经张家口到达北京，雍正帝命吏部尚书查弼纳等与萨瓦会谈。

中俄双方在京谈判三十余次，历经半年之久，终于在雍正五年三月初十（1727年4月1日）达成十条协议，接触了边界、商务、设立教堂等重要问题，但规定最终协议到色楞格斯克附近的布拉河签订。同年六月，萨瓦到达布拉河，隆科多、策凌、四格、图理琛与之继续谈判。隆科多坚决要求俄国归还所侵占的喀尔喀土地，萨瓦蛮横地拒绝，甚至以发动战争来威胁中方放弃领土要求。恰好赶上隆科多私藏玉牒底本之事被揭发，雍正帝不顾中俄谈判的重大关系，竟把他从谈判桌上撤回治罪。雍正过分地看重隆科多的过失，对谈判造成了不利影响。

策凌、四格、图理琛继续谈判，最后清政府让步，同意中俄国界由两国代表在边境商谈划定，原则上应先给俄国以贸易和宗教方面的权利。雍正五年七月十五日（1727年8月31日），中俄在布拉河畔签订《布连奇斯条约》，划定中俄在喀尔喀地区的疆界，俄国获得了大片领土主权。11月2日，又签订了《恰克图界约》，条约共有十一条，主要包含以下六点内容：

1. 划置中俄疆界。

2. 除尼布楚现有贸易集市，允准俄国在边界之恰克图开设贸易。

3. 两国逃亡者应严行查拿，交付边吏。

4. 贸易方面，俄商每三年来北京一次，人数不得超过二百人，中国不收赋税，同时允许俄商在两国交界处进行零星贸易，这是后来中俄恰克图互市的由来。

5. 宗教方面，东正教教士在华的居住权从此得以确立，除原住北京的东正教教士一人外，准许补遣教士三人，同时接受六名俄国学生来京学习满、汉文，俄国教士及学子得居住北京。

6. 中俄之间的通信应用双方政府之印信，中国为理藩院印玺，俄国为萨那特衙门（元老院）或托博尔斯克总督衙门印玺。

《恰克图条约》签订之前，雍正就已经在准备对准噶尔用兵，等到条约签立之后的第二年，正式开始西北两路用兵，讨伐噶尔丹策凌。出征后，他派托时、广锡前往俄罗斯，正式通知清朝出兵的事，之所以这么做，是为了警告俄国不要勾结噶尔丹策凌。俄国人不想破坏条约，就不能公开支持噶尔丹策凌，更不能乘机出兵对抗中国。

对于雍正时期签订的《恰克图条约》所产生的影响，我们应该从历史角度出发，全面地进行分析。首先，条约签订后，两国在经济和文化交流上都取得了重要进展，两国间的贸易呈现出了空前繁荣的景象。其次，俄国通过《恰克图条约》得到了领土，对俄国进一步侵占蒙古地区的野心起到了一定的遏制作用。最后，从外交角度来看，《恰克图条约》是在中俄两国平等谈判的基础上缔结的，双方各有所获。中国划定了北部边界，免去了后顾之忧，但不得不在贸易、宗教等方面对俄做出重大让步；俄国达到了扩大对华通商、传教的目的，但又不得不承诺恪守边界条约，不能支持叛乱分子继续侵略中国。双方在后来的交涉中，经常援引条约进行辩驳，条约成了双方共同维护的法律依据，这在客观上有利于形成一个比较稳定的双边关系，从而为中俄文化交流的进一步发展创造了先决条件。

雍正签订《恰克图条约》，基本达到了想要的目的，但付出了很大的代价，在谈判中撤换隆科多，是非常愚蠢的举动。失去了干练的隆科多，其他官员没有足够的能力与经验，也就不能在谈判中维护清政府的利益，最终导致让步。

稳定东南，友好往来

南洋是明、清时期对东南亚一带的称呼，是以中国为中心的一个概念。其包括马来群岛、菲律宾群岛、印度尼西亚群岛，也包括中南半岛沿海、马来半岛等地。中国和南洋地区的交往很早就开始了，最著名的要数郑和七次下西洋了。郑和从太仓的刘家港出发，率领两百多艘海船、两万七千多人远航西太平洋和印度洋拜访了三十多个国家和地区，加深了明朝和南洋诸国的联系。

到了明末清初，国内战乱不断，民不聊生，由于地缘上的毗邻关系，南洋成为中国移民的迁徙地和避难所。福建、广东一带人多地少，老百姓生活难以维持，为了谋生计，维持家庭生活，改变个人或家族的命运，躲避战乱，闽粤地区的老百姓一次又一次、一批又一批地偷渡到南洋谋生。

雍正即位以后，解除海禁，当东南省份开放以后，清政府与东南亚诸国的交往日益频繁，关系也更加友好，如当时的中越关系、中泰关系，以及同印度尼西亚、菲律宾、马来西亚等地关系都非常友好。

越南（也称安南、交趾）是在中国宋朝时期独立的。在秦始皇吞并六国、统一中原之后，他又继续出兵征伐“岭南”，并于公元前214年兼并岭南地区。公元前111年汉武帝出兵歼灭“南越国”，并在其地设“交趾部”，分为九郡。北宋神宗年间，越南曾经侵犯过当时中国的东南丘陵地区（现在的广西一带），遭到还击，双方展开了拉锯战，战争中双方的伤亡都很大，战斗最后以越南向北宋臣服为条件而撤军。元朝时期，元军两次进攻越南，都以失败告终。明朝时期两国的战争白热化，双方征战长达二十九年。但后来明朝渐渐衰落，政权动荡，越南国内也发生战乱，两国间的对立就暂时告一段落。

中国和越南的民间海上贸易，在明朝初年已不乏记载。16世纪后半期，由于中国商人入境增多，形成了一个专为中国贸易而设的市场，17世纪至18世纪，这里成为印度支那的一个商业中心。

顺治十七年（1660年），越南国王黎维棋曾经派遣使者来朝拜。康熙年间越南三年一贡，通商互市，双方关系比较密切。但在云南开化府的牛羊、蝴蝶、普园又发生了三处纠纷，雍正帝睿智地处理了这一问题。雍正九年，安南国王黎维祹死，次年，其子黎维祐遣使到清廷告哀。雍正十一年，清廷赐恤已故安南王祭文、银、绢，并遣使册封黎维祐为安南国王。在雍正王朝时期，中越之间除保持三年一贡的朝贡贸易外，民间贸易也很频繁。从广西龙州到越南的牧马庸、驱驴庸，从云南开化府的马白关进入越南，以及从广西的钦州到越南的江坪、芒街，两国间都开展了良好的民间贸易。当然，这些都是小宗贸易。中国出口商品主要是布匹、绸缎、纸张、缸碗、烟、茶、药材、瓷器和铜器等；进口商品有大米、槟榔、胡椒、燕窝、香料、藤黄、牛角以及黄金等。

中国与泰国从古代开始就有友好交往，从未发生过战争和重大的武装冲突。泰国古称暹罗，元朝时，中国云南一带有很多华人为逃避蒙古入侵而南下迁居中南半岛。暹罗在文化上受到中国文化和印度文化的双重影响，两国都是佛教盛国。根据史书记载，早在西汉时，中国航船就到过泰国。阿瑜陀耶王朝即暹罗王朝统一泰国的时期是中泰关系史往来最为频繁的时期。雍正年间，广东澄海县华富乡人郑镛到泰国大城谋生，与暹罗女子洛央结婚，生子郑信。郑镛死后，郑信被暹罗大臣昭彼耶郴克里收为义子，长大时当御前侍卫，后擢升哒府太守。1764年，暹罗国家遭受缅甸侵略，郑信率领暹罗军民和华侨共同艰苦奋战，最终赶走侵略军，郑信也被拥戴为暹罗国王。当时泰国地区的国家名义上臣服于中国封建王朝，处于藩属地位。它们的使节来到中国，被称为朝贡。但是，中国封建王朝并未对整个泰国地区行使管辖权。除通过“册封”的形式承认泰国国王的地位以外，并未干预过泰国的内政。

暹罗与清政府一直保持着亲密的关系，对外贸易的主要伙伴也是清政府。雍正时期，泰国的大米、香料等商品大量运至今北京一带，雍正发布了免除进口大米税赋的上谕，并允许中国的生丝、瓷器等物，由泰国商人尽情选购，甚至于弓箭、红铜、马匹等禁品雍正帝也同意让泰国的部分商人选购。民间对泰国的贸易量也很大，广东、福建等地去往泰国的商船，每年达几十艘。

中国和印度尼西亚、菲律宾、马来西亚诸国也长期维持着友好关系。郑和下西洋，到过爪哇杜板、新村、苏鲁马益、满者伯夷和漳沽。但是，自16世纪起，这些国家的形势发生了很大变化。西方殖民主义者纷纷东来，这些国家相继沦为西方殖民主义者的殖民地。荷兰在爪哇国建立东印度公司的贸易和行政管理总部，并于不久侵占全境。到雍正初年，这些国家已基本上断绝了和中国的政治来往，但并没有断绝经济上的交流。中国丝绸不仅为菲律宾人喜爱，而且通过菲律宾，广泛销售到印尼地区。在雍正五年开放东南诸省后，中国和这些国家的民间贸易更加活跃，仅往菲律宾马尼拉的中国民间商船，每年就达四五十艘，商品主要有丝绸、瓷器、珠宝和漆器等。与此同时，大批华人也移居这些国家，去印尼雅加达（时称巴达维亚）的华人已过万数，移居马六甲的华人也有两万余人，菲律宾的华人更达三四万人之多。

雍正的对外政策非常谨慎，很少主动去攻打别人，总体上奉行和平政策，雍正年间，中国与东南亚等国能保持友好往来关系，与雍正帝取消海禁、实行开放政策是密切相关的。

CHAPTER

第十五章 文化思想与政策 15

敬天法祖是周礼的核心信仰和高度概括，天就是天神、上帝；祖就是宗庙的祖先神。雍正帝接受儒家的民本思想，认为君民一体，他深信“天矜于民，民之所欲，天必从之”，上天可怜百姓，必定会遵从百姓的意愿，让他们受益得福，作为统治者的君主是听天命的。他从思想深处笃信天理祖训。

重农抑商

在重农思想的影响下，我国封建社会初期就强调以农为本。战国时期，秦国推崇商鞅的农战思想，认为“国之所兴者，农战也”。秦国在刑法中规定违背农时不耕作以犯罪论，并且认为是严重的犯罪。雍正充分认识到农业的作用，他说：“朕观四民之业，士之外，农为最贵，凡士、农、工、商，皆赖食于农，以故农为天下之本务，而工商皆其末也。”封建社会生产力低下，首要任务是种植粮食，确保生存，所以雍正同以往的封建统治者一样，具有重视农业，轻视工商的观点，并且实行重农抑末的政策。

雍正看到，经过康熙朝的休养生息，数十年来，人口倍增，但是土地没有增长，要满足人们的生存需要，就必须推动农业生产，为此他采取各种政策措施，积极恢复农业生产，大力推行重农抑商政策，下令让流离失所的农民回乡恢复原有田宅，发展农业生产，把农业生产视为国民经济的根本，把劝课农桑作为朝政第一要务。

一、重视农业生产。雍正说农民辛苦劳作，为国家缴纳赋税，不仅工商比不上，就连那些不成器的士人也比不上他们，所以下令各地官员，每年在各个乡村中选择一两个勤恳劳作的老年农民，授予他们八品顶戴以示奖励，称为“老农总吏”。奖励老农，就是表明政府重视农业，给全国人民树立榜样，希望众人都能够效仿，同时也是让他们监督生产。但是在实际过程中，地方官选择老农，全部是听凭绅衿举荐的，有的地方的富人就贿赂绅衿，获得中选的机会，真正勤劳朴实的农民反而难以入选。那些为富不仁的地方豪强获得官职以后，就更加肆无忌惮了，有的设立公堂，传见农民，又设立牢狱，竖起旗帜，以八品命官自居，想要凌驾在正式的九品官之上，干扰案件的审理。后来雍正发现了这个问题，命令把冒领官职，任意生事的老农革职，重新选取。又把选取时间拖长，显示郑重，但是选期拖长以后，官职就变得难以得到，贿赂的情况就更严重了。这个办法避免不了腐败的产生，因此乾隆即位以后就废弃了。

雍正耤田图

推行老农总吏，是对农民的激励，推广耕耤法，则是对官员的警示。耕耤礼从周朝就已经有了，是以务农为本的政策的表现形式，每年仲春亥日，雍正在春耕开始的时候，亲自在耤田内进行亲耕礼，亲自扶犁耕田，表现他对农业的重视。皇帝亲耕的藉田为“一亩三分”。藉耤原来是在京城，由皇帝主持举行的，雍正四年雍正下令，让各府州县也设立农坛，划出耤田，每年仲春亥日由地方官举行耕藉礼，意思是让百姓知道皇帝敬畏上天勤奋爱民，学习皇帝注重农业的精神，命令下发之后，立刻得到实现。个别地方办事不力，就被严肃处理。广西巡抚韩良辅参奏桂县知县杨询朋荒废了藉田，致使颗粒无收，雍正把他革职，并让他自己出钱管理藉田十年。以此为例，严重惩罚其他犯错的官员。推行耕藉法，体现了雍正严格要求地方官重视农业生产的决心。州县的耤田是四亩九分地，种好这点田，就必须了解气候情况，土地的肥沃程度，所以可以知道具体的生产情况，有利于指导当地的农业生产。

二、扩大种植面积。垦荒能够解决粮食问题，对百姓最有帮助，问题是有的官员从中勒索，导致农民不愿意去做。雍正即位以后，为农民提供了很多政策支持，包括自垦自报、推迟报垦、租借农具等。垦荒令下达以后，各地陆续实行，田文镜在河南做得最好，垦荒的速度比康熙年间提高了一倍多。在垦荒中，雍正又组织做了两件事，一是修直隶营田，二是奖励在水利府工程处效力的农民，根据完成的工程量的大小，录用为不同职务的官员。明清以来，在治水的同时重视营田水利，一直都是直隶地区治理水患的重要措施。雍正赞成兴修水利，但是主张采取谨慎的态度，要求官员在兴修之前先做考察，了解河水的来龙去脉，地形高低，以便设计出最佳的施工方案，取得预期效果。但是要想营田坚持下去，就必须根治直隶河道，这一点是他做不到的，只能行于一时，却不能长久坚持下去。

除了垦田，雍正还注意四川的开发，修筑了浙江、江南海塘。兴修水利，一直都是封建统治者所重视的，但是像雍正这样亲力亲为的帝王，对此倾注了巨大心血的并不多见。

三、限制经济作物的发展。在耕地有限的情况下，就必须解决经济作物和粮食争夺劳动力的问题。广西人种了很多的龙眼、甘蔗、烟草等经济作物，但是生产的稻米很少，不能满足当地人的生存需要，于是就向广西买，可广西产量有限，不能满足，还引起了当地粮荒。雍正采取了两个措施：一是提倡种植粮食，在能够种植粮食的地方，不许种植经济作物，尤其是烟草；二是在不适宜生产粮食的土地上，鼓励种植各种物产，例如桑拓、枣栗、树木等。雍正为了提高粮食生产，采取了这些措施，减少了经济作物的生产，使手工业原料减少，不利于商品经济的发展，但是他也是出于形势的需要，在不能提高单位面积产量的情况下，他不会有更好的办法。

尊崇孔子

雍正对孔子的尊崇达到了极致，超过了以往的帝王。

雍正元年三月，雍正追封孔子五世先人，把他们由前代封的公爵，改封为王爵。他说，“天地君亲师”是人人尊重的，而说明这些道理的则是教育，教育又数、孔子的影响力最大，所以从小读书的时候，他就非常崇敬他，但孔子已经脱离人臣的封号，被尊为“大成至圣先师”，没有办法再尊称了，所以才做出这个决定。雍正五年，定于八月二十七日为孔子诞辰，典礼的规格和康熙的生日庆祝是一样的，这一天禁止屠宰，命天下虔诚斋肃。孔子诞辰的祭祀典礼，以前是中祀，至此改为大祀了，和祭祀天地一个等级。雍正八年，雍正说圣庙的管理人员没有爵位，不能承担祭祀的责任，所以特地设立了执事官，包括两个三品大臣和四个四品大臣。这些人员由衍圣公在孔氏子孙内挑选，报礼部备案。同年十月，曲阜孔庙大成殿建造完毕，用的是黄色的琉璃瓦，雕梁画栋，全部是仿造皇宫里的宫殿，所用器皿，也是从宫中拿来的，总共耗费一百一十五万两银子。雍正命皇五子弘昼、淳郡王弘景前往参加告祭典礼，典礼完毕，弘昼回到京城，又报告说孔林的围墙塌了，雍正马上派官员去修理。

对于孔子，雍正有自己的看法，他说孔子用仁义道德让后代的人变得文明和善良，懂得礼仪和秩序，如果没有孔子所做的这些事，那么天下人都会忽视天地之间的秩序和伦理，势必会越礼悖义，年轻人会目无尊长，无才无德的人会取笑有德有才的人，“尊贵” 和“卑”顺序颠倒，追求名的人没有廉耻，不遵从礼教的约束，甚至做出不义的事。那时的世道就是这样，给人们带来的危害，都无法用言语来表达。假如当君主的不知道尊崇孔子，又怎样给天下人做出表率呢？于是朕才做了这么多事，让人们知道孔子的功德。

他讲君主从孔子学说得到的利益最多，所以才极力尊崇他。孔子的思想，教人各守本分，君君臣臣，父父子子，三纲五常一实现，没有犯上作乱的，君主的统治就安稳，当然是帝王从中受益最多了。

雍正精通儒学，对儒家的思想，他也有独到的理解。雍正五年会试，出的论题有“士人当有礼义廉耻”，雍正看了试卷，认为贡士们写出来的东西，全是一些平常的意见，都是只会背书而已，并不能体会到题目中蕴藏的道理，批评他们只在意一些仪文末节，却看不到礼义廉耻的本质。他认为礼义廉耻所包含的非常广阔，其中有士人以天下为已任，有辅佐君主的责任，不能只知道小节却不懂大义，如果只拘泥于小节，就会把自己束缚住，不敢担负天下重任了，这是平凡人的行为，而不是士人应该做的。从这件事就可以知道雍正从君主的需要出发，解释儒家的思想，使它更适合统治者的需要。

雍正宣传儒家思想，最基本的途径是教育和科举。雍正取士，第一重视四书，他认为只有四书才是检验士子真才实学的标准，加以提倡。雍正以前的乡试、会试，各考三场，三场中最重要的是头场，解释四书经文。头场试题从四书五经里出，题目由皇帝选定，二场写作策论、判文和表文，三场写作治国政策。后来乾隆照着这个方法来制定科考的题目，又让大学士方苞编辑了《钦定四书文》，颁布为标准。经过两任皇帝的推崇，于是当时的读书人都把四书看作最重要的学问，而把通晓经典和古今之变的其他学问看作“杂学”，写作诗古文辞的当成“杂作”，不精通四书的就不承认他有学问。这是一种极其恶劣的学风，它把人束缚在四书和朱熹为四书所做的批注上，却不去研究实际问题，不关心国计民生，使读书人成为只会背书却没有真才实学的庸人，雍正要求政治务实，却又在思想上陷入空谈阔论。雍正声称要改变科举考试的弊端，但是他又提倡用八股文取士，所以他提倡“四书”取士，只能窒息人才，扼杀思想，让全国人都变成不会独立思考的、忠实于帝王的奴才。

雍正继承了康熙的传统政策，以儒家理学为正宗，提倡四书。但在实践上，他并不迷信理学，而是根据需要来确定自己的需求。他要讲求孝道，就恢复顺治时乡会试二场从《孝经》出题的办法，舍弃了宋代理学家二程、朱熹的性理著作，他说：“宋代儒家的著作，虽然写得很好，能够流传后世，但也比不上圣人的言论对世人的影响。”雍正对程朱理学还是尊崇的，他是把儒家鼻祖孔子的原著和宋儒的注释融为一体，在使用时有所侧重。

有统治思想，就肯定也会出现和它相反、相对抗的思想。谢济世小时候读书很用功，为了静心读书，他经常到一里远的龙隐岩去读书，并在岩中题了不少诗。他天资聪慧，康熙五十一年进士，进翰林院当职。雍正四年担任监察御史，因为参劾田文镜，被发配到阿尔泰军营。结果他非但没有顾忌，反而自己批注《大学》，继续跟雍正唱反调，有人说他是在毁谤程朱理学。雍正不允许他抨击程朱，又认为他是借题发挥，攻击自己的政策，于是进一步罚他在军营当苦力赎罪。谢济世是在清代程朱理学地位提到高峰之后，反对它的一个代表，后来不满意的人越来越多，到了乾隆后期，人们认为程朱的书，句子算不上典雅纯正，文雅不俗，只有一些空泛无用的学说，虽然说得很有道理，但是没有几个学者愿意去读。由此可见，雍正坚持的儒家及其理学，在统治阶级内部也得不到有力的支持，让人们成天学习这些，不接触其他的知识，就只能愚弄人民和训练忠实的奴才，与社会的进步背道而驰。

在旧社会，科举是读书人最主要的出路，科举起着指导教育的作用。雍正反对朋党，打击过中举的人，但并非是对科举全盘否定，他不满意的是举人和大臣们结党营私。他对于教育、科举、科甲出身的官僚相当重视，采取了许多措施。

一、增加科目和科次。雍正即位后，下令于雍正元年举办恩科会试，又考虑到按照惯例，考官的亲属需要回避，但是又不能孤立他们，于是决定新增回避卷，让考官的子弟也能够参加科考。

雍正要求地方官员学习古人的方法，举荐孝廉和方正，也就是那些有品德有才华的人，暂时封他们做六品官员，当作储备人才。但是过了好几个月都没有官员推荐，雍正就命令督抚去催促，在民间广泛查找那些被推荐的人，证实确有良好的行为和品德的，就把他们的名字报告给皇帝。次年根据浙江、直隶、福建、广西疆吏的推荐，分别让两个人担任知县，年龄在五十五岁以上的让他们担任知州。这是清朝实行孝廉方正科的开始，后来的新皇帝登基的时候也按照这个方法来举行。雍正五年四月，又要州县官与当地的教官一起，在每个府州县学的贡生当中，推举一个行为端庄，孝敬父母，有办事才能，文章写得又很好的人，在年底的时候报告给上司，没人可以举荐的偏僻地方，就要县官和教官出具盖了印章的保证书，避免人才的遗漏。这也是举行孝廉方正科的一种方式。

雍正元年，恢复康熙年间中断的满洲翻译科。雍正害怕蒙古文字用得太少，会被废弃，特地设立了蒙文翻译科。

雍正还下令开设专门技术科。雍正元年，侍讲学士戚麟祥上奏，请求设立医学科，考取医生，雍正想要培养医生，改善人民的生活状况，就让礼部商议，没过多久因礼部给的意见不好，又让吏部和礼部协商，讨论如何教育出合格的医生。

二、扩大录取范围。雍正元年，顺天乡试，雍正命检查落榜的试卷，从中选取两人。同年会试，再次检查落榜的试卷，中选的竟然多至七十八人。次年会试，也一样复检。清代乡试有取副榜的制度，雍正四年乡试，对于那些中过两次副榜的人，也把他们授作举人，这是雍正的创例。雍正五年会试，雍正命令在落第的举人中，选择“文理明通”的，发往各省担任教员。雍正用这些办法增加读书人入仕做官的机会。

三、优待士子。雍正元年科举的时候，天气寒冷，雍正怕砚台上的水结冰，就下令改在太和殿举行，又让太监添置了许多火炉，让大殿内十分温暖，以便士子能够安心考试。雍正五年的会试原定在二月，因为天气寒冷就改在三月，可是三月仍然很冷，如果再次延期的话，怕举子没有足够的路费，于是就在三月举行，特别批准举子携带手炉和穿厚棉衣入场，并由官家提供木炭和姜汤。湖南省的乡试，之前都是在湖北省进行，雍正担心有的应试人要经过洞庭湖，可能会有溺水的危险，所以下令在湖南建立试院。国子监进士题名碑之前是由公费建造的，康熙三年裁省，改由进士出钱自己建造，雍正认为这是关系国家振兴文教的大事，就仍然用公费建造，使得士子在观看题名碑的时候，可以知道读书能够光耀门楣，激励他们通过读书取得做官的机会。

科举也被雍正拿来作为惩罚的一种手段。如他曾经因为文字狱，停止浙江的乡会试。雍正要推广官话，也以不许参加科举相制裁。雍正六年，他说：“官员临民，说话要让老百姓听得懂，才能通达上下之情，把政事办好。”福建、广东地区由于不说官话，所以官员和他们的沟通不太方便，需要下层官员代为传达，这就会出现弊端，因此要求这两省的士人要在八年内学会官话，否则不得参加科举，等到改变了乡音，才能应试。

雍正在位的时候，加大对文化的控制，延续了八股取士的旧办法，也兴办了许多文字狱。控制人们的思想，危害是很严重的，以至于在嘉庆以后，整个社会都变得死气沉沉，唯有在鸦片战争以后，国人的思想才开始重新走向解放。

讲求祥瑞

祥瑞就是吉祥的征兆，被古人认为是表达天意的、对人有益的自然现象，认为它们标志着政治清明、人民乐业、太平治世的出现。如风调雨顺、禾生双穗、地出甘泉等，帝王讲求祥瑞，是中国历史上常见的事情。相信和制造祥瑞的主要是统治者，康熙认为讲祥瑞是让后人耻笑的事情，可是他特别在意灾祸，每当遇到日月蚀、旱涝不常的时候，他就认为这是上天在警告自己，表示要搞好政治，取悦上天，为民求福。雍正和康熙不同，大讲祥瑞。

古代祥瑞种类繁多，大体分为五种，即五个等级。古称麟凤五灵，王者之嘉瑞也，是最高等级的瑞兆。以下分别为大瑞、上瑞、中瑞、下瑞。雍正朝官员呈报的祥瑞层出不穷，几乎快要把史书上所记载的祥瑞说完了。

麒麟是中国古代神话传说中的神兽，据说能活两千年。性情温和，不伤人畜，不践踏花草，所以称为仁兽。中国古代用麒麟象征祥瑞，相传只在太平盛世，或圣人出现时才会出现。山东巡抚岳溶于雍正十年报告，钜野县一户农民的牛身上长出了瑞麟，浑身都是鳞甲，缝隙中长有紫色的毛，光彩灿烂，实在是盛德年间的祥瑞。雍正说山东连续许多年遭受自然灾害，所以不敢说这是祥瑞，但将此事告谕天下臣民。雍正十一年四川总督黄廷桂也上奏，说盐亭县农民家的牛身上生出瑞麟，还绘出了图形呈给雍正。雍正十二年十月，

麒麟盘

山东官员又报称宁阳县牛产毓麒麟。雍正朝三次获麟，人们更是对祥瑞的说法深信不疑。

和麒麟相当的是凤凰，凤凰是中国传说中的神鸟。雍正八年，雍正正在经营他的陵寝，有人报告说在房山县的采石工地上，飞来一只凤凰，同时另有官员报告，见到高五六尺的神鸟。自古以来称凤鸟为王者的嘉祥，出现在陵工采石场，更同皇帝圣德联系起来了。

除了这两种神兽，官员呈报的还有其他的一些祥瑞的征兆，如雍正元年四月，范时绎进呈蓍草，说是顺治的孝陵所生，雍正大臣们传着看。雍正元年八月，有人上奏说江南、山东出产的小麦和谷物，大多数都是双歧、双穗，蜀黍有四穗的，这都是被皇上圣德感动的，请求把这件事情记载进史书中，雍正同意了。这是报祥瑞的开始，开始的时候上报的都比较少，到了后来就越报越多，越报越离奇了。雍正三年二月初二，发生了日月同升和五星联珠的自然现象。这种异常情况，数百年才会出现一次，雍正以为这是难得的幸事，命令史官记录下来，并告诉大臣和百姓。

雍正五年，“模范督抚”田文镜上奏说河南生产的谷子，有一茎十五穗的，每一穗都有一尺多长，每一粒都非常饱满，雍正很高兴，说这是由于田文镜忠诚于国家，认真办事，所以感动了上天。见田文镜得到了表扬，其他官员也开始抢着上报了。后来，雍正根据地方官奏报的瑞谷、嘉禾画成《嘉禾图》和《瑞谷图》。他自己相信这是真的，也要求臣民和他共同相信。

雍正七年，暂时担任浙江总督的性桂奏称，湖州农民王文隆家的一万多只蚕织成了瑞茧一幅，长五尺八寸，宽二尺三寸，老农都说这是从来没有的事。雍正怀疑这是人为加工出来的，命确查清楚。性桂回报确实是天然形成的，雍正就把它向大臣们宣布了。

雍正七年，康熙景陵的圣德神功碑建成，大臣尚崇廙奏报说在碑亭的柱子和石头上长出来一只灵芝，长六七寸，发出奇异的光彩，雍正说这是上天特地赐下祥瑞，来表扬我皇考的功德。

雍正七年正月二十二日，浙江观风整俗使蔡仕舢奏称，嘉善、嘉兴两个县降下了甘露，结在树枝和苇竹上，形若脂凝，味如饴美，实在是太平盛世的祥瑞。雍正深信不疑，说这是地方大臣们秉公持正，努力办事的结果。

雍正八年，甘肃巡抚许容奏称，从七月五日起，积石关一带的黄河清可见底，一直持续三天。雍正认为这是正在河源处筹建河神庙，才得到这个祥瑞。对于黄河变清这件事，雍正君臣大肆宣扬，说这是从来都没有的祥瑞。雍正说这是上天和皇考的赐福，他不愿意独自享受，所以授予朝内外文武百官每人加一级的恩典。文臣们都写了贺词，太常寺卿邹汝鲁作《河清颂》，说皇帝实行新政，才得此河清之瑞。没想到这句拍马屁的话，却给他带来了灾祸，雍正对之前的政治做了许多改变，但又要打着继承祖先的旗号，雍正刚说完河清是康熙保佑的结果，邹汝鲁却说对旧政做了改革，正好和皇帝唱了反调，惹起雍正的恼怒。于是雍正把他贬到湖北荆州。邹汝鲁成了雍正朝第一个因为祥瑞倒霉的人。

除了上面说到的这些，还有一种祥瑞也被雍正朝大加追捧。据李绂记载，在雍正即位前的那几天，天气阴霾惨淡，可是等到举行登基典礼的时候，天气忽然就变得晴朗了，太阳也出来了，臣民们都高声欢呼，说这是要出圣主的兆头，到了第三天，空中出现了卿云。雍正六年十二月，云贵总督鄂尔泰在奏折上说，云南在一个月之内连续七次出现祥云。大理县的刘知县对他这么谄媚的行为很不以为然，他说，我的眼睛难道是迷了沙子？我怎么看不见卿云啊？雍正支持鄂尔泰，他说像鄂尔泰这样的大臣陈奏祥瑞，是出于强烈的忠心，那些不承认这些事情的人，都是藏有幸灾乐祸的邪心。在雍正支持下，继鄂尔泰报卿云的纷来沓至。

官员像这样频繁地奏报祥瑞，雍正一概奖励，可是他又说："朕从来都不说祥瑞的事，天下人不要错误地认为朕会因为这些夸张的祥瑞就忘了提升自己。"祥瑞是迷信的说法，封建社会的统治者很注重用这样的方法来统治民心，官员呈报祥瑞，其实也就是在对雍正歌功颂德，至于达到后来那么频繁的程度，就已经是他鼓励、指导的了。讲祥瑞，弄虚作假，愚弄民众，是统治阶级腐败的表现，无力的表现，雍正大搞祥瑞，是一种愚蠢的做法。

天人感应与"敬天法祖"的观念

敬天法祖，是清朝施政的总方针，雍正也虔诚地执行着。古人认为天意有两种表现形式：一种是当国泰民安时出现祥瑞，另一种是天下大乱时灾异频现。雍正认为老天的赏罚最公平，他这样敬天，尤其是对于董仲舒的天人感应深信不疑。有的官员在上奏称贺祥瑞的时候，说那是由于皇帝的恩德，所以才出现的，雍正看到奏本，心里很不安宁，对大臣说："朕在侍奉天神的时候毕恭毕敬，只希望天地众神能够保护国家和百姓，做帝王的，天为父、地为母，怎么敢说出这种亵渎的话呢？"

雍正二年二月二十八日他对刑部官员说："刑狱关乎天和，应当体恤百姓，受到牵连的人，不要关押太久了。"刑部遵旨释放了几百人，到三月初三普降大雨，消除了春旱的危险。据此，他进一步阐发天人感应的道理："天人感应这个道理虽然看不见，摸不着，却非常灵验，只要诚心诚意，自然就能感动上天，皇帝是受天眷顾的，感通得更快。"

雍正把自然现象和朝中政治、民间风俗联系起来，用以说明他的政治清明，宣扬雍正施行仁政，太平盛世。官员呈报祥瑞的时候，也总是把它归结为雍正尊敬上天的结果。对此，雍正毫不推辞，完全承受。他之所以大肆庆贺五星联珠、日月合璧，就是为了说明它的统治造成了太平盛世。

雍正说他坚信天人感应，一时一刻也不敢懈怠，只要遇到洪涝或是旱灾，就自我反省施政是否得当，同时，这套学说也被他用来约束大臣们，成为他管理大臣的一个手段。他的心腹报告祥瑞的时候，他就会称赞他们实心办理地方事务，政绩显著，足以成为百官的楷模。田文镜奏报一禾多穗的时候，雍正就表彰田文镜的政绩，甚至顺带着把杨文乾、李卫等人也给表扬了一番。雍正不满意的官员奏报灾害时，就会被大骂一通，说有你这样的官员，地方上不受灾才怪呢！天人感应虽然没有什么道理，但是雍正用它来检查官员的成绩，成为治理大臣的工具。

祥瑞出现最多的是卿云，被用来宣扬雍正的人格和品德。卿云现是表示太平，此外还有其他的含义。鄂尔泰在报告卿云的时候引用了《孝经援神契》里面的话："天子孝，则卿云现"，说明云南出现的卿云，是皇上的大孝感动了上天。鄂尔泰奏报前的三个月，曾静案发生，曾静指责雍正谋父、逼母、弑兄、屠弟，是大逆不孝的人，所以雍正见到这个奏折异常高兴，大肆开恩，封赏云贵地区的官员。在曾静对雍正做出指责以后，不管雍正有没有做过他说的那些事，颂扬他是圣孝的天子，正好适合他在政治斗争上的需要，他以此证明他是无辜者，谁若再相信他大逆不道的说法，就是不敬上天的乱臣贼子了。所以卿云现，不是一般的谈祥瑞，而是雍正政治斗争的工具。

雍正时代，由于追求祥瑞，把历来视为灾异的自然现象也认为是祯祥了。雍正讨厌听到地方上的灾异现象，就算是发生了灾祸，钦天监也不敢上奏。雍正八年六月初一发生日食，山西巡抚石麟奏称，发生日食的时候，太原上空正好乌云密布，下着大雨，等到天晴，太阳已经复元，所以没见到日食，根据这个向雍正奏贺。后来江宁织造隋赫德也向雍正奏报了类似的事件。如果说日食是灾异，不管太原地区的人有没有看到，它总是发生了，总不是好事，怎么会称起贺来呢？雍正也懂得这个道理，所以并没有接受他们的恭贺。

雍正八年八月十九日，北京上空忽然天昏地暗，狂风暴雨，接着地动山摇，好像末日到来一般。北京的西郊景色秀美，因此，历代王朝皆在此地营建行宫别苑。到了清代，更是大兴土木，在这里营建出“三山五园”等皇家园林。这场地震中，从香山到昌平的回龙观一带，正处于极震区。圆明园、静宜园等昔日建筑精美的皇家园林，在剧烈摇晃中殿倒屋塌。而北京城区大部分民房倒塌，北海白塔也基座开裂，摇摇欲坠。就连距震中较远的居庸关长城高大坚固的城墙，也被震得错位了，由此可知当时地震的剧烈。不仅如此，余震还持续了一个月左右。这次地震中死的人很多，有说两万多的，也有说四万的。由于紫禁城内宫殿多处墙壁开裂，十分危险。大臣们纷纷劝导雍正皇帝，不要继续住在宫殿中，雍正只好在侍卫们的护卫下，躲在船上，后来住在临时搭的帐篷中，没有回宫室理政和休息。雍正泛舟而居，真是惊慌失措到了极点。

历史上，君主在政治上不得意时，常常会把人们的目光转移向祥瑞，维持自己的统治，雍正讲究祥瑞，一是为了配合天人感应，二是复杂的政治斗争的需要，他需要借此打击政敌，争取民众。

雍正非常相信天理祖训，他敬天畏天，主要表现在四个方面：

一、感激上天，祈求降福。雍正帝认为，人世间的一切好事，世道的太平，都是上苍所赐予的，都是祖宗的恩惠，所以要感谢他们。两江总督查弼纳于雍正二年三月奏报江南普降大雨，农业收成有望，雍正认为这是上天赐的福气，就回复他：“所有地方，都屡次受到上天的恩泽与赐福。从这可以看出上天一定是赞同我们的，我们只需要继续努力，就一定会受到上天和先帝的庇佑。对天祖的敬意也应当更加虔诚，以求长久的恩典。”无论是农业还是战争，只要是好消息，就都宣传成上天和祖先的恩德，并教导臣民应心怀感激，公心理政。

二、感恩的同时，他还热衷于求恩。查弼纳在雍正元年上奏，计划从南京往扬州巡视军营，往苏州查看布政司库。雍正帝批准了，对他说：“我们君臣应该把行动都告诉上天和祖先，只有这样才能得到庇佑。你们的勤奋朕能看到，朕的勤奋天地、祖先也能看到，我等君臣一起努力，期望能够获得皇天、皇祖的恩典。”

三、天人感应，君臣需要修省。雍正帝将天意与人事紧密地结合在一起，说人们所做的事情上天都会知道，无论官员还是百姓，都应当合理，问心无愧，换来上天和神明的庇护。他所说的“理”，就是朝廷的规章制度，都是天意的体现，所以雍正帝认为他的方针政策符合天意，就是天意的体现。

他总是将收成好归结为上天赐福，他说这都是大臣们的行为顺乎民心，感动上天的结果。雍正元年七月，山西下了大雨，黄河水骤然涨高了许多，却并没有像以往一样造成决堤，导致洪涝，而是很快就退了下去。山西巡抚诺岷向雍正禀明了这一情况，雍正帝立即想到天人感应，十分感动，虔诚地说：“你们能够遵守上天的旨意，施行仁政，民间的怨气都散去了，所以才会这样，这是理所当然的事情。”

查弼纳在雍正二年十月初八奏报米价，雍正帝朱批：“你们这些大臣如果心里不干不净的话，上天肯定会有所表露的，凡事只在于自身的行为。上天不会要什么心眼，都是人做的。”一个月以后查弼纳又说了官员收礼的事情，雍正心里不高兴，立即指出：“你那边最近两年来有旱涝虫潮的灾害，这些如果不是你的过错，那就是朕的问题，你应该注意到这一点了。”发生灾害，不是地方官有过错，就是皇帝有失误，君臣均应反省，违背天理，所以上天稍事惩戒，应当高度警惕，予以改正。天人感应之说既是雍正帝教导臣工的理论，也是他责难臣工的工具。

四、教导臣下学会敬畏。雍正帝在阐释敬天的同时，还强调畏天。天人感应说就是畏天的一种形式，除此之外还包含不敢欺瞒上天和祖先。雍正帝在三年二月十九日举行耕礼。清晨出发的时候，晴朗无风，天气凉爽，等到回去的时候下起了小雨，大臣们都对这种巧合感到疑惑，雍正说：“这都是皇考和天神保佑的结果，朕不仅是感激天恩，而且还诚惶诚恐。”众大臣听他这么说，也都表示赞同，又一起跪拜，称赞先皇和上天的恩德。

诚惶诚恐，就是小心谨慎，依据天意办事。敬畏上天的另一个含义是不能欺瞒上天，也不能欺骗皇帝，否则会遭天谴。天谴对任何人来说，都是大祸。他提出，欺君就是欺天。雍正元年正月，雍正问到山西灾情，纳齐哈报告说部分地区有小灾，巡抚德音已经救济了。而后，雍正得知灾情严重，而且地方官并未赈济。为此，他怀疑纳齐哈包庇德音，再次责问他。纳齐哈见皇上已经知道了实际情况，只好承认自己办事无能。雍正非常失望地说：“你要是不能端正品行，你央求于谁，都不能蒙蔽朕。你应该拿这件事当教训，慎重做事，不要辜负了朕对你的恩情。如果你能够改正过来，朕就不说什么了。”这番话的意思就是要忠诚于皇帝，否则就是自取灭亡。

各种祭祀活动

古代皇帝对天祖的敬畏，主要体现在各种祭祀活动上。祭祀是华夏礼典的一部分，是儒教礼仪中的主要部分，礼有五经，莫重于祭，是以事神致福。祭祀对象分为三类：天神、地支、人鬼。古代中国“神不歆非类，民不祀非族”，祭祀有严格等级。天神地支由天子祭。诸侯大夫祭山川。士庶只能祭己祖先和灶神。清明节、端午节、重阳节是祭祖日。满人入关以后，接受了许多汉人的风俗习惯，对待祭祀更是十分恭敬。雍正帝亲自进行，或亲自遣官祭奠的天地神祇，有天坛、社稷坛、先农坛、日坛、地坛、月坛、河神、龙王、风神等。

祭祀天坛，分为冬至祭天和年初祈谷祭天，最为神圣，一般都是皇帝亲自进行，不得已才指派他人代祭。雍正四年十一月二十六日，离冬至祭天还剩三天，规定要在正式祭天之前，先斋戒三日，不近荤酒和女色，不作乐，表示祭天的虔诚和反省自身。二十八日雍正顶着大雪，来到中和殿，在殿内观看了祝板，也就是祭天仪式的排演，以免到时出错，二十九日雍正帝亲自前往天坛，在圜丘祭天。等到祭祀的时候，虽然天还是阴沉沉的，但是持续下了好几天的大雪基本上停止了，雍正得以在这段时间内完成了祭天的仪式。等到仪式完成以后，雪又开始下了起来。看到此情此景，雍正不禁感慨地对大臣们说："这实在是上天的垂怜，让我等能够顺利祭天，朕的心里感到很宽慰，想必你们也是。"

年初的祈谷礼同样隆重。祈谷，意思就是向上天祈求获得好的收成。雍正五年正月，和祭天一样，雍正先斋戒三日，十三日在太和殿观看祝版，十四日在天坛大享殿（乾隆间改称祈年殿）举行祈谷礼。在圜丘祭天的祭文中，皇帝要对天称臣，报告一年中间发生的大事，向上天祈求国泰民安的愿望。

社稷坛之祭，是对土地神和五谷神的祭祀，每年春秋各一次，也是大祀，地位很高，通常是皇帝亲自主持。雍正五年正月二十八日起，雍正斋戒三日，三十日在中和殿观看祝板，二月初一到社稷坛行礼。春季的祭礼在二月，秋祭在八月。

先农坛之祭有两项内容，一项是祭先农，另一项为举行耕耤礼。雍正五年三月初十，雍正帝斋戒二日，第二天在中和殿观看祭祀礼仪的排演，接着在保和殿观看户部尚书进奉的农器和种子；十二日来到先农坛，辰时祭拜先农，午时举行耕耤礼，皇帝亲自在耤田内扶犁耕田，行三推礼，复行一推；接着到观耕堂，观看庄亲王允禄、怡亲王允祥等行五推礼，尚书九卿行九推礼，并接见年老的农夫；然后到斋宫，接受诸王百官的庆贺，并赐茶。

雍正不仅在京师祭祀，还下令地方官选择肥沃的土地，开辟成耤田，定时举行耕耤礼，一起祈求丰收。不过有的官员不认真办理，糊弄上司和皇帝。一个官员杨询朋对藉田不管不问，到了上司来查看的时候，只看到一块荒田，连一粒稻谷也没有长出来，雍正帝知道以后，将他革职，并罚他自己出钱管理藉田十年，看他以后管理的效果。以后有类似情形的，也按照这个方法处罚。四川大邑县令因可方借用民田充作藉田，后来被革职，他的上司李寿民因为没有上报，也被处罚了。

雍正五年七月二十八日，雍正帝以三年来京师藉田都产出了双穗、九穗、十三穗的嘉禾，下令奖赏办理藉田事务的官员。然后告诉各地的官员："朕敬仰上天的心至诚至切，希望和百官一起勉励，庄稼是天地赐给的宝物，对老百姓最重要，我皇考圣祖仁皇帝在位六十余年，任何时候都把农耕当作头等大事，所以朕竭诚效法，上天眷佑，不断赐下嘉禾。"

朝日坛（日坛）之祭。雍正帝在春分祭朝日坛，先斋戒两天，然后在中和殿观看祝版，初十出朝阳门至坛行礼。

夕月坛（月坛）之祭。雍正五年八月初九，先斋戒两天，然后到中和殿观看祝版，十一日出阜成门至坛行礼。

方泽坛（地坛）之祭在夏至举行，依照惯例，皇帝应该亲自举行方泽坛之祭。但是雍正小的时候中过暑，害怕炎热天气，雍正说祭神必须虔诚，不能勉强，因为身体的原因不能亲自去，所以一直都让别人代替。

除这些外，还有特别的祭祀。雍正六年九月十六日，黄河、运河工程完工，雍正帝派遣河道总督祭拜清口河神庙，副总督嵇曾筠祭拜武陟庙，祭文和香帛都是从京城送过去的。除祭祀河神之外，雍正帝还在京城塑立各省的龙王神像，为各省祈祷雨水。雍正帝关注的河神祭祀有三处，分别是河源神庙、河南武陟县黄河河神庙和江南清口运河河神庙。每次祭典，雍正帝都派人前往，并亲自审订祭文。每年的祭文，都会根据当时的农田水利情形，表达愿望和感恩之情。如雍正五年，淮河、运河流域的两万多顷淤地被开垦出来，连续几年取得丰收，所以就在河源神的祭文里把这件事情给写了进去，表达了对河神的感激之情。

大高殿之祭。雍正五年七月中旬，京城连续下雨。未时雍正从圆明园回宫，到大高殿祭祀，祈祷不要发生水灾，申时雨过天晴。雍正帝就赏赐了一同出行的銮仪卫官员。

风神之祭。雍正帝将清口风神封为清和宣惠风伯之神，令河道总督四时致祭。

祭祀祖宗神灵，有传统的太庙、奉先殿致祭以及拜谒祖陵。太庙行礼。太庙是皇帝的家庙，里面供奉着祖宗牌位。祭礼属于大祭，与祭天、祭社稷的地位是一样的。雍正四年九月二十七日，雍正斋戒三日，二十九日在中和殿看祝板，十月初一到太庙致祭。雍正五年正月孟春、四月孟夏、十月孟冬，雍正帝都斋戒三日，亲自前往太庙行礼。

奉先殿位于大内，分前后殿，里面供奉着历代帝后的神龛。每月初一、十五、万寿、冬至，或者神灵的诞辰和忌日，以及其他节令日，皇帝就会去奉先殿祭祀。

寿皇殿之祭。寿皇殿在景山，原为康熙帝停灵处。雍正帝为纪念父亲，在此陈设康熙帝的画像，并不时前来祭拜，使之成为专门纪念康熙帝的场所。

恩佑寺行礼。雍正帝为纪念父亲，将康熙帝生前在畅春园的寝宫改建为恩佑寺，经常前往祭奠。一般都是在雍正从宫中去圆明园的时候，顺道至恩佑寺。雍正五年正月十九，雍正帝到恩佑寺行礼，然后留在圆明园。三月十五日，因为要去圆明园，就又到恩佑寺行礼。三月十八日是康熙帝的生日，十九日是皇太后的生日，雍正帝就没有上朝，留在恩佑寺。

谒陵是指雍正帝前往遵化拜谒祖陵，尤其是拜扫康熙帝的景陵。雍正帝对康熙帝的崇敬、孝行、纪念怀有高度热情，始终不衰。祭祀景陵时，从隆恩门进入，来到宝城前行礼致奠，雍正想到往事，十分哀恸，痛哭流涕，随行的大臣劝了好久，可是一直走到陵寝门外他仍然不停地抽噎。雍正帝对康熙帝非常孝顺，曾经对大臣说：“朕对皇考皇妣的思念之情，从来都没有消减过，清晨的时候都会焚香瞻礼。”如果官民对皇家的禁忌留心不够，就有可能获罪。雍正五年康熙帝的忌日，福建晋江的候选知州李尊仁因为演戏，本人被革职，涉案多人受审查。雍正六年，游击将军刘继鼎因为在上一年康熙帝的忌日娶亲，被革职治罪。可是在御历上，那一天却标注着“（宜）婚姻宴会”，皇历上也标注着相同的内容，所以雍正帝就指责历法有误。此后，日历不得在太祖、太宗、世祖、圣祖的忌日标注宜婚嫁宴会喜庆等事，并成为定制。

祭堂子是满洲人所特有的一种祭礼，所祭的对象有天、祖、佛，还有关帝、马神、田苗神等。它不仅是皇帝个人祭祀，满洲贵族也会参与。雍正帝在位的前期，每年元旦的第一件事就是前往堂子祭祀。

频繁举行种种祭祀，反映出皇帝对天祖的真诚态度，这并不是表演作秀，虚情假意地对臣民进行说教。也有人认为这些全都是虚假的，是统治者欺骗百姓的手段，是统治人民的工具。但实际上皇帝也是人，他们对天地祖先的信奉很大程度上是真诚的，古代科技不发达，人们对于自然的认识缺少逻辑性和准确性，无法解释众多的自然现象，就会求助于宗教。宗教是一个群体的共同信仰，具有凝聚力。雍正帝不经意间说出、写出的话，不但表明他自己是这样认识的，而且也用这些话语来说服臣民。他说人们无法看见神灵，但是也不可以欺瞒神灵。寿皇殿影像馆的开辟，成为清朝皇家家法，为皇帝追念先人创造了一种新形式。如果不是诚心诚意地去祭祀，就很难被人认可。

CHAPTER

第十六章 16

雍正朝的君臣关系

雍正帝深知皇帝的政策都是要靠臣工来执行的，君主与臣工是“君臣一体”，得力的大臣就是皇帝的左膀右臂。正是由于有这样的认识，雍正帝很注重与臣工的感情交流。他善于弄权，御臣手段十分高明，君与臣的关系，只可意会，不可言传。他对大臣的关爱，几乎超出人主的范围。但对于大臣的辱骂，也难听得要命。

雍正初年的股肱之臣

九子夺嫡造成了巨大的影响，雍正帝即位后，面临的是一系列的政治危机。其他的几个竞争对手，都有一大批的拥趸，这时的雍正帝需要培植亲信，支撑自己的王朝。他最有效的手段主要有两种：培养有用之才，结合各方力量；分化瓦解政敌，为新政扫清道路。

登上皇位的第二天，雍正就组建了辅政的核心班底——总理事务处，其中包括贝勒允禩、十三阿哥允祥、大学士马齐和理藩院尚书隆科多。这四个人也就成为政权的核心人物。允祥是雍正帝最亲密的兄弟，隆科多是宣布遗诏的大臣，所以他们两个理所当然地成了心腹。马齐，在皇子争储的过程中，极力拥护允禩。雍正帝重用他，是因为马齐为人正直，在朝中有很高的威望，重用他可以起到收买人心的作用。任用允禩是绝妙的高招，太出人意料，允禩是政敌首领，把他纳入核心集团，既堵了反对派的口，又使他们陷入无能为力的境地。不过，其他兄弟就没有这么好的待遇了，为了瓦解对手，雍正帝将允禟发配到青海，将允禵囚禁在康熙帝景陵，令他们不可能在京城合力谋反。

当日，雍正帝还册封允禩为和硕廉亲王、允祥为和硕怡亲王，进一步抬升两人的地位。在雍正五年三月二十二日说起群臣的忠诚度时，雍正帝谓胤祥、朱轼、张廷玉在这方面没有任何欠缺，马齐稍微差了一点儿，是天分的原因，虽不能成为雍正帝的心腹，但是他为人公正，处理事务又非常有能力，这一点也是很多人比不上的。他表扬了这几个人，唯独把允禩给狠狠地批评了一顿，说他不能够体谅皇帝的辛苦，整天就想着结党营私。

实行耗羡归公、养廉银、改革吏治，是雍正朝的大事，也是中国赋役史上的大事。雍正帝主导这些政策的制定与执行，作用最大，除此之外，在地方上也有一批支持他的大臣，出力很多，其中就包括诺岷、高成龄、石文焯和田文镜等人。

诺岷于雍正元年五月继德音之后为山西巡抚。山西的吏治一向十分混乱，诺岷上任后，发现地方官贪污腐败严重，对待公家的钱粮就好像是自己的东西一样，随便挪用，一旦有事了，就大肆搜刮平民百姓，把那些能够搜刮到钱财，又善于行贿的人当作人才。山西的库银亏空得非常厉害，雍正帝任用他，就是要他清查钱粮，严厉追赔，特地告诉他，不可姑息那些贪赃钱粮的官员，要竭尽全力，妥当公正地治理山西省，如果你的前任里面有人贪污，你只需要想方设法，让他们全沦为乞丐，朕才会觉得满意。如果姑息徇情，不但会辜负朕对你的期望，也不能治理好地方。然后又开导他，将钱粮算清楚了，主子喜欢了，百姓畅快了，让官员知道害怕了，有何不好?

诺岷按照雍正的指示，下大力气清查亏空。他上任两个月，就发现追赔中的两个问题：一是贪官不按期限赔偿；二是官员们怕赔偿不清会受到参劾，就集体舞弊，将未到赔偿限期的银子，算作到限期官员赔补的。

诺岷认真核查，揭露这些欺骗行为，严令官员依限赔偿，否则严参治罪。超过期限还没补齐的，就让原来的那些知府、布政使和巡抚等人代为赔偿。雍正夸奖他办理的非常好，又说新官不可以扰民，但也不要怜悯那些贪官，继续认真办理，一定要严追到底。九月十八日，诺岷奏请将官员调任，以便彻底清查追赔，同时把未付清欠银的官员革职治罪，雍正帝批示允准。

追索亏空是件很不容易的事情，得罪了很多官员，但因为有皇帝的支持，所以诺岷认真办理，尽力而为，同时他也意识到，追赔只是一个手段而已，更重要的是断绝这种现象。所以，他开始考虑如何在减收火耗银的同时，提高官员的生活水平，让他们没有受贿的必要。

经过一段时间的思索，他在十一月得出了自己的解决方案，并向雍正奏报。对于减征火耗，他经过调查得知，火耗征银比以前大约减少了一半，只有五十万两。这样一来，平民得到好处，官吏的贪污少了。为了防止州县官额外征税，诺岷还到处张贴告示，反复说明皇上的爱民之意，除正项钱粮之外，若有官员仍敢摊派，允许民告官。同时，禁止州县官向上司送礼，杜绝了他们摊派的借口。布告之外，诺岷还派人暗中调查，一旦发现有私自摊派的，就马上参奏他。

对于这笔钱如何使用，考虑到地方公共工程的开支、官员的办公费用、官员的生活补贴，特别是官员亏欠的清补这几个方面，诺岷制订了分配方案：一、有的官员确实没有能力清偿追赔，就从中抽出二十万两作为弥补亏欠；二、修补城池、筑造汾河堤坝，聘请义学教习，驿站喂马的草料和消耗，以及各衙门的办公费等项，共需银六万四千余两；三、除去以上两条，还剩下的二十三万五千两，用作各级官员的生活补贴。分配办法是依据职务高低、同等职务则参考工作的繁易程度，以及职务的特殊需要来确定。作为巡抚的诺岷，不好给自己订立标准。等扣完各种款项以外，还剩余的三万一千两，诺岷就请求把余下的钱赏给自己。

雍正对诺岷的政绩感到非常满意，所以不但批准了诺岷的方案，还做出了全面肯定——“朕对你除赞许和嘉奖以外，就没有其他要说的了”。雍正说：“诺岷反复强调不许官员私自加派，这样一来，谁还有胆子去贪污？他给了官员养家糊口的费用，这一点很合理。至于余下的那三万一千两，朕全部赏给他，不过作为巡抚，这些哪里够用？所以还应该再赏赐他一点儿。”

清朝的官员俸禄很低，迫使官员中饱私囊。耗羡归公是承认征收耗羡为合法，但控制其数量，再分配给官员作养廉银，令吏治有所澄清，这是不得已的办法。诺岷的做法，将耗羡归公和养廉银初步结合在了一起，虽然不成熟，但是他作为首创者，功不可没。雍正帝批准了他的建议，又特意夸奖他，说这么多巡抚里面，你做得最好，朕才执政一年，你也才做了半年的巡抚，如果我们君臣能够坚持下去，一定会流芳百世的。可见雍正帝对诺岷的评价之高，远远超出其他人。

耗羡归公触动了官员的既得利益，必然会受到攻击。雍正帝预见到了这一点，为支持诺岷，特意指示他如果遇到困难，不便报告时，就请教怡亲王胤祥。

这样的大臣数量极少，只有诺岷、田文镜、李维钧等寥寥数人。当然，这也是一种特殊的恩典，用以减轻诺岷所受的阻力和干扰。

雍正打算推广诺岷的耗羡归公政策，但是遭到许多官员的反对，于是，雍正命令各地官员讨论。山西布政使高成龄极力主张实行，并讲述了实行的方法和好处。但仍然有许多人反对，雍正于是乾纲独断，下令推行。应当说，这是君臣合作，成功除旧布新的一个范例，也是雍正帝初政的一个亮点。

雍正二年八月，允禟府上的人在路过山西的时候有不法行为，诺岷原来也是允禟的属人，但是为了回避允禟的事，以免惹祸上身，就装作不知道，没有处理，也没上报，没想到因为这件事，雍正不停地责备他，所以就觉得很委屈。于是诺岷在给雍正的奏折上表示，皇帝的教诲和天地、父母一样，臣一生只知道感激皇恩。可是他越辩解，雍正就越是误解和讨厌他，看到他的奏折，就回复他："你说的很有道理！朕竟指责了像你这样忠心耿耿的人，甚是错误。"雍正虽然对诺岷不满，但还是根据诺岷的请求，派医生携带药品为他看病。雍正三年正月初七，诺岷昏迷卧床，医生为他治疗、服药，过了几天终于好了起来，他就在初十写折子谢恩。然而，因为这件事情，雍正还是认为他包庇允禟，最终诺岷被免职。

与诺岷同时受到雍正帝信任的督抚，还有两江总督查弼纳、闽浙总督满保、直隶总督李维钧、山东巡抚黄炳等人。他们的下场也都不好，前三人陷入朋党案，如李维钧和田文镜互相参劾，最终李维钧失败；或成为朋党边缘的人物，如查弼纳、满保。雍正帝对查弼纳、满保的信任，由之前引用他们君臣之间的奏折与朱批可以得知。雍正把他们二人看作忠臣和恩人，关系非同寻常，可是依然没有好下场。

查弼纳和苏努是亲家，与隆科多有往来，因为苏努案、隆科多案也被审查，遭到皇帝的指责。后来，他被逼无奈，彻底揭发了所有知道的事情，而且他本来就不是党人，只是被动检举，所以得到雍正帝的原谅，但是被调离两江总督的要职，改任兵部尚书，从此在政坛上再无建树，最后死在战场上。

雍正帝早在皇子时代，就同满保秘密联系，即位后对他非常器重，雍正帝夸奖他很有才干，十分称职，矢志廉洁。雍正三年，满保死在任所，雍正为自己失去得力助手感到很痛心，想要给他赐恤。然而，此时正在审理隆科多案，发现满保曾经送给隆科多金银，于是雍正帝认为他只知道谄媚隆科多、年羹尧，一怒之下收回赐恤的成命，就更别提谥号了。

李维钧的妻子，是年羹尧仆人的干女儿，原来只是个妾，后来因为年羹尧的关系扶成正室。因为这重关系，年羹尧把李维钧当作自己的下人。年羹尧进京路过保定，担任直隶总督的李维钧竟然跪在路旁迎接，一副奴才相。他对年羹尧极尽谄媚，阿谀奉承，所以年羹尧一倒台，他也跟着倒霉。

雍正初年的宠臣，相当一部分都没有好下场。这是雍正帝打击朋党造成的，其中伤害了一些人才。雍正登基之初，最有力的支持者有允祥、年羹尧、隆科多等人，但是后来年羹尧和隆科多权力太大，功高震主，又卷入了朋党，被雍正一个个清除掉了。年羹尧被赐自尽，隆科多死在禁所。只有允祥行事周密，精明内敛，在为官为臣方面游刃有余，深知其中的游戏规则，所以一直受到雍正的重用和优待。

雍正赐书

《古今图书集成》，在康熙朝由陈梦雷编辑，已基本完成，雍正即位以后又让蒋廷锡等人编订，最终成书一万卷，采用西洋新技术铜板印制，共印六十四部，内中绵纸本十九部，竹纸本四十五部。《古今图书集成》是与《永乐大典》《四库全书》并驾齐驱的中国古代三大文化巨著之一，内容非常丰富，包罗万象。它集清朝以前图书之大成，是各学科研究人员治学、继续先人成果的宝库。由于成书在封建社会末期，克服以前编排上不科学的地方，有些被征引的古籍，现在佚失了，得以赖此类书保存了很多零篇章句。康熙钦赐书名，雍正御笔题序。

雍正六年八月二十日，书籍编撰完成以后，雍正将一部分图书保存起来，另一部分赐给王公大臣。

《古今图书集成》

得到绵纸本的总共有四名大臣，其中张廷玉是康熙朝的进士，雍正朝保和殿大学士、吏部尚书、军机大臣、加少保衔，后加太保，还兼任国史馆总裁、康熙《实录》总裁等职位。雍正帝不时召见，一天三次，习以为常。他对军机处的建立有规划之功，并任军机大臣。雍正皇帝临终，命其与鄂尔泰并为顾命大臣。乾隆朝，以两朝元老为朝廷所重，死后配享太庙。终清一朝，汉大臣配享太庙者只有张廷玉一人。他在雍正朝始终得宠，此时名列在大臣中的第一位，是他在朝中地位的真实反映。

蒋廷锡，江苏常熟人，康熙末年为内阁学士，《古今图书集成》总裁官。雍正年间曾任礼部侍郎、户部尚书、文华殿大学士、太子太傅等职，是清代中期重要的宫廷画家之一。雍正六年，蒋廷锡出任文渊阁大学士。他是《古今图书集成》的总裁官，得一部书，除地位因素之外，也是酬其辛劳。蒋廷锡生病，雍正帝还派医生为之治疗。

鄂尔泰，满洲镶蓝旗人，西林觉罗氏，康熙朝举人。与田文镜、李卫同为雍正的心腹。雍正三年升任广西巡抚，次年调任云贵总督，兼辖广西。他提出改土归流的方针、措施，获得雍正帝的批准，强力推行，颇见成效，并推及湖南、四川实行。雍正六年他成为云贵广西总督，而后成为大学士、军机大臣。

岳钟琪，四川成都人，累官拜陕甘总督，屡平藏族叛变。年羹尧死后，岳钟琪出任川陕总督。鄂尔泰在云贵改土归流，有土司叛乱，岳钟琪奉雍正帝之命，出兵协助鄂尔泰平乱。雍正七年，岳钟琪任宁远大将军，统率西路军出征准噶尔。其地位之高，在督抚中与鄂尔泰差不多。能获得绵纸本的武将，也只有他们两个，凸显了他们的地位。雍正帝之所以这样做，是给正大有作为的鄂尔泰以荣宠，给即将大用的岳钟琪先行施恩。

励廷仪，康熙时任兵部右侍郎，雍正即位后他任刑部尚书多年，其父励杜讷为雍正帝皇子时期上书房的师傅之一。后来其属下满洲官员侍郎海寿升任尚书，按规定应超居其上，但雍正皇帝为表示对汉人官员励廷仪的重视，命他行走在前。

史贻直，雍正元年任内阁学士，次年升吏部侍郎。后来署理闽浙总督，升左都御史，协理西安巡抚，又升户、兵部尚书，乾隆间官至大学士。

田文镜，康熙二十二年（1683 年）为县丞，康熙五十六年（1717 年）内阁侍读学士，雍正二年任河南巡抚，极力推行耗羡归公、摊丁入亩、士民一体当差政策。他被雍正帝誉为“模范督抚”，死后葬入雍正泰陵附近，成为清西陵唯一一个陪葬的大臣。

孔毓询，康熙时任广西巡抚，雍正二年担任两广总督，雍正三年加兵部尚书衔，雍正五年调江南河道总督。

高其倬，汉军镶黄旗，康熙时任内阁学士，雍正朝担任云贵、闽浙、两江总督。雍正八年，为雍正帝选定泰陵陵址，授予一等轻车都尉。

李卫，康熙五十六年，花钱买了一个员外郎的官位，随后入朝为官，历经康熙、雍正、乾隆三朝。深受雍正皇帝赏识，历任户部郎中、云南盐驿道、布政使、浙江巡抚、浙江总督、兵部尚书、署理刑部尚书、直隶总督等职，为官清廉，不畏权贵，无论所任何职，在位时都能体察民间疾苦，深受百姓爱戴。雍正十年担任直隶总督，铁面无私，敢于弹劾朝中权贵的亲属。

杨文乾，汉军正白旗人，康熙时担任监生治理永定河。雍正时任河南布政使，后来升为广东巡抚。他秉公执法，不念私情，雍正六年患病，获得《古今图书集成》后不久病逝。

上面这些人都是高官，官职都在巡抚、侍郎以上，这是他们得书的一个基本条件，更重要的因素是他们是雍正的宠信。雍正帝以此表示对他们的宠信，希望他们更加忠诚办事；同时也暗示臣工，要以他们为表率，勤劳王事，争取获得皇帝的赏识。

此外，雍正还赐书给亲王，其中有怡亲王允祥、庄亲王允禄、果亲王允礼，他们是雍正帝最亲近的弟弟。允祥是雍正帝最最亲密的，雍正对他绝对放心。雍正帝待他也非比寻常，允祥死后令享太庙，谥号为“贤”，为了纪念他的功劳，下旨将其名“允祥”的“允”字改回“胤”字，这成为满清一代臣子中不避皇帝讳的唯一事例。

康亲王崇安的祖父杰书在康熙朝赫赫有名，为大将军，是讨平三藩之乱的功臣。崇安承袭爵位，出任都统，掌管宗人府。他是亲王又管理皇族的事务，这应该是他得到高等荣誉的缘由。

当时，允禩、允禟、允禵等人由于政治斗争，已经被打压下去，长兄允禔，仍然遵照康熙帝的旨意被圈禁，废太子允礽已经患病去世，所以他们没有获得赐书。允祥、允禄、允礼、崇安获得绵纸本，比得竹纸本的允祉、允祺高一等。诚亲王允祉是雍正帝的三哥，允祺是五弟。所以在康熙帝的头五个皇子中，雍正帝赐书给三兄、五弟，是出于礼貌，是向外界表示皇家的亲密无间。

此外雍正帝的皇子或幼弟当中也有人获得赐书，允祕是康熙帝第二十四子，是雍正最小的弟弟，雍正帝即位时，他才七岁，所以雍正帝对他特别爱护，雍正十一年（1733 年）封他为诚亲王。福慧阿哥、元寿阿哥（弘历）、天申阿哥（弘昼）是雍正的儿子。

赐书事务由允禄、允礼主持，表示这是皇帝的私人恩赐，被赏赐的有皇室亲王、皇子、朝内外的大臣，这些全都是与皇帝关系密切的人，而不是根据官爵大小得到的。对雍正帝来讲，受赐者基本上是他的亲信中的亲信，其中旗人和地方大员相对少一些，可能是因为他们文化功底不足。《古今图书集成》是我国现存古代最大的类书，雍正帝视其为巨大的学术工程，极其看重它。此书系康熙帝关注之作，理应供奉在寿皇殿。被赐予者视为极大的荣耀。而汉族文人则以得此赐书为莫大的荣耀。从受赏赐的人员名单当中，也可以看出雍正对人员的任用情况。

雍正末年的宠臣

雍正朝初年受宠信的人，后来有不少销声匿迹于政坛了，中期受宠信的人，有因病去世的，有不得力而失宠的，有因党争被打压的，还有违抗圣意而遭殃的，多数人从始至终都得到厚待。

雍正的顾命大臣为允禄、允礼、鄂尔泰、张廷玉四人。雍正帝的遗诏中说到了他们的优缺点："庄亲王忠诚善良，为人平和，又十分谨慎，只是有时候会显得懦弱，不敢承担责任，然而他谨慎的态度让他做事不会出错。果亲王秉性忠诚正直，很有才华和见识，是国家有用之才。"

庄亲王允禄，康熙帝第十六子，一生精数学，通乐律，曾教授弘历数学。雍正元年，庄亲王博果铎病卒，雍正帝指定允禄继承。于是有人说皇帝太过于偏爱允禄，对其他人不公平。雍正帝回应说，允禄本来就有资格获得王爵和财产，朕要想分封兄弟，办法多得很，何必采用过继的手段？他承袭了庄亲王后，对惠郡王府的堂兄弟很关照，关系处理得当，得到人们的一致称赞。后来他前后担任正蓝旗、镶白旗、正黄旗都统。乾隆元年，任总理事务大臣，兼管工部事务，食亲王双俸。雍正赐书，大大小小的事情都是由允禄、允礼来办理的，可以看出雍正很信任他们。

允礼是康熙帝第十七子，经常随从康熙帝巡幸塞外。小的时候跟随沈德潜学习，为人豁达识大体，不参与皇权之争，所以能够始终保全自己，又聪明持重，政绩斐然。他擅长书法和诗词创作，喜爱游历四方。雍正元年封果郡王，管理理藩院事；雍正十二年，允礼奉命前往锡泰宁（四川、云南边境处），护送达赖喇嘛返回西藏，并巡阅沿途诸省八旗兵和绿营兵，回京后，参与苗疆事务的处理。允礼在雍正朝的地位，在亲王中仅次于允祥，雍正帝曾说他“内心谦虚端庄，连李卫、田文镜这样的大臣都比不上他”。

雍正在遗诏中评价大学士鄂尔泰，说他“秉性忠贞，才能卓越，安抚百姓，平定边疆，是几世才出一个的名臣。朕可以保住他和张廷玉的忠贞永远也不会改变，将来他们两个人可以享太庙，当作是对他们的嘉奖”。鄂尔泰在艰难的环境下，成功地改土归流，难得地发挥了政治作用。他说云南出现卿云，是皇帝大孝的反映，为被舆论攻讦不讲人伦的雍正帝解围。他与田文镜一起大讲祥瑞，为巩固雍正王朝的政权做出了巨大的贡献。雍正帝将鄂尔泰视作不世出之人才，并不过分。

与鄂尔泰旗鼓相当的大学士张廷玉，字衡臣，安徽桐城人，生于康熙十一年，康熙三十九年进士，康熙四十三年奉旨值南书房。他是一位朔于曲章，工于文字的智匠，雍正对他的倚重是从参与机务和书写文字两方面来体现的。他的贡献首先是为雍正做了大量的文字工作，雍正的口谕、面询，都被敏捷准确地记录传达，是许多人做不到的。其次是军机处的规章全由张廷玉制定，对于设立军机处的制度立下了汗马功劳。有一次，张廷玉得了小病，没有去军机处。雍正就说：“朕四肢酸痛，要过几天才好。”听说“龙体欠安”，臣子们都向他询问，要他保重龙体，雍正笑着说：“张廷玉是朕的左膀右臂，他生病了，不就是朕四肢酸痛吗？”在允祥死后，鄂尔泰入阁以前，张廷玉在满汉朝臣中是最被雍正信任的人。张廷玉在政治上似乎并没有特别的建树，难得的是，他的文字功夫别人比不了。他配合皇帝勤劳办事，而且办得很好，很合雍正帝的心思。张廷玉替雍正处理了许多事务，确实是难得的人才，所以，雍正帝赐给他两部《古今图书集成》决不是偶然的。四位辅政大臣，都是雍正帝使用十几年的得心应手之人，是所谓简在帝心者。雍正帝生前用他们理政，身后让他们辅政，诚有识人、用人之明。 雍正弥留时，遗诏庄亲王允禄、果亲王允礼和大学士鄂尔泰、张廷玉四人辅助弘历。乾隆三年，允礼病放；乾隆四年，允禄被罢免议政大臣之职，唯有鄂尔泰、张廷玉并立于百官之首。此后，两位宠臣明争暗斗，形成了鄂、张两派政治集团，致使乾隆不得不对他们加以限制直到最后铲除。

早在雍正年间，鄂尔泰和张廷玉就分别构筑自己的营垒。两派势力迅速膨胀。雍正极力反对朋党，但晚年对自己眼皮底下出现的新朋党，采取了姑息的态度。他曾说："大学士鄂尔泰、张廷玉实我朝之贤大臣，联见伊两家后起人才蔚然可观，是以屡加留用，有甫经数年，而即至大贵考……"（见张廷玉《澄怀园主人自订年谱》）意思很明白，有意要扶植鄂、张两个家族，从中选取一批驯顺的奴才，以此树立榜样。雍正认为自己获此两位"贤哲为国家股肱心管"，实为幸事，特颁谕两位大臣配享太庙。

雍正七年，李卫被加封为兵部尚书、太子太傅。雍正十年五月，又被任命为署理刑部尚书。不久后李卫出任直隶总督。李卫于乾隆三年（1738 年）病逝，年五十一岁，乾隆帝命按总督例赐予祭葬，谥敏达。

在雍正帝晚年使用的臣工中，有几个新进者，在乾隆朝得到了大用。

海望，雍正元年由护军校授内务府员外郎，雍正二年赐戴孔雀翎，雍正四年晋郎中，雍正八年擢为总管内务府大臣，雍正九年迁户部左侍郎，授内大臣，雍正十一年受命与直隶总督李卫到浙江勘察海塘，海望等多所建议，雍正十三年北路军营振武将军傅尔丹犯事，奉命前往拿解。乾隆帝即位后，授户部尚书兼议政大臣，乾隆二十年卒。乾隆帝表彰他"老成敬慎，办事实心。宣力有年，勤劳懋著"，赐谥勤恪（《清史列传》卷十六）。

来保，康熙末任职一等侍卫，雍正元年授内务府总管，雍正三年因奏事不实被革职，雍正四年授三陵总管，雍正九年给二品衔往土尔扈特办事，雍正十二年差往喀尔喀车臣汗部办事。雍正十三年十月回京，乾隆帝即位任用其为内务府总管，署工部尚书，后来升任领侍卫内大臣、大学士，充方略馆正总裁，赐诗褒奖。

关爱臣工

说到关心臣工，雍正堪称模范。康熙政初，为了在意识形态领域里树立自己的权威，就大力发扬汉人的文化，宣传君臣大义。而雍正所遇到的问题却麻烦得多，君主专制早已深入人心，但是许多臣子对君主畏其势而不感其德，惧其威而鄙其行，与其离心离德。于是，雍正对君臣大义的宣传高于康熙，同时关爱臣工，让他们感恩戴德。

在雍正看来，无论是政风颓废，还是私相贿赂，根源都是官僚没有忠诚侍君的心，缺乏公而忘私之念。雍正说"诚"是君臣相处的基本准则，坦诚相待才是处理君臣关系的根本原则。雍正帝希望君臣赤诚相见，彼此建立深厚的友谊，他不仅仅摆出姿态、表示态度，而且还以实际行动展示对臣下的情谊，如表示祝愿、赏赐物品、关怀官员的身体状况及其家属，等等。

雍正帝往往会在臣工的请安折上批写"朕躬安，尔好吗"，有礼尚往来，互相问候的意思。雍正元年十二月十九日，雍正在富宁安的新年请安折上，雍正帝朱批："朕躬甚安，尔等可好？新年大喜！唯期尔等远在军营安然无恙，官兵欢愉，速告战捷，我君臣共贺，怡然相会。"他不但向臣下问候新年快乐，还向他们祝愿身体健康，早立战功，他甚至还顺带着向官兵和仆役问好。雍正十二年八月，他在定边大将军福彭的请安折上写道："朕躬甚安，尔等好吗？向蒙古王、大臣、官兵等告诉朕安，并告诉颁旨问众人好。"

都统苏丹在军营因潮气导致伤口复发而受尽痛苦。雍正表示非常心疼，经常关心他，并问他有没有痊愈，又说："尔之年岁已非如此奋勉之年龄，尔所做所想，朕实是赞许而同情，尔如此赤胆忠心，将无甚关系，必受苍天眷爱而好转。著好生调养身体，努力为朕多效力几年。"

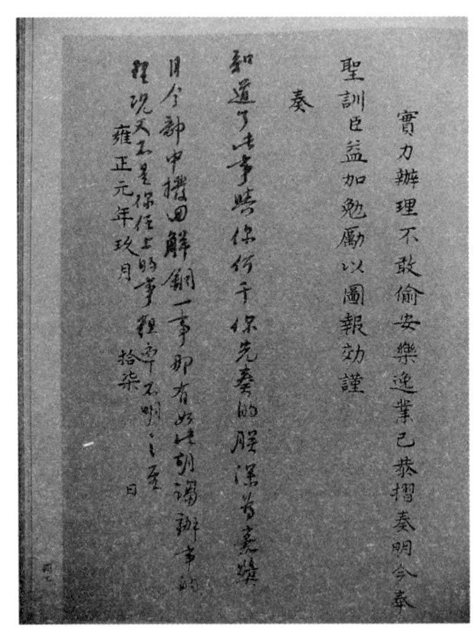

實力辦理不敢偷安樂逸業已恭摺奏明今奉
聖訓臣益加勉勵以圖報効謹
奏

雍正元年玖月拾柒日

雍正朱批

以上这些人，都是出征在外的将士，对内地的文官也同样如此。雍正曾在山西巡抚诺岷的请安折上写道："朕躬甚安。尔好吗？新年大喜！蒙天地神佛保佑，尔之合省雨水调匀，粮食大收，军民安乐，万事如意！"皇帝向大臣问好，已经是非同寻常之举，而竟然问及兵丁、夫役、民人，祝愿五谷丰登、平安欢乐、战事告捷，可见这个皇帝的性情是多么直率。

从君主的角度来说，他要对政敌施之以威，但在大多数情况下，尤其对于他所信任、依靠的大小官僚，他做的更多的是奖赏物品。翻开《朱批谕旨》可以看到他温愉慰问臣工病痛，或赐赠药物，或遣太医诊治，关切备至。雍正帝很节俭，送的一般都是一些小礼物，如吃食、荷包、自己写的字画等。他曾在两江总督查弼纳的请安折写道："送一匣清茶房干果与尔，怎比得上尔南省的果子呢？再，干羊肉朕食其味甚美，一并赏送于尔。"他在赏赐御膳房的点心，又打趣地说，可能比不上你那里的东西。

他还很关心官员的生活情况。浙江乍浦水师营副都统傅森好喝酒。雍正帝告诫他："若奉此旨后，仍不戒酒，则辜负朕恩，成为无用之辈，务必仰副朕仁爱之旨意。"劝勉他不要因酒误事，成为废人。靖边大将军傅尔丹、塔尔岱等十一人上请安折，雍正帝批示："朕的宝贝塔尔岱，尔今痊愈乎？慎养！"虽说是关心，但把将军称为"宝贝"，真是闻所未闻，也不嫌肉麻，不知道躺在病床上的塔尔岱听了之后，会有什么反应。

雍正帝得知西路军营内大臣顾鲁老母健在，就立即给她加恩，并让大臣等不时照顾。定边左副将军策凌之母于雍正十一年到京城，雍正帝就给她安排居住。次年初冬，雍正帝告诉策凌："你母亲身体很好，自到京城经大夫医治服药，腿病也好了一些，住在京城，甚为适宜，你不必为母亲过度担心，交付于朕。你只需一心一意拜请天佛之恩，勤理军务。"雍正帝关怀臣工及其家属的身体健康，目的是让大臣们无后顾之忧，能为皇帝多多效力，更好地尽其职责。不隐瞒这一点，倒展示了他率真的一面。

他经常在得知臣工生病后向臣工赏赐医药，如果臣下有病不报告皇帝求医，雍正帝反而会怪他不懂君臣一体的道理。雍正二年，云南布政使李卫咯血，雍正赐药物，奉批："谅系急于报效用心太过所致。"命李卫养好身体，不要勉强。

雍正三年，湖北巡抚纳齐哈患腹痛病，没有及时奏报，雍正帝说"闻后甚焦急，尔理应早奏，派遣良医，病愈后好生调养"，随即派大夫田玉带着药赶往武昌，又命他任职中书的儿子一起去照顾他。大夫为纳齐哈贴膏药，服用平安丸，又熬汤药医治，病情才慢慢好转。但是，雍正帝仍命他"好生养病，应忌之饮食，须听田玉之言，为养好身体，寻常政事放手让布政使、按察使办理"，并将皇上的旨意向司道官员宣布，令他们尽心协理政务。

雍正四年夏天，盛京将军噶尔弼患病，未曾报告皇帝。雍正帝后来得知，立即派遣医生前往医治，同时责怪他"有此等道理乎"？又责骂他的同事尹泰、富格、额尔钦不关心、不奏报噶尔弼的病情。

赏赐医药之后，雍正帝还细致叮嘱药品的服用方法，以便取得良好的疗效。雍正经常赐给臣下"有力又好"的金鸡丹，还详细说明，服法是隔二三日服一丸，并云此药是"很好的东西，朕亲服甚多。有益无损之药也"。

雍正帝对臣工的种种关爱行为，虚情假意和真情实意两种都有，然而无论真假，毕竟还是从形式上体现了皇帝对臣工的关怀，使臣工感激涕零，勤谨效力，收到治理的效果。雍正帝掌握得非常得体，展现了统治臣工手段的高明。

辱骂臣工

雍正帝性情率真，经常在奏折中说一些大白话，夸奖那些办事能力高的，教育那些有缺陷的，而对那些资质愚笨，容易犯错的臣工，他看着就不那么顺眼，动不动就责骂，或是讥讽嘲弄，情节比较轻的，就说“糊涂、无知、可厌”，严重的就骂“不是人、死人、狗”，甚至是骂爹骂娘之类的粗俗话都能说的出口。这些尖刻的言辞，通常不被人喜欢，也显得很不尊重，更何况雍正是帝王，为什么他会这么做呢?

责骂官员糊涂、无知，属于比较轻的，倒不是雍正对官员有意见，而是为了提醒被骂者，指出他们的错误，让他们努力学习。候补道沈近思在福建两年，闽浙总督满保却不用他，等到沈近思快要升为侍郎的时候，才向雍正奏请将他补放台湾道员，借以向沈近思卖人情。雍正帝很清楚他的心思，不留情面地揭穿了他：“甚是滑稽，沈近思调来已有两年，何以未用？沈近思已被朕补放为侍郎，尔若得悉，尔或许会笑。”雍正帝打定主意，要推行耗羡归公，这个时候四川布政使罗殷泰却向雍正建议取消火耗，简直是要和皇帝作对，面对这么愚蠢的大臣，雍正可能也懒得跟他费口舌，回答得很简单：“胡说至极，可笑至极！”并没有处分他，实在是罗殷泰的幸运。雍正七年十一月二十日，担任乍浦水师营副都统的傅森为了生息银两营运的方法发愁，就写了一封奏折。雍正帝见他连这么点儿事情都办不好，骂道：“糊涂的东西，向李卫、阿里衮请教以行。”

有的时候，大臣们把一些琐碎的事情也写进奏折，就难免遭到责骂了。雍正五年七月十六日，热河总管固颜为了发放官兵钱粮的事上奏，雍正朱批：“此乃报部之事，何需折奏，尔等空闲，无聊一奏，竟不顾朕日理万机，何有闲暇阅览无用之文，纯属一群不如畜牲之辈。”

雍正有时也会说一些俏皮话，挖苦官员，实际上是对官员的警告。雍正二年九月二十日，兵部右侍郎牛纽奏请修复张家湾堤坝。雍正帝认为他办事心思不纯，想在工程中贪赃受贿，故意说：“大买卖来了，偿还之份力图加倍索取。倘不足，朕再遣数名妥靠富人给尔。”明明是国家大事，雍正却说是大买卖来了，又说如果还不够你贪污的话，就再派几个有钱人过去，好让你满意。如果得到的是这样的回复，当事人可就得小心了，小心收敛着点儿吧，别真把皇帝给惹恼了。

雍正帝爱面子，并教育臣工不但要顾全自家脸面，因为是皇帝所用之人，代表的是皇帝的眼光，如果把事情办砸了，就等于是打皇帝的脸。副都统迈禄被提升为护军统领，上折谢恩。但之前所犯的错误这时被发现了，雍正帝就因为这件事骂他：“辜负朕恩，不要脸面。”雍正七年，前锋统领穆克登等人奏请修建学校。雍正帝认为他们只图收买人心，不办实事，于是指责道：“尔等此奏少无诚意，随口具奏，竟女人气，佯装好人之卑鄙之习，断难改悔，朕惊奇不已！”惊奇不已，言外之意也就是：“怎么会有你们这么不要脸的人？”

雍正喜欢骂官员不是人，是死人，是畜牲，允禩、允禟被改名为“阿其那”和“塞思黑”，据说就是狗和猪的意思。对于这种辱骂，粗鲁的武将可能还好受点，至于从小接受礼仪教育的文臣，真不知道他们是什么感受。雍正五年，在左都御史尹泰的几份奏折上写道：“尹泰，尔以前干什么来着，该死的老畜牲！与彼等同负人之恩，还是身罹其祸。尔若负朕恩，则天必诛之。”“放老狗屁。”“尔甚卑贱，负朕之恩，装作好人，取虚名。”“尔不是人，尔若再如此负朕起私心，不但天必诛殛，朕岂有罢休之理？”

兵部侍郎永福办事不积极，经常推延，多次挨骂，一次他在奏折上写出推延的原因，又一次领受了雍正帝的训斥：“不知羞耻，该死的牲口，若再不悔改，不慎重品行，仍负朕恩，尔自己斟酌着看罢，朕与尔亦无旨可降矣。”

雍正骂人时所用的言辞，都是一些俚语，有许多词语如“该死的”“牲口”

等一直沿用到今天，是什么能够让雍正丝毫不顾及帝王的形象，破口大骂的呢？有一种因素应当留意，那就是雍正帝是个感情丰富的人，情绪上来了，就控制不住。骂人的时候，他能够说出各种污秽不堪的词语，夸人的时候，说出的话简直让人起鸡皮疙瘩，足以证明他的性子有多直率了。

不过，更重要的原因，应当是雍正帝的“领主”观念。他把臣工看成是自己的奴才，所以才认为可以任意辱骂，恣意侮辱。满洲人臣下对皇帝称“奴才”，在满洲人的观念里是理所当然的，可能也是因为满人进入封建社会较晚的原因；一开始汉人也学着满人称奴才，后来不允许了，就还是照着汉人的习惯称“臣”。不仅普通大臣，就连亲王也自称“奴才”。如允祥、允禄于雍正二年七月二十七日奏报与皇子至木兰学习行围的事，“皇上若不为我众奴才而圣意有所顾虑，则我众奴才之福矣”。

随后的奏折又说“皇上特令我等众奴才以习之、悦之”。对奴才，主子就有管教、训斥的权利和义务。奴才办事不力，甚至出现错误、重大失误，主子自然要担负起惩罚者和教育者的角色。这当中使用的语言粗暴，不仅不是主子的修养不足，而是行使主人正当权利所需要的，这样才能吓唬住奴才，令其服服帖帖效力。

三纲五常是中国儒家伦理文化中的重要思想，最早源于孔子，儒教通过三纲五常的教化来维护社会的伦理道德、政治制度，在漫长的封建社会中起到了极为重要的作用。在汉人的传统观念里，“三纲五常”是整个社会的道德基础，长辈有教育晚辈的义务，父亲当众教训儿子，儿子不会有什么难堪，反而是家教好的表现。

《红楼梦》里写贾蓉向凤姐献殷勤，凤姐骂他：“别放你娘的屁！我的东西还没处撂呢，稀罕你们鬼鬼祟祟的。”长辈骂晚辈是理所当然的事。雍正帝也是以皇帝和父家长两重身份来对待臣工，所以责骂不算什么。

从商鞅变法以后，地主阶级与农民阶级形成，封建社会开始了，中国的封建社会实行的是地主制。地主与佃户是长幼关系，而并非主奴关系。在这种社会里，皇帝与臣民是君父与臣民关系，也不是主奴关系，因此历代皇帝大多待臣工以礼，留下了许多尊贤重仕的故事，例如刘备三顾茅庐留下佳话，对诸葛亮的尊敬程度非常高。在明代中后期，满洲人实行的是领主制，领主对属民近乎对待奴隶，人身控制程度很强，属人依附关系程度很高。主人甚至可以致死属人，责骂又算得了什么？地主制度和领主制度的区别在于政治基础不一样，领主制国家的政府对地方的约束力不强，所以实行的是分封制，除了首领之外，还有其他小头目帮着治理国家。而地主制国家实行的是中央集权制度，皇帝一人高高在上，由此产生的中央政府对两者的约束能力也不一样，在领主制国家中，领主只听命上级领主，而在地主制国家中，地主受控于君主。两者的相同点在于他们都是封建土地私有制的表现形式。清初，满族社会刚刚脱离领主制，仍保留了许多领主制下的习俗、观念和行为。因此皇帝拿臣工当作属人、属民对待。雍正帝对待臣工的辱骂和高高在上的主子态度，是领主观念与皇帝观念相结合的产物，保留了领主对待属人的态度。有个词语叫“狗奴才”，奴才的地位，和狗差不多，他谩骂臣工，也就不足为怪了。

乾隆即位后，对待臣下也是这种态度。雍正十三年，乾隆帝就在定边大将军福彭八月初三奏报动用官银补充军需盘缠的折子上，愤怒地写道：“不知廉耻，据此观之，又系一无用之辈。览尔之所奏，深知尔之下贱无知，唾弃而阅。”新君还没有多少权威，就开始辱骂大将军。

《南巡秘记补编》里说，乾隆对自己的江南巡游颇为自豪，有一次他偶入四库馆，和纪晓岚闲谈起天子巡狩的事情。纪晓岚是个书呆子，他对劳民伤财的南巡本来就看不惯，于是就把南巡贬得一无是处，话不投机半句多，乾隆认为纪晓岚是在借古讽今，有意诽谤自己，越听越火，纪晓岚话音刚落，乾隆立刻变色骂道：“你纪晓岚不过是个学士，跟养个娼优有什么两样？”乾隆把纪晓岚骂成是娼优妓女，也说明了大臣地位之低，和雍正朝没什么两样。

雍正帝用人不问出身，奖惩分明，驾驭有方。雍正帝用人的成功，是他高超理政能力的一种表现。他对臣工的有情与无情，反映出他确实是一个铁腕统治者，也是一位明君。而透过他的用人及臣工的作为，我们更能发现他在政治上的杰出作为，从用人这件事上，可以看见雍正帝的高超行政能力和历史功绩。但是在封建社会里，雍正把国家当成是自己的私有财产，而臣工只不过是他手里的工具罢了，他们之间的关系并不是对等的。

CHAPTER 第十七章 用人才技，不限成例 17

雍正帝曾说：“为治之道，首重得人。”皇帝的工作，第一就在于用人。他有不次擢拔的原则，常常用官位低下的小臣，有新进的，甚至还打破满汉之别，以得人办事为原则提拔人才。他的用人技巧是一种艺术，是他卓越政治才能的一种表现，而通过官员的行政实践，更体现出雍正王朝的辉煌业绩。

“第一宣力”之张廷玉

张廷玉（1672—1755年），字衡臣，号砚斋，安徽桐城人。康熙三十六年（1697年），二十六岁的张廷玉准备参加会试，但此时他的父亲张英担任主考官，为了避嫌，就没有去考试。两年以后，张英登上相位。第二年张廷玉考中进士，授为翰林院庶吉士，后来又担任刑部左侍郎。

雍正即位以后，就用他为礼部尚书，不久兼翰林院掌院学士并调任户部。雍正四年授文渊阁大学士，雍正五年晋文学殿大学士，雍正六年晋保和殿大学士。有些清史专家认为，张廷玉见宠于雍正，是因为他主持纂修《康熙实录》的时候，删去了很多对雍正不利的言论，包括篡逆夺权，逼死父母，等等。翻遍整个雍正朝的史书，都不见张廷玉的功绩。雍正一朝他所处理的政务只能找到两件：一是处理棚民问题，二是关于旌表寡妇守节的年限问题。《康熙实录》残缺不全，张廷玉作为此书的编纂人，却得到雍正的大加赞扬。这不是很奇怪吗？这种观点有一定的道理，但是仅凭篡改历史就想得到雍正和乾隆两位皇帝的宠信，死后还配享太庙，恐怕不会那么容易吧？

比张廷玉出彩的人比比皆是，可为什么只有他，能成为雍正最信赖的汉臣呢？仔细观察张廷玉的生平就会发现，他的功劳不在于处理某一件政务，而是贯穿着整个雍正王朝，他是一位工于文字的智匠，雍正对他的倚重是从书写文字和参与机务两方面来

文渊阁

体现的。

首先，他的主要贡献是为雍正做了大量的文字工作，雍正的谕旨，都能被他快速准确地记录下来，并传达出去，这是许多人做不到的。雍正好发谕旨，当面告诉朝廷大臣，记不准确，就不能很好地表达出他的意思。有时召见地方官，命他回去的时候顺路给地方官员转达旨意，经常发生未听清，或有所遗忘，传达得不合原意，雍正想过许多办法来纠正弊端。但是张廷玉起草的上谕，就能把雍正的意思完全表达出来，所以屡次获得赞扬。

其次，张廷玉对于设立军机处的制度发挥了很大的作用。军机处是西北用兵的产物，起初比较散乱，但张廷玉慢慢地将规章制度全部制定出来。身为大学士的张廷玉，兼管吏部、户部、翰林院、十几个修书馆的总裁，又任军机大臣，职务繁多，公务忙碌。雍正每天都要宣召他，有时一天达到几次甚至十几次，都习以为常了。每天要处理的文件达到一百多件，就连坐在轿子里都要草拟文书。雍正有个习惯，“今日事今日毕”，绝对不会拖到第二天。张廷玉为了处理完政务，一直要忙到深夜，甚至凌晨才能睡觉，大半夜突然有了什么想法，就披上衣服起来，改定稿件，黎明就拿进宫去给雍正看。

雍正曾说，张廷玉所写的上谕，“悉能详达朕意，训示臣民，其功甚巨”。在他的眼里，张廷玉最大的功劳是书写文字。军机大臣只是负责记录文字，有时也接受皇帝的询问，最多相当于一个书记长或者参谋长，重大的决定都是由皇帝做出来的，军机大臣也就谈不上居功甚伟了。

在允祥死后，鄂尔泰入阁以前，张廷玉是在朝臣中最得雍正信任的人。

同时，张廷玉也是一位出色的官僚，他能恰到好处地完成人君交给的种种职务，这与他的为官之道有很大的关系。他奉行“缄默”，做事从不张扬，把君主的意志当作自己的意志，成功了就把功劳让给主子，失败了主动揽责任，这与雍正的要求完全一致。他相信命运，说人生有定数，常常见皇帝想用的人，在最初都不得志，但总会获得荣宠。所以，他从不敢大意，老老实实地当奴才。

雍正给张廷玉极高的酬劳，雍正八年，赏银二万两，张廷玉谢绝了，雍正说："汝非大臣中第一宣力者乎！"令其领赐勿谦。雍正十一年，张廷玉回乡祭祖，雍正赐他玉如意，对他说："希望你此行事事如意。"《古今图书集成》印了六十四部，只有张廷玉一人获赐两部。雍正九年又御书"赞猷硕辅"四个字，制成龙匾赐他。

虽然雍正说要对满汉一视同仁，只看才能高低。可是他又对臣下说过：同样是人才，肯定先用皇室的，然后用满人，再用汉军，最后才是汉人，满汉就是有区别的。张廷玉虽然地位很高，但是身为满人的鄂尔泰一入阁就当上了首辅，爬到了他的上方，所以说雍正依然执行清朝传统的依靠满洲团结汉人的用人方针，但是他比较重视才能，给某些汉人以较高的地位和特殊的荣誉，有利于这些汉人发挥政治作用。

雍正弥留时，命张廷玉和庄亲王允禄、果亲王允礼、大学士鄂尔泰四人辅助弘历，又留下了令鄂尔泰、张廷玉配享太庙的遗诏。乾隆即位以后，允禄和允礼相继退出朝政，只有鄂尔泰、张廷玉并立于百官之首。此后，两位宠臣明争暗斗，形成了鄂、张两派政治集团，致使乾隆不得不对他们加以限制直到最后铲除。乾隆皇帝曾罢免张廷玉配享太庙的殊荣，但在张廷玉离世后，仍谨遵遗诏，配享太庙。在整个清朝配享太庙的十二名异姓大臣中，张廷玉是唯一的汉人。

鄂尔泰

鄂尔泰（1677—1745 年），西林觉罗氏，字毅庵，满洲镶蓝旗人。康熙三十八年举人，到了康熙五十五年（1716 年）才担任内务府员外郎，一直到康熙去世也没有大的起色。康熙六十年，他四十二岁，自我叹息道："揽镜人将老，开门草未生。"意思是，拿起镜子来，才看见自己已经快要老了，却还没有做出成绩来，就像门口稀稀落落的杂草一样。后来更是写道："看来四十犹如此，便到百年已可知。”可以看出他当时是多么失落。

当时的雍亲王慕名而来，想拉拢鄂尔泰，让他为自己办事，但是鄂尔泰说“皇子不可结交外臣”。虽然遭到拒绝，但是雍正反而从这件事看出鄂尔泰刚正不阿，是个忠臣。即位以后，雍正为了这件事再次召见他，赞赏地说：“你只是一个微末的郎官，却敢拒绝皇子，可见你能够奉公守法，现今让你做大臣，就不用担心别人来贿赂你了。”雍正元年正月命他为云南乡试副主考，当时科场上盛行作弊。鄂尔泰到任以后张贴告示，禁止贿赂。胆敢违抗的，立即戴上枷具，绑在乡馆前。考生许某学业优异，因为没有行贿，得罪了考官，考官就把他的考卷丢进废纸堆里了。鄂尔泰得知以后，搜查出考卷，然后把许某列为第一名。五月提升为江苏布政使，他针对时弊颁布了一系列条例，如禁止赌博等，当地人见到之后，再也不敢犯法了。因为他的卓越政绩，雍正称他为“天下第一布政”。雍正能够不计前嫌，也体现了他的大度。

雍正三年九月，江苏布政使鄂尔泰接到谕旨，提升为广西巡抚，还没出发，竟又收到了雍正派他出任云南巡抚，兼管云南、贵州、广西三省的诣旨，他感激涕零，不顾身体有病，坚持立刻上路赴任。雍正特地赐了他一乘御轿，让他坐着轿子赴任。鄂尔泰心情大好，在途中很快就恢复了健康。他不断上奏汇报自己的身体情况，表达感激之情。

鄂尔泰在政治上颇有建树。著名的西南改土归流的政策就是在鄂尔泰的倡议和积极推行下得以实施的。他适时地摆出了改土归流的目标、方针、措施，获得了雍正的批推。雍正欣赏鄂尔泰的才识，说他考虑事情的时候目光长远。所以好几次遇到重大问题，尤其是用人的时候常常与他商量。

鄂尔泰认为国家设官职，出发点是为办事，不是为了养闲人。他珍惜人才，在改土归流的事业中，他把哈元生从低阶官兵中提升出来，在众人之中选取了张广泗。他让哈元生发挥勇敢的特性，改掉了残忍的毛病；鼓励张广泗利用其宽阔的胸襟，改掉做事烦琐的毛病。后来这两员大将均为西南的改土归流立下了汗马功劳。雍正对他识人用人的理论表示很赞同，说他的见识远远超过一般人。

雍正为了贯彻革新政治的总目标，希望有一个振作有为的官僚队伍去执行他的政策。读史研究者们认为，鄂尔泰在某些方面非常像雍正。鄂尔泰人到中年才得到重用，雍正也是中年才登基。雍正对鄂尔泰褒奖有加，君臣际合。雍正四年，皇帝为鄂尔泰做主，将他哥哥的女儿许配给允祥的儿子弘皎，并说他最信任的人就是允祥和鄂尔泰。在鄂尔泰经略西南期间，雍正命为其在京建设官阳，在建筑过程中发现质量不好，就让督办官员重新建造。并亲自书写了“公忠沼亮”的匾额挂在新房里。

雍正喜欢搞祥瑞，鄂尔泰首屈一指，就算是因此被人讥讽，他仍然继续呈报祥瑞，对讥讽他的人，他不但不记仇，反而嘉奖，并且向雍正举荐。可见他本人并不相信这些荒诞不羁的祥瑞之说，他之所以积极呈报，是为了在政治斗争中支持雍正。鄂尔泰报“卿云”时，曾静投书案发生不久。曾静指责雍正帝是谋父、逼母、弑兄、屠弟大逆不孝的人，而古来传说，“卿云”现是天子孝的表现，鄂尔泰在报卿云时，特意说是“皇上大孝格天”所致的庥征，歌颂雍正帝是大孝子，道德上没有缺陷。他不惜毁坏自己的名誉，假造祥瑞，为在政治上支持雍正帝，可见他的忠君之心。

雍正十三年，贵州改土归流地区土民叛乱，雍正帝因为这个原因，说他经营不善，削伯爵。但等到雍正帝死后，鄂尔泰又出任总理事务大臣，乾隆年间，除大学士职务之外，他又兼任军机大臣、领侍卫内大臣、议政大臣等职位。这可能是帝王的老把戏，先将老臣贬黜，等新皇登基以后再起用，让他们对新皇感恩戴德。

贤良祠内景

在乾隆朝，鄂尔泰和另一位大臣张廷玉分别形成了自己的势力集团，结党营私，触犯了乾隆。1745 年病逝，享年六十六岁，乾隆帝亲临丧所致祭，谥文端，配享太庙，入祀京师贤良祠。十一年之后，即乾隆二十年，因其侄鄂昌与门生胡中藻之狱，被撤出贤良祠。胡中藻是江西新建人，号坚磨生，乾隆元年进士，官至内阁学士，为首辅鄂尔泰的门生。鄂尔泰与大学士张廷玉有隙，各立朋党，互相倾轧，为乾隆帝所讨厌。乾隆帝又恶胡中藻为鄂尔泰党羽，可见，他是借机打击鄂尔泰的党派。

重用田文镜

田文镜（1662—1732 年），汉军正黄旗人，字抑光，监生出身，康熙末年任侍读学士，雍正朝授兵部尚书衔，兼河东（河南、山东）总督。雍正十年（1732 年）十一月十五日病逝于河南，死后葬入雍正泰陵附近，成为清西陵唯一一个陪葬的大臣。雍正评论他："老成历练，才守兼优，自简任督抚以来，府库不多，仓储充足，察吏安民。惩贪陈弊，鲜竭心志，不辞劳苦，不避嫌怨，庶务俱举，四境肃然。"雍正的这几句话很好地概括了田文镜的一生。

田文镜生于康熙元年，但一直到康熙死去，都没有大的作为，最多只是担任一些类似于监察御史、刑部郎中、内阁侍讲等无关紧要的职位。雍正即位时，田文镜已经六十一岁了。有人说田文镜是雍正的"藩邸旧人"，但是雍正在康熙三十八年才受封为贝勒，才开始封有田粮，那时田文镜早已经当官了，也就不可能成为雍正的人了。

雍正能重视他完全是出于偶然。雍正元年，田文镜奉命去华山祭告，路过山西，正值该省灾荒。年羹尧上奏请求赈灾，但山西巡抚德音谎称收成好，无须赈济。雍正就向田文镜咨询，田文镜将一路所见的情景全部汇报，田文镜破除了官官相护，瞒上不瞒下的官场陋习，忠诚直言，得到雍正的欣赏。雍正罢免了德音，派田文镜前往山西赈济灾民。田文镜受到这样的信任，尽心尽力办理赈灾事物，清理积牍，剔除宿弊，吏治为一新，可以说是圆满完成任务，自此就更受到雍正的信任了。

雍正刚刚登基的时候，朝廷吏治百弊丛生。雍正命田文镜出任河南布政使，八个月后署理巡抚，十二个月后正式担任巡抚。他在河南大力推行新政，成为雍正最强有力的下属。为了清理亏空，他将挪欠钱粮的官员全部汇集在省城开封，一个个严加审讯。查明之后让他们变卖财产弥补，还告诫被参各官“早完亏空，以保性命”，当年就补足了布政司库的亏空。他与前任石文焯在河南最早实行耗羡归公，使河南在耗羡降低的情况下，库藏不断增加。他最早推实行养廉银制度，以身作则，谢绝一切节礼馈赠。惩治不法绅衿，平均赋役。

在封建社会里，人们的出身，会成为影响人们前途的重要因素，这一点田文镜毫无优势可谈。他并非科甲之人，也没有显赫的家室，完全靠雍正的赏识，才飞黄腾达。所以，他对雍正充满了感激，竭尽全力推行新政，就算是得罪人也继续执行。他处处走在别人的前面，达到了雍正想要看到的效果，所以雍正称他是“模范督抚”。

田文镜的幕僚邬思道也是一个传奇性的人物。邬思道，字王露，绍兴人，家境贫寒。邬思道自幼好读书，科举不得意，当时的巡抚田文镜慕名聘请邬先生入幕，承办一件棘手的案件。经过邬思道的指点，案子顺利通过，这样渐渐取得田文镜的信任。后来，邬思道又为他策划起草了一篇奏折，参劾当时位高权重的隆科多，雍正皇帝正苦于无从下手，见到奏折，对田文镜就更宠信了。田文镜对读书人很傲慢无礼，可对邬先生却言听计从，十分恭敬。传说后来田、邬二人发生了争执，邬一气之下走了。“自此文镜奏事，辄不当上意，数被谴责。”田文镜只好又重金聘回邬思道，并向他赔礼道歉。雍正帝也曾在给田文镜奏折写“朕安好，邬先生安否？”

田文镜办事认真，铁面无私，事无巨细均亲力亲为，为官也很清廉，做了近十年的封疆大吏，家境却还是极为贫寒，但他同时也是一位极具争议的人物。

田文镜为政极其严苛，自称“诫贪若浼，疾恶如仇”。他参劾了许多官员，仅雍正二年至四年，就参劾了二十二人。得罪了大批科甲出身的官员。雍正四年发生了李、田互参案。田文镜因为得罪了大批的科甲人成了众矢之的，屡遭攻击和议论。他也因此背上了“酷吏”的名声。

雍正年间大谈祥瑞，田文镜是最积极的人之一，对老百姓的死活却不管不顾。雍正八年河南水灾，田文镜不但不报灾，反而说人民自给自足，生活得很好，严厉催促他们交税。灾民被迫逃往湖北，结果湖北的总督迈柱把灾民都送回原籍，并向雍正报告，此时田文镜仍然狡辩。第二年春天，逃走的灾民更多了，他们四处乞讨，甚至把孩子卖给别人换得口粮，到后来被逼强行勒索富人，要求借贷。雍正最后还是知道了这些事，于是派刑部侍郎王国栋前往湖南办理赈灾的事务，同时缉捕土匪和盗贼，但嘴还硬着，给田文镜撑腰，说:“他是尽心办实事的大臣，一定不会漠视百姓受难的，可能是年老多病，处理政事的时候，没有那么多的精力，被属员给骗了。”把责任都推给他的下属，又责骂那些参奏田文镜的人，说他们是摇唇鼓舌，不准议论。

综合来说，田文镜有这样几个特点：一、勤政，并以身作则；二、廉洁，不贪墨；三、行事严苛。他能够很好地迎合主子，办了很多实事，革新了官场的风气，但也因为严苛受到人们的口诛笔伐。

李 卫

在雍正一朝，能与鄂尔泰、田文镜齐名的“模范督抚”只有李卫。雍正对这三位宠臣十分爱惜，难分上下。一天，他召见大臣尹继善，问他在三人中应向谁学习。尹继善说：“李卫，臣学习他的勇敢，不学他粗鄙的一面；田文镜，臣学习他的勤奋，但不学他严苛的一面；鄂尔泰的好处很多，但也不能学习他刚愎自负的一面。”从尹继善的话里可以看出，三个人都有不足的一面。

康熙二十六年正月初一（1687 年 2 月 2 日），李卫出生于江苏丰县一户家境比较富裕的人家。康熙五十六年（1717 年），李卫出钱买了一个员外郎的职位，随后任兵部员外郎一职。康熙五十八年，李卫任户部郎中一职。雍正帝即位后，便立即任命李卫为直隶驿传道。当时有一个亲王在户部管事，每收钱粮一千两，加收平余十两，李卫劝他不要收，但是亲王哪里会把他放在眼里，不听他的话，继续收钱。李卫就搬来了一个柜子，专门存放平余银，然后在外面写着“某王赢余”，置于廊下，把亲王搞得非常难堪，只好灰溜溜地停止加收。因为这件事，他得到怡亲王允祥的赏识，被推荐给雍正。李卫到达云南后，连呈三折，把沿途所见的吏治弊端一一上奏，随后又针对弊端进行了改革。他清理前两任的积欠十一万余两，成绩斐然，博得了雍正的喝彩之声。

有人参奏李卫，说他已经离开浙江的职位，但仍然干预浙江的政事，雍正在奏折上批道：“李卫粗俗狂妄，尽人皆知，你又何必跟他计较。朕用他是因为他廉洁奉公，做事勇敢，能够扫除因循苟且的颓废风气，除此之外，他毛病多得很。”雍正称赞李卫敢于做事，能把握得住大义，但是也批评他不注意小节，雍正让他能够发挥才能，也注意对他的教育。

李卫的业绩很多，概括一下大约有：管理盐务、清查亏空、修筑海塘、缉捕盗贼等。

纵览李卫的任职经历，不难发现，其长期主管或兼管一方的盐政工作。早在雍正即位的第一年，李卫便被任命为云南盐驿道，一年后升任布政使但仍兼管盐务工作。两年之后，已经任职浙江巡抚的李卫又被命令兼任两浙盐政使的要职，由此说明，李卫在管理盐政、缉查私盐方面，是很在行的。

清代划分十几个盐区，浙江盐区是其中之一，清代体制僵化，在浙盐区靠近两淮盐区的地方，不能买就近便宜的两淮之盐，只能吃价高的浙盐，因此导致盐贩子盛行。李卫加强缉私队伍力量，重点打击具有强大组织的大盐枭。面对私盐泛滥的情况，李卫提出严查走私，保障官盐。李卫上奏请求关防派兵，户部不准，李卫再以实际需要呈请，户部还是不准，雍正认为这是李卫性情太直导致的，就命户部颁发给他。后来有人拿这件事情取笑他，在给他的题本上写“该盐政”，而不称他“督抚”，雍正知道以后，下令查问，原来是司官张复故意这样写的，雍正就把他给革职查办了，由此可见，雍正对李卫的保护是非常有力的。

缉盗是李卫的特长，江浙秩序比较混乱，但是经过李卫几年的治理，东南再也没有盗贼敢那么猖獗了。江浙两省存在许多反清势力，一直是清廷的隐患，李卫上任以后，侦破了以甘凤池为首的反清复明势力。李卫对浙江的治理，大得雍正的赏识，降旨要李卫和田文镜分别将各自做官的经验编撰成书，题名“钦颁州县事宜”，由雍正颁发给各地官员学习。

李卫与田文镜都是朝廷重臣，但文人对李卫更有好感。田文镜因为参奏太多，落得个糟践读书人的坏名声，虽然斗倒了李绂，但是连累了太多人，文人对他就更没有什么好印象了。李卫则不同，虽然他大字不识几个，但他很尊重读书人，也能用机智赢得读书人的尊重。师爷等人代他起草公文奏章，要读给他听，有不合意的地方，他就口述修改，往往能一语中的，对此大家非常佩服。他还曾出钱修过浙江通志，建过书院，给在读士子以丰厚的膏火钱。

在雍正年间，因多起文字狱牵涉浙江人，雍正一怒之下停止浙江士人参加科举考试。为尽早恢复乡会试，时任浙江督抚的李卫便经常深入下层，做出了很多努力。过了一年，当观风整俗使王国栋来到浙江以后，见浙江人能够感恩悔过。就和李卫一起上奏朝廷，替浙江文士说了许多好话。雍正就下令恢复了浙江文士的乡会试。第二年殿试的状元、榜眼、探花都被浙江人取得，因此文人对李卫的印象都很好。

李卫性格豪放粗疏，又喜欢招摇，缺乏修养。由于李卫恃才傲物，粗鲁无礼，几乎每做成一件事，都要带来副效应，得罪了许多人。最使雍正恼火的是这个大老粗，竟然也学会陋习，还曾为当地吕留良赠送匾额，结果后来吕留良沾上了文字狱，李卫差点儿因此遭殃。

雍正对李卫的教育从来没有间断。打开《朱批谕旨》中的《李卫奏折》可以翻到很多。雍正曾经多次告诫他“谦厚待人，不要盛气凌人，要学会涵养”，雍正十二年四月二十八日，雍正在李卫的奏折上批道：“有人在朕面前批评你，说你任性使气，动不动就骂人。”接着又开导他：“劝诫的话，朕不知道说了多少了，大丈夫立身行事，在小节上都做不好，哪里还能做得好大事呢？以后你应当尽力改过，经常检视自身，改掉那些坏习惯。”

李卫虽然体格魁梧，但身体不好，曾数次咯血，还有胃病。最终于乾隆三年十月二十二日（1738 年 12 月 3 日），李卫因病去世，年五十一，乾隆帝命按总督例赐予祭葬，谥敏达。

CHAPTER

第十八章 18

野史中的雍正

曾静在雍正六年派弟子张熙游说岳钟琪谋反，并详述了雍正的十大罪状：谋父、逼母、弑兄屠弟、贪财、好杀、酗酒、淫色、怀疑、诛忠、好谀。在案发以后，雍正亲自驳斥“十大罪状”，并一一进行辩解，合成《大义觉迷录》一书，意在止谤。讽刺的是，结果适得其反，日后野史的依据多来自此书。

野史中的暴君

雍正即位第一天起就面对着亿万众生怀疑的眼光，围绕着他的争议从来没有停歇过。涉及雍正的野史，主要有燕北老人编写的《满清十三朝宫闱秘史》、柴萼的《梵天庐丛录》、蔡东藩的《清史演义》、孙剑秋的《吕四娘演义》和《血滴子》等，塑造了一个颇具神秘色彩的暴君形象。其中的内容虽然荒诞不经，却能引起广大群众的热烈讨论，并乐此不疲。

关于雍正的生父，《满清十三朝宫闱秘史》说康熙某天见到了卫某的爱妾，喜欢上了她，就召入宫中，六个月以后生出了雍正，声称雍正是卫某的血脉。可是后面的章节又说：胤禛之母，先私于（年）羹尧，入宫八月，而生世宗。前面说雍正的生父是卫某，后面竟然又说是年羹尧，就使读者糊涂了，搞不清作者到底要说什么。

先说年羹尧，他生于康熙十八年，而雍正生于康熙十七年，两人年龄仅仅相差一岁，说雍正是年羹尧的儿子，简直是开玩笑。燕北老人又说卫某后来成了御前侍卫，也就是无名下人，无法考证，无法证明就是雍正的父亲。

书中又说雍正小的时候就是个无赖，遭到康熙的厌恶，被赶出宫去。他漂流江湖，交结了一大帮剑客力士，就和他们结拜兄弟，总共十三人，其中年龄最大的是一个和尚。这个和尚有极为高超的武艺，骁勇绝伦，他们又研制出了杀人利器“血滴子”，雍正也练就了一身绝技。

还有一些作品则把他描写成一个和强盗结交的商人。在古代，士农工商，商人最低贱。代表作品是柴萼所著《梵天庐丛录》书中说雍正做皇子时不务正业，外出经商。在苏州贩卖丝绸时，遇见了青浦巨盗黄鱼大王金子良，金子良对他有一饭之恩。雍正登基后，金子良被李卫逮捕，雍正念在往日的情分上放了他。

雍正平生只去过一次江南，还是在康熙南巡的时候一起去的，皇室规矩甚严，他不可能以贝勒、亲王的身份去做买卖，这种传言可能是根据他派人到江浙贸易编撰的。据马士著的《东印度公司对华贸易编年史（1635—1834年）》记载，英国东印度公司曾在1702年（康熙四十一年）派遣喀恰浦到中国定海经商，但喀恰浦将货物准备就绪后，遇到了麻烦，原因是皇帝的次子和皇帝的第四子已分别派出了自己的商人，“他们虽然各有自己的打算，但连成一气，以至于我们前往的商人深感畏惧，而不敢出面交易”。

雍正继位的情景，在野史中也被描述得更加扑朔迷离了。燕北老人说，康熙晚年病于畅春园，雍正得知消息后，偕剑客返回，当他得知康熙已草拟遗诏，就遣剑客越高墙盗得诏书，见遗诏中有云：“传位十四太子。”心生一计，将“十”字改为“于”字，藏在身边。他将心腹布置在宫门外，不许外人进来，自己入宫看望康熙。康熙皇帝宣召十四皇子，半晌无人至前，忽然看见雍正，立即明白他是来篡位的，勃然大怒，就抓起身边的一串念珠朝他丢了过去。雍正乘机捡起念珠，跪下谢恩：“感谢父皇将皇位传授给我。”康熙就被活活气死了。这个说法，在中国民间一度成为定论。

雍正喜欢使用眼线，监察大臣们的行为，《啸亭杂录》上有一则故事，说了当时的情景。

大臣王云锦，晚上的时候和家人玩叶子牌，忽然丢了一片叶子，怎么也找不到。第二天，雍正问他昨天在家做了什么事，王云锦如实回答。雍正称赞了他，说他能够对皇帝坦诚相待，接着就见雍正从袖子里拿出张牌来，丢给了他。

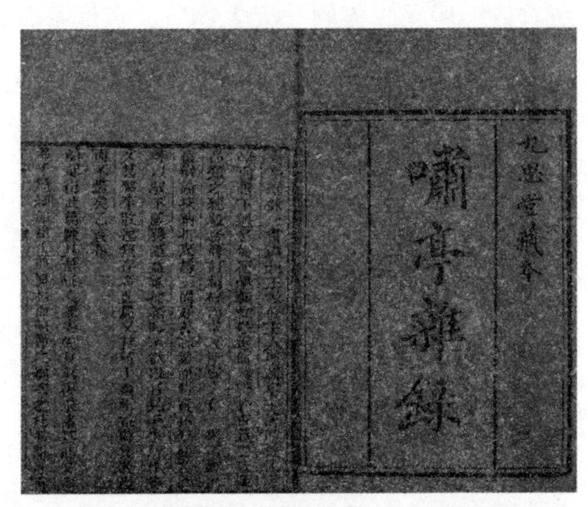
嘯亭雜錄

《啸亭杂录》

《郎潜纪闻三笔》记载：周

人骥是雍正年间的进士，他被朝廷以礼部主事的身份派到四川，三年期满，收拾东西准备回京，临行的时候，他的仆人却先来跟他辞行。周人骥问他为什么急着要走，那人回答："我是皇帝派来监视你的，几年以来见你勤勤恳恳，非常忠心，可以回去述职了。"

《满清外史》中，还有一段故事：这里说的是一个姓蓝的小吏，快到过年的时候，同行们都回家去了，只有他一个人留下来当班。一个人横竖无事，就弄了壶酒自斟自饮。这时候一个身材高大的男人走了进来，穿的衣服非常华丽，看着像个大人物，他就急忙小心地迎上前去，请来人喝酒。来人欣然入座，一边喝一边问："你是什么官？"小吏回答："不是官，只是个供事，平日在府里打杂。"对方又问："别人都回家了，你怎么一个人待在这里？"小吏回答："正因为别人都走了，我才得留下来，不然有什么事情要办的话就会耽误了。"对方又问他："有没有什么志向呢？"小吏回答："最好能当上一个河泊所，那就太美了。"对方不明白："当个管理河泊的小官，这有什么意思？"他回答说："官虽然小，可是送礼的人多。"来人哈哈大笑，起身离去了。

第二天上朝，皇帝就问大臣："听说广东有河泊所官，是真的吗？"大臣就回答说是。雍正又问："内阁里是不是有个姓蓝的供事？"大臣说是，心里很奇怪，皇帝怎么会知道这么个小人物？雍正说："就任命蓝供事为广东河泊所官。"原来昨夜的"大人物"，竟然是雍正的密探。

在民国初期的诸多清代历史小说中，雍正被刻画成武艺高强的阴谋家，暗地里组建了一个特务组织"粘杆处"，培养了一批死士，使用一种名为"血滴子"的杀人利器，能取敌人的首级于千里之外。粘杆处听起来更像是一个服务组织，据说，雍正喜静畏暑，雍王府长有一些高大的树木，每逢盛夏初秋，枝叶中有许多鸣蝉聒噪，雍正就命手下用长杆捕蝉。后来"粘杆处"吸纳了许多江湖人士，逐渐变成了暗杀组织，雍正也把政敌像蝉、蜻蜓一样撒网捕捉，加以控制。传说允禩、允禟等人就是被"粘杆处"里的杀手杀死的。在雍和宫曾经有一条专供特务人员秘密来往的通道，乾隆即位以后为了掩盖其父留下的黑暗手段，将密道全部堵死，改雍和宫为喇嘛庙。直到乾隆死后“粘杆处”的特务活动才逐渐废弛。

辛亥革命推翻了清政府，取消了帝制，人们敢于谈论这些了，就有人为了迎合大众的口味，根据传闻，专门编撰了皇宫里的故事。然而皇宫大内里的事情本来就很隐秘，事情的本来面目难以得知，在传闻的过程中，离真相就越来越远了。关于雍正的传闻，只可以当作娱乐，而不可以视作史实。

服用仙丹致死说

在中国古代帝王中，迷恋“不老药”的皇帝很多，最著名的就是秦始皇海外求仙丹的故事了。但是这些人都无一例外地失败了，有的人吃了“仙丹”以后，不但没有成仙，反而损害了自己的身体。有些皇帝不听劝阻，在已经感到不舒服的情况下仍然继续服食仙丹，最后导致中毒身亡。雍正皇帝也是一位特别迷恋丹药的皇帝，于是人们根据这些，猜想雍正也可能是服食丹药，中毒死亡的。

雍正在当皇子的时候，就喜欢寻佛问道，对炼丹也有浓厚的兴趣，那时的主要目的是韬光养晦，说明自己不谋求皇位，保护自己。他还写过一首名为《烧丹》的诗：“铅砂和药物，松柏绕云坛。炉运阴阳火，功兼内外丹。”等他当了皇帝以后，这个爱好也就一直延续了下来。与其他皇帝一样，雍正也想着长生不老，于是开始服用丹药。

在雍正七年冬天的时候，雍正皇帝得了一场大病，病得很重。很有可能从那个时候雍正就得了心病，他害怕死去，于是下令遍访天下名医，搜寻知名道士。渐渐地，雍正皇帝迷恋炼丹直到疯狂的地步，甚至于“炼丹炉一点上火，就此没有熄过”。

从雍正写的诗中可以知道，他最初服用的丹药，含有铅砂和其他药物，具体是什么，倒不是很清楚，甚至有人说道士在这个丹药里除有通常的铅砂、硫黄、水银等天然矿物材料外，还加了春药。目的是让皇帝服了以后，要有神清气爽的感觉。

这时浙江总督李卫向雍正皇帝折奏，举荐了道士贾士芳，说此人被称为“神仙”。贾士芳原来是北京白云观的一个道士，因不守规矩而被除名。在北京待不下去了，他就流落到了河南，变成了术士，被李卫发现后就推荐给了皇上。

清代袁枚《子不语》记载：“贾士芳，河南人，小的时候有点儿痴呆。因为已经有了一个读书的兄长，所以就让贾士芳耕田。他总是念念叨叨的，想要飞到天上去，嵇文敏公总督河道的时候，贾经常在他的署衙中，人们都很崇奉他。如果有人不尊敬他的话，他就一定会把那个人拉到没人的偏僻地方，然后把一些奇谈怪闻说给他听，等到那人佩服了才罢休。有时候也问别人，‘你怕鬼吗？’说怕的话就没什么事，如果说不怕，当天夜里就肯定有奇形怪状的东西到你房间里面闹腾。”

贾士芳开始给雍正帝治病，大显身手，疗效甚高。雍正十分高兴。贾士芳一夜之间身价倍增。皇帝一开始很信任他，可是没想到两个月后，贾士芳竟以蛊毒魇魅之罪下狱问斩。据说死后还阴魂不散，在宫内作祟，雍正九年命龙虎山一派道士娄近垣作法驱除，八月八日制成木符数块，安放于养心殿及乾清宫，作为驱鬼除邪法宝之一。

《雍正起居注》载，雍正九年正月二十四日，皇帝说：“去年朕身体不好，贾士芳逞能使用邪术，却假借治病为名。朕觉察到这个人的奸邪，立刻就把他诛杀了，但是他的阴魂不散，一个多月也没能消除。后来有人为朕设坛作法，撒上符水，才解除了余邪，朕也感觉好了很多。” 由此可见贾世芳是被明正典刑处死的，死后阴魂不散，害得雍正要另找道士作法。雍正与佛教关系密切，和道教也大有瓜葛，总而言之是一个比较迷信的人。

个中原因，有人猜测贾士芳应该多少有点功力，但又非常有限。他初进宫时，雍正对他期望很高，可能有些疗效。后来效果不好，以装神弄鬼欺骗皇帝，被雍正帝识破，要了他的性命。贾道士未卜自家生死，当然算不得什么异人。

雍正皇帝虽然砍了贾士芳的头，但不会因此失去对道士的信任。据清宫档案记载，从 1730 年生病到五年之后死去，雍正皇帝参与道教活动一直十分频繁。雍正好炼丹，曾极力推崇金丹派南宗祖师张伯端，把他封为“大慈圆通禅仙紫阳真人”。到雍正四年，他开始经常吃一种叫“既济丹”的丹药。他感觉服后有效，还作为特殊礼品赏赐给云贵广西总督鄂尔泰、河东总督田文镜等一些宠臣。丹药的成分不详，但总跑不出去铅、水银、硫黄等有毒金属。

有一份史料上说，雍正死时“七孔流血”。七孔流血是严重中毒的反应，雍正长期服用道士所炼之丹及所谓的“长生不老之药”，这些丹药中汞、铅、朱砂等矿石含量较高，又都是高温烧煅而成，毒性很大。十三阿哥允祥去世后，为渴求长生不老，雍正加大剂量服用丹药终致中毒，是情理中事。乾隆还未正式登基前，大肆驱逐宫中道士，可见雍正之死同道士有密切关系，因为乾隆深知丹毒之害，才会把驱逐宫中道士放在诸多国事之上立马行之。

朝鲜史料有一条说法：“雍正晚年贪图女色，病入膏肓，腰以下经常疼痛不已。”朝鲜使者在给本国国王的报告中没有必要去故意捏造、肆意攻击雍正，这条史料当可作为雍正晚年身体亏损的一条辅证，雍正与术士的密切关系，从大内存档中大批遍访术士的文件可以看出来。所以，说他死于丹药，或许不会离真相太远。

传说中的其他死因

雍正之死，引起了人们的极大兴趣，归纳来说，主要有这样几种死法：吃丹药中毒、疾病暴卒、被人刺杀。

说雍正死于丹药中毒，没有直接的论据，主要是推测出来的：一、从文献中可以找到很多雍正迷恋炼丹的记载；二、乾隆刚刚即位，就立即驱逐宫内道士。由于这一种说法可以找到很多的证据支持，所以可信度相对高一点。

也有认为雍正皇帝是生了疾病暴卒的。有很多研究者发现，雍正皇帝患有慢性病，这病是长期积累下来的。雍正皇帝处理政事非常勤劳，很有可能是积劳成疾。也有的认为雍正皇帝是患中风而死的。最早提出这一说法的是郑天挺先生，他在他的著作《清史简述》中曾提到雍正是中风而死，但是郑天挺先生并没有详述得出这一结论的依据。因此，这个论断还须用史料来做进一步证明。当时朝鲜在《承政院日记》里甚至记载雍正皇帝是因为沉淫女色，病入膏肓。

民间最普遍的说法，是雍正死于仇杀，康熙末年的党争，给他带来了许多政敌，后来他即位以后，为政严猛，处罚了很多人，就树立了更多的敌人。大兴文字狱也使得很多人对他恨之入骨，其中有王公贵族，也有平民百姓，他的暴死恰给流言一个机会，流传了许多的版本。

据《梵天庐丛录》记载，雍正是被一个宫女给勒死的，故事说一天夜里，一个宫女趁着他睡着的时候，用绸缎拼命地勒住他的脖子，就把雍正给勒死了。

但这个故事后来被认为是属于移花接木。故事的原型是明朝的嘉靖皇帝，嘉靖皇帝也喜欢炼丹，更经常鞭打宫女。一天宫女杨金英伙同另外一名宫女，趁着他睡着了，用黄色的绸缎打了个结，想要勒死嘉靖，她以为成功了，却没想到慌乱之中打了一个死结，参与其事的另外一个宫女害怕了，把这个事情赶紧告诉皇后，等到她们赶到之后，嘉靖已经断气了。皇后赶紧命令传御医，御医来了以后，觉得问题很严重，就下了猛药来治，经过了四个时辰，嘉靖就有了一点儿声音，透了一口气，活了过来。据说后来嘉靖皇帝晚上睡觉的时候，在屋子里摆放了三九二十七张床，别人不知道他睡在哪张床上。

还有一种说法竟然把《红楼梦》的作者曹雪芹联系到一块儿去了，说曹雪芹有一个恋人，这恋人叫竺竺香玉，长得很美，被雍正抢去了。后来又抄了曹雪芹的家，背负着新仇旧恨的曹雪芹就通过秘密的办法和竺竺香玉联系，竺竺香玉虽然身在皇宫，心中还想着曹雪芹，于是找了一个机会，就谋杀了雍正。这个也是野史小说之言，没有任何历史根据，不可相信。我们都知道曹雪芹的祖父是曹寅，曹寅很得康熙的宠信，但是贪污太多，所以雍正就把他给抄家了。后人根据这一点来编造了曹雪芹谋杀雍正的故事。

说雍正被杀，倒是有许多人愿意相信，而且二百多年来一直盛传不衰；但其传说之中详略各异、风闻辗转，难免枝蔓颇多、故事丛杂，有的甚至过于传奇。

当时游历中国的外国人濮兰德·白克好司在书中记载：湖南人士卢某，因为谋逆而被处死。他的妻子善长剑术，武艺高强，为了给丈夫报仇，潜入皇家园林，伺机刺杀雍正之后，自己也刎颈而死。

金恒源先生认为，雍正称帝执政十三年，树敌太多。此外，雍正的身体状况，在雍正七年后，由于政敌被杀的杀、关的关，基本上也都摆平了，相对以前而言，雍正多少有了一点儿懈怠。而帝王一旦开始懈怠，也就开始追逐享乐，病也就随之暴露了出来。

他当时已经五十八岁，可能得了某种慢性疾病，但是在医学条件落后的社会里没有被查出来，雍正之死同他多年勤奋处理政务有很大关系，可能导致他积劳成疾，身体情况变差。再加上他长期以来不断服用丹药，体内大量累积毒素，更是可能成为导致他最终猝死的直接原因。将雍正之死单一归结为纯被工作“累死”也未必全面。至于民间所传吕四娘复仇等纯属个人想象，没有可靠证据，不能当作历史事实。